Prozessmanagement
Komplexe Prozesse einfach steuern

Christina Hiller
Peter Minar-Hödel
Hansjörg Zahradnik

Alle Rechte, insbesondere das Recht der Vervielfältigung und Verbreitung sowie der Übersetzung, vorbehalten. Kein Teil des Werks darf in irgendeiner Form (durch Fotokopie, Mikrofilm oder ein anderes Verfahren) ohne schriftliche Genehmigung des Verlags bzw. der Autoren reproduziert werden oder unter Verwendung elektronischer Systeme gespeichert, verarbeitet, vervielfältigt oder verbreitet werden.

Autoren und Verlag haben dieses Werk mit höchster Sorgfalt erstellt. Dennoch ist eine Haftung des Verlags oder der Autoren ausgeschlossen. Die im Buch wiedergegebenen Aussagen spiegeln die Meinungen der Autoren wider und müssen nicht zwingend mit den Ansichten des Verlags übereinstimmen.

Der Verlag und seine Autoren sind für Reaktionen, Hinweise oder Meinungen dankbar. Bitte wenden Sie sich diesbezüglich an office@nextlevelconsulting.eu

Weiterführende Informationen und Hilfsmittel finden Sie unter
www.nextlevelconsulting.eu

ISBN: 978-3-901880-50-6

© 2010 next level consulting
Telefon: +43 (0)1 478 06 60-0
E-Mail: office@nextlevelconsulting.eu
www.nextlevelconsulting.eu

Verlag: Goldegg Verlag Wien
Telefon : +43 (0)1 5054376-0
E-Mail: office@goldegg-verlag.at
www.goldegg-verlag.at

Layout: k25 Neue Medien. Neue Werbung.
Lektorat: Karina Matejcek

Druck: Wograndl

Prozessmanagement

Komplexe Prozesse einfach steuern

Christina Hiller
Peter Minar-Hödel
Hansjörg Zahradnik

INHALT

Einleitung	**7**
Die Vorlesungsreihe zum Prozessmanagement	8
Vorlesung 1 ǀ Management von Prozessen	**13**
Prozessmanagement	14
Prozesse	22
Vorlesung 2 ǀ Die prozessorientierte Organisation	**33**
Bedeutung der Prozessorientierung	34
Merkmale der prozessorientierten Organisation	37
Organisationsveränderungen durch Prozessmanagement	40
Vorlesung 3 ǀ Etablierung der Prozessrahmenorganisation	**49**
Rollen im Einzelprozessmanagement	50
Rollen im Multiprozessmanagement	58
Zusammenspiel von Einzel- und Multiprozessmanagement	62
Vorlesung 4 ǀ Werte und Haltungen im Prozessmanagement	**65**
Prozesse sind konstruierte soziale Systeme	67
Der momentan laufende Prozess ist die aktuell beste Lösung	69
Die zukünftige Zielsetzung ist wichtiger als der Status quo	70
Es sind oftmals nur (mehrere) kleine Schritte in der Prozessanpassung notwendig	71
Alles ist ein Angebot zur Kommunikation	72
Die Prozessbeteiligten haben die Lösung(en)	73
Vorlesung 5 ǀ Womit fangen wir an? Erste Schritte	**77**
Orientierung	79
Projektierung	85
Fokussierung	86
Vorlesung 6 ǀ Erhebung und Analyse	**95**
Erhebung	97
Analyse	110
Vorlesung 7 ǀ Entscheidungen und Festlegungen zum Prozessmanagement	**119**
Fehlende Standards und Richtlinien führen zu Mehraufwand	121
Das Prozessmanagementhandbuch fasst die Entscheidungen und Festlegungen zusammen	122
Existierende Prozessmanagementrichtlinien beschleunigen den Entscheidungsprozess	126
Die Entscheidungen und Festlegungen werden vom Projektkernteam getroffen	127
IT-Tools müssen zu den Anforderungen der Prozessdokumentation passen	128

**Vorlesung 8	Konzeption und Optimierung**	**133**
Vorgehensweise	134
Die sieben Ansatzpunkte zur Optimierung	150
Six Sigma als Vorgehensmodell zur Optimierung	160
**Vorlesung 9	Umsetzung und Einführung**	**165**
Umsetzung	167
Einführung	177
**Vorlesung 10	Durchführung, Steuerung und Weiterentwicklung**	**193**
Prozesssteuerung	196
Kennzahlen	208
Kontinuierliche Verbesserung	212
**Vorlesung 11	Auflösung von Prozessen**	**217**
**Vorlesung 12	Prozessberatung und Prozesscoaching**	**227**
Prozessberater und Prozesscoaches liefern wertvollen Zusatznutzen	228
Der Prozessberater unterscheidet sich vom Prozesscoach	228
Der Prozessberater hat Verantwortung im Prozessteam	230
Der Prozesscoach hat Verantwortung im intermediären Coachingsystem	231
Interne und externe Unterstützung hat unterschiedliche Schwerpunkte	234
**Tutorium 1	Methodensteckbriefe**	**237**
1. Abgrenzung und Kontextanalyse	239
2. Bildkartenmethode/Vorgangskettendiagramm	241
3. Wertschöpfungskettendarstellung	243
4. Flussdiagramm	245
5. Ereignisgesteuerte Prozesskette	247
6. Schwimmbahnendarstellung	249
7. Treppendarstellung	250
8. Die sieben Qualitätsmanagementwerkzeuge	252
9. Input-Output-Analyse	262
10. Wertschöpfungsanalyse	263
11. Fehlermöglichkeits- und Einflussanalyse	265
**Tutorium 2	Hilfsmittel und Werkzeuge**	**269**
Schon wieder Dokumentation – und wozu sie doch gut ist	271
Das Prozesshandbuch der next level consulting	272
Literatur	**279**
Stichwortverzeichnis	**283**

EINLEITUNG

EINLEITUNG

Herzlich willkommen! Mein Name ist Fräulein Prozessor. Ich begleite Sie durch die zwölfteilige Vorlesungsreihe Prozessmanagement.

Starten wir mit der Einleitung ...

EINLEITUNG

Die Vorlesungsreihe zum Prozessmanagement

Einen schönen guten Tag! Sie haben sich zu meiner Vorlesungsreihe zum Thema Prozessmanagement inskribiert – sehr schön! Ich bin Fräulein Prozessor und werde Sie im Rahmen von zwölf Vorlesungen durch die Grundlagen sowie den Lebenszyklus des Prozessmanagements führen. Meine Assistenten stehen Ihnen sodann in zwei Tutorien als Ansprechpartner zu praktischen Methoden, Hilfsmitteln und Werkzeugen zur Verfügung.

In den ersten vier Vorlesungen werden wir uns mit den wesentlichen Grundlagen des Prozessmanagementansatzes und dem Verständnis von Prozessmanagement der next level consulting beschäftigen.

Nach den ersten grundlegenden Definitionen zum Prozessmanagement und zum Prozess selbst in der ersten Vorlesung geht es in der zweiten und dritten Vorlesung darum, was wir unter der prozessorientierten Organisation verstehen und was ihre Einführung für Unternehmen bedeuten kann.

Danach folgt ein weiterer wesentlicher Grundstein unseres Verständnisses von Prozessmanagement: Wir verstehen Organisationen sowie Prozesse als soziale Systeme, und somit bauen die Modelle, Methoden und Vorgehensweisen auf einem systemisch-konstruktivistischen Weltbild auf. Dies bedeutet in letzter Konsequenz, dass man in der Arbeit mit sozialen Systemen nur mit bestimmten verinnerlichten Werten und Haltungen erfolgreich sein kann.

In den anschließenden Vorlesungen werden wir Schritt für Schritt die wichtigsten Aspekte im Prozessmanagement mit zahlreichen Facetten, die aus der Praxis von

Management von Prozessen

Prozessorientierte Organisation

Prozessrahmenorganisation

next level stammen, behandeln. Der schrittweise Aufbau dieser Vorlesungen erfolgt in Anlehnung an den Lebenszyklus eines Prozesses. Dieser beginnt nach den ersten Schritten mit der Erhebung und der Analyse, zumeist gefolgt von ersten Festlegungen der Richtlinien zum Prozessmanagement.

Nach der Konzeption sehen wir uns die Aspekte der Etablierung der Prozessrahmenorganisation an. Dann geht es weiter im Prozesslebenszyklus mit der Umsetzung, Einführung, Durchführung sowie der Steuerung und Weiterentwicklung von Prozessen bis zur Auflösung von Prozessen. Der Prozesslebenszyklus zieht sich wie ein roter Faden durch den Hauptteil der Vorlesungen und kann als eine Art Orientierung für die Einführung von Prozessmanagement in einem Unternehmen dienen.

Ergänzend beschäftigen wir uns noch mit den Aspekten der Prozessberatung und des Prozesscoachings, denn viele Prozessmanagementprojekte werden mit intensiver Unterstützung von Experten in diesen Gebieten durchgeführt.

Zum Abschluss folgen in den Tutorien die Zusammenstellung einiger wichtiger Methoden des Prozessmanagements, die Darstellung von Hilfsmitteln und Werkzeugen sowie ein Stichwortverzeichnis.

Werte und Haltungen

Erste Schritte

Erhebung und Analyse

EINLEITUNG

Der Hype ist vorüber

Prozessmanagement war in den Neunzigern eine *der* Botschaften an die Manager. Für viele jedoch nur alter Wein in neuen Schläuchen. Die Resultate waren sehr oft ernüchternd. Sehr viel Papier, sehr wenig Verbesserung. Und ein paar Jahre später: Das Ganze noch einmal von vorn.

Der Bedarf liegt auf der Hand: Jede Organisation verfolgt Zielsetzungen. Dafür etabliert sie die erforderlichen Strukturen. Jeder Manager, der seine Organisation konsequent am Markt und den Kundenbedürfnissen ausrichtet, beschäftigt sich mit Prozessen. Jeder Manager, der seine Dienstleistungen klar positioniert und vom Mitbewerb differenziert, beschäftigt sich mit Prozessen. Jeder Manager, der seine Abläufe wirtschaftlicher gestaltet mit der Absicht, diese auch steuern zu können, beschäftigt sich mit Prozessen. All die Schlagwörter wie Effizienz, Flexibilität, Kundenzufriedenheit, Kennzahlen, Transparenz, Schnittstellen haben letztlich mit Prozessen und deren Management zu tun.

Prozesse gibt es demnach in jeder Organisation, bewusstes und explizites Prozessmanagement jedoch nur in wenigen. Warum? Viele Unternehmen haben schon mehrere Versuche in Richtung Prozessmanagement unternommen. Woran sind diese gescheitert?

Es liegt wohl nicht an der grundsätzlichen Verfügbarkeit von Ansätzen zur Gestaltung und Steuerung von Prozessen. Diese sind weit verbreitet und in zahlreichen Büchern dokumentiert. Sie werden durch Beratungsfirmen fleißig verbreitet und zu guter Letzt durch die Unternehmen selbst eingeführt (und später wieder entsorgt).

Entscheidungen/Festlegungen

Konzeption und Optimierung

Umsetzung und Einführung

EINLEITUNG

Eventuell liegt es an der Schwierigkeit, einen gemeinsamen Nenner zu finden bei der Vielfalt an inhaltlichen Ausrichtungen (Produktionssteuerung, Qualitätsmanagement, Controlling, IT-Management ...) und Systematiken (Begriffe, Methoden, Werkzeuge).

In vielen Fällen wird vor allem die Komplexität der Aufgabenstellung unter- und damit die Umsetzungsgeschwindigkeit krass überschätzt. Mit Prozessmanagement wird man nicht kurzfristig berühmt – eher berüchtigt.

Soziale Systeme, die in Form von Organisationen die Basis und Notwendigkeit für Prozesse bilden, haben das Bestreben, stabil zu bleiben. Die funktionale Ausrichtung vieler Organisationen und der Alltag setzen sich in den Unternehmen bald wieder durch, und vom Prozessmanagement bleiben nur die Konzepte übrig – mit den Honorarnoten der Berater im Anhang.

Die Autoren möchten mit diesem Buch vor allem Führungskräften und Prozessmanagern Orientierung im Dschungel der einschlägigen Fachliteratur in Form eines praktikablen und allgemein einsetzbaren Leitfadens geben. Dabei sind sie bestrebt, Antworten auf folgende Fragen zu geben:

» Wann macht wie viel Prozessmanagement überhaupt Sinn?
» Was bedeutet Prozessmanagement in der Praxis?
» Was sind die zu erwartenden Konsequenzen?
» Wie lange dauert das?
» Wie kommen wir da hin?

Die Autoren und ich wünschen Ihnen viele Aha-Erlebnisse und Entdeckungen mit praktischem Nutzen im Prozessmanagement!

Durchführung und Steuerung

Auflösung von Prozessen

Beratung und Coaching

VORLESUNG 1

MANAGEMENT VON PROZESSEN

Woher kommt Prozessmanagement? Wo ist der Ursprung? Und wohin entwickelt es sich? Was sind die wichtigsten Definitionen und was ist davon für Sie wichtig?

Prozessmanagement

Prozessmanagement ist nicht neu
Menschen wussten zu allen Zeiten von der Notwendigkeit, die von ihnen durchzuführenden Arbeiten und die dafür zur Verfügung stehenden Arbeitskräfte zu organisieren. Zu den ältesten überlieferten Nachweisen gehören die Leitfäden zum Management bereits aus der Zeit des Baus der Cheops-Pyramide oder der Verwaltung des Chinesischen Reiches ca. 1100 v. Chr.

In der Neuzeit wird im Zusammenhang mit Managementtheorien immer wieder auf Frederick Taylor verwiesen. Taylor strebte zu Beginn des 20. Jahrhunderts danach, die Produktivität in Produktionsbetrieben zu steigern. Basierend auf seinen Erfahrungen und Experimenten legte er großen Wert auf die Trennung in „Hand-" und „Kopfarbeit", die Festlegung präziser, in „analytischen Zeit- und Bewegungsstudien" berechneten Anleitungen, hohe Arbeitsteilung, Geld als Motivationsfaktor (Pensum und Bonus) und sorgfältige Auslese und Anpassung der Arbeiter. Zwar gilt der Taylorismus eher als Ausgangspunkt für die Funktionsorientierung, jedoch schuf er durch die Analyse und das Zerlegen der Prozesse organisatorische Grundlagen für heutige Managementlehren. Der Erfolg des Taylorismus führte später (1924) in Deutschland zur Gründung des „Reichsausschusses für Arbeitszeitermittlung" (heute: REFA Bundesverband e.V., www.refa.de).

Im nächsten Entwicklungsschritt formulierten Nordsieck und Hennig gleichzeitig und unabhängig voneinander in den 1930er-Jahren erstmals die Forderung nach der Trennung von Aufbau- und Ablauforganisation, welche heutzutage zum Grundverständnis jedes Managers gehört. Interessanterweise forderte Nordsieck bereits damals, dass die Aufbauorganisation der Ablauforganisation folgen solle.

Dass vor allem Produktionsbetriebe den Nutzen von Ablaufoptimierungen erkannten, beweist nicht nur das Beispiel von Ford, sondern auch Mitte des 20. Jahrhunderts das Beispiel Toyotas. „Lean Production" beziehungsweise „Just-in-time-Produktion" fokussierten das ganze Unternehmen durch sorgfältigen Einsatz aller verfügbaren Ressourcen prozessorientiert auf die Wertschöpfungsprozesse und erzielten damit eine stärkere Kundenorientierung.

Mit diesem Beispiel wird auch gern Kaizen („Veränderung zum Besseren") in Verbindung gebracht, welches zu Beginn der 1990er-Jahre als eine japanische Managementphilosophie rasche Verbreitung über Toyota hinaus erfuhr. Für manche stellte Kaizen nichts anderes als das bereits Ende des 19. Jahrhunderts von Alfred Krupp ins Leben gerufene Optimierungssystem des Betrieblichen Vorschlagswesens (BVW) dar, bei dem ebenfalls die Mitarbeiter eine zentrale Rolle spielen. Wir werden im Zusammenhang mit dem Kontinuierlichen Verbesserungsprozess (KVP) noch detaillierter auf Kaizen eingehen, da dessen Prinzipien auch in unserem Prozessmanagementansatz eine wesentliche Rolle spielen.

So wie in Produktionsbetrieben Prozesse vor allem durch Automatisierung effizienter gestaltet werden konnten, gelang das in Dienstleistungsunternehmen ab den 1970er-Jahren immer stärker durch den umfangreichen Einsatz von Informationstechnologien. Sehr rasch wurde klar, dass nicht die Technik allein den Prozess bestimmen kann, sondern die Anforderungen der Anwender und Kunden im Vordergrund zu stehen haben. Mit den immer schneller verfügbaren neuen Technologien, den sich rasch wandelnden Märkten und der steigenden organisatorischen Komplexität in den Unternehmen entstand der Bedarf nach neuen Konzepten und Vorgehensweisen.

Das heutige Prozessmanagement ist jung
Den Entstehungszeitraum des heutigen Verständnisses von Prozessmanagement würden wir mit den beginnenden 1990er-Jahren ansetzen. Zu dieser Zeit wurden mit Business Process Reengineering (BPR), Six Sigma und der Prozesskostenrechnung einige wesentliche Konzepte etabliert, die für einen wahren Boom des Prozess- und Qualitätsmanagements in den 1990er-Jahren sorgten. Mit Business Process Reengineering will man sich ganz radikal vom Ist (Tradition, Geschichte) abwenden und einem neu definierten Soll („blank sheet of paper") zuwenden. Die dadurch entstehenden neuen Geschäftsprozesse werden am Kundenbedarf ausgerichtet und so weit als möglich mittels IT unterstützt. Vor- und Nachteile des BPR werden wir im Zusammenhang mit der Prozesserhebung im Detail diskutieren.

Six Sigma gilt als Methodik, die sich vor allem auf die Analyse, Verbesserung und Überprüfung von Prozessen mit dem Ziel der Fehlervermeidung konzentriert (bei einer Million Möglichkeiten dürfen nur 3,4 Fehler auftreten). Six-Sigma-Projekte nutzen in hohem Maße Daten, um vor allem mittels Messungen und statistischer Auswertungen Prozesse zu optimieren.

Prozesskostenrechnung versteht sich letztlich als ein Verfahren zur Planung, Steuerung und Verrechnung von Prozessen in Organisationen, um vor allem indirekte Bereiche (Gemeinkostenbereiche) kostenrechnerisch abzubilden. Die Prozesskostenrechnung trug in den 1990ern wesentlich dazu bei, dass Prozesse auch als kosten- und somit geschäftsrelevante Größe gesehen werden.

Bezogen auf die Entwicklung des modernen Prozessmanagements wollen wir noch Total Quality Management (TQM) und die European Foundation for Quality Management (EFQM) erwähnen, die ebenfalls in den späten 1980ern entstanden. TQM kann als Managementphilosophie verstanden werden, welche die ganzheitliche Betrachtung von Qualität in den Mittelpunkt der Steuerung einer Organisation stellt. TQM gilt auch als Ausgangspunkt für das Excellence-Modell der EFQM, welches weit konkreter auf die einzelnen Bereiche einer Organisation eingeht. Die EFQM vergibt jährlich Preise an jene Unternehmen, die basierend auf dem EFQM Model sogenannte Business Excellence erreichen. Dieser EFQM Excellence Award gilt als die europäische Antwort auf den Malcolm Baldrige National Quality Award in den USA beziehungsweise den Deming-Preis in Japan.

Mittlerweile existieren zahlreiche qualitäts- und/oder prozessbezogene Normen (z.B. ISO 9000, ISO 9001, ISO 8402, ISO/IEC 15504), branchenspezifische Prozessmodelle (z.B. ITIL, cobiT, eTOM) sowie Prozessreifegradmodelle (z.B. CMMI, SPICE). All diese Normen und Modelle weisen mehr oder weniger Bezug zum Prozessmanagement auf, werden laufend weiterentwickelt und sind für die Gestaltung und Steuerung von Prozessen in Unternehmen zunehmend von Bedeutung.

Immer größeren Einfluss gewannen in den letzten 20 Jahren systemisch-konstruktivistische Beratungskonzepte. Sie gehen von der Kybernetik der 1940er-Jahre aus und wurden unter anderem in der Familientherapie sehr umfangreich weiterentwickelt. Später hielten sie über systemisches Coaching sowie über Organisations- und Prozessberatung Einzug in die Wirtschaft. Speziell im Zusammenhang mit Veränderungsprozessen und damit auch mit Projekten erwies sich ein systemischer Zugang als sehr praktikabel. Auf die Bedeutung der Systemtheorie im Prozessmanagement werden wir in den folgenden Vorlesungen noch genauer eingehen.

Zusammenfassend hat die Betrachtung von Prozessen im weiteren Sinn eine sehr lange Historie. Prozessmanagement im engeren Sinn jedoch begann sich erst in den 1990er-Jahren als eine Art dritte Managementdimension neben Linienmanagement und Projektmanagement zu etablieren. Und möchte man die zum Prozessmanagement verfügbare Literatur als Gradmesser seiner Verbreitung heranziehen, könnte man meinen, Prozessmanagement wäre schon voll etabliert ...

Es gibt unterschiedliche Motivationen für Prozessmanagement
Unternehmen haben sehr unterschiedliche Erwartungen, wenn sie sich mit Prozessmanagement zu beschäftigen beginnen. In Abhängigkeit davon, wo genau der Schuh drückt, beginnt man sich von unterschiedlichen Ausgangspunkten aus mit Prozessen zu beschäftigen. Anfangs sind die Zielsetzungen oft eher eindimensional – Kosten sparen, Effizienz steigern (was auch immer das genau bedeutet), ISO-Zertifikat erlangen. Später erkennen Unternehmen die Komplexität und flüchten sich allzu schnell wieder in operative Hektik und versuchen, noch schnell den einen oder anderen „Quick Win" zu erzielen. Andere unterschätzen die Herausforderung und nehmen sich zu viel auf einmal vor. In beiden Fällen folgt auf die anfängliche Euphorie bald die Ernüchterung, und das Thema wird – meist für mehrere Jahre – wieder schubladisiert.

Die klassischen Motivatoren für Prozessmanagementinitiativen sind Effektivitäts- und Effizienzsteigerung im Unternehmen. Die Steigerung der **Effektivität** wird oft über konsequente(re) Markt- und Ergebnisorientierung angestrebt. Dies bedeutet, dass im Rahmen der Analyse der strategische Bezugsrahmen festgelegt wird. Wo ist der Markt, wer sind die Kunden, was sind ihre Bedürfnisse und wie können diese mittels Prozessen optimal adressiert werden? Ein wichtiger Hebel zur Steigerung der **Effizienz** sind oftmals interne und externe Schnittstellen. Welche benötigen wir, welche können klarer und transparenter gestaltet werden, welche können wegfallen? Dieses Vorhaben kann vor allem dann gelingen, wenn nicht nur in Kästchen und Stellen diskutiert wird, sondern **kunden- und ergebnisorientierte Wertschöpfungsketten** aufgebaut werden.

Andere typische Motivatoren sind die Förderung des **organisatorischen Lernens** durch Nutzung des vorhandenen Wissens in den Prozessen. Dies zeigt sich sowohl im Bereich von prozessbezogener interner Aus- und Weiterbildung als auch in Bereichen wie Forschung und Entwicklung.

Zu guter Letzt geht es in Sektoren mit weitreichenden Haftungs- und Gewährleistungsfragen sowie in der öffentlichen Verwaltung um **Nachvollziehbarkeit** der einzelnen Prozesse. Wie war Qualität definiert, wer hat was wann genau mit welchen Mitteln und Werkzeugen gemacht, wie wurde das vor Auslieferung überprüft, wer hat das basierend auf welchen Informationen genehmigt?

Ausschließlich durch QM-Zertifizierungen getriggerte Prozessmanagementvorhaben werden immer seltener. Sie bilden für manche Experten beinahe ein Worst-Case-Szenario ab, da es in der Vergangenheit leider gerade mit diesen Vorhaben nicht gelang, den Zusammenhang zwischen Aufwand und Nutzen für den Einzelnen sowie für die Organisation darzustellen. Genau genommen steckte in jenen Vorhaben schon das Potenzial, wesentlich mehr Prozessklarheit zu erzeugen. Viel zu oft wurde jedoch stattdessen sehr rasch sehr viel Dokumentation hergestellt, die aber wenig Bezug zur Realität in der Organisation hatte.

Prozessmanagement ist strukturierte und zielgerichtete Kommunikation
Im Prozessmanagement geht es darum, eine zielgerichtete und strukturierte Kommunikation innerhalb der wesentlichen Unternehmensprozesse sowie deren Gestaltung, Steuerung und Weiterentwicklung zu ermöglichen. In den seltensten Fällen geschieht dies jedoch rasch und kurzfristig im Sinne von „Big and Quick Wins", sondern eher mittelfristig und dafür dauerhaft.

Prozessmanagement soll und kann jedoch nicht Selbstzweck sein. Wir verstehen Prozessmanagement als ein Werkzeug für Führungskräfte und für jene, die ihre Expertise in die Gestaltung und die Weiterentwicklung des Unternehmens einbringen wollen. Prozessmanagement ist aber niemals die Lösung – es ist vielmehr ein Enabler. Prozessmanagement knüpft unmittelbar an die Unternehmenssteuerung an, um vor allem jene Tätigkeiten zu organisieren, die die eigentliche Wertschöpfung (wirtschaftlich, gesellschaftlich, ökologisch oder künstlerisch) erbringen und somit den Geschäftserfolg sicherstellen. Daraus folgt, dass mit Prozessmanagement nicht jeder einzelne Handgriff, jeder detaillierte Arbeitsschritt berücksichtigt und im Detail gesteuert wird.

Der Kern der Arbeit im Prozessmanagement besteht aus Kommunikation. Es ist zwar bekanntlich unmöglich, nicht zu kommunizieren, jedoch geht es uns im Prozessmanagement um eine strukturierte Auswahl von relevanten und signifikanten Parametern der wesentlichen Prozesse im Unternehmen. Diese Parameter ermöglichen die effiziente Gestaltung, Steuerung und Weiterentwicklung der Leistungserbringung.

Prozesse sollen im Rahmen von Prozessmanagement bewusst gestaltet werden – im Gegensatz zu: sich unkoordiniert und beliebig entwickeln. Der Rahmen für diese Gestaltung wird von der Unternehmensstrategie, der Unternehmenskultur sowie dem Kontext, in dem das Unternehmen seine Geschäfte tätigt, vorgegeben.

Prozessmanagement endet nicht mit der Dokumentation
Prozessmanagement wird üblicherweise schnell mit Tätigkeiten wie der Erhebung und Analyse der Ist-Prozesse sowie der Konzeption von Soll-Prozessen in Verbindung gebracht. Prozessmanagement endet leider in der Praxis oft auch genau dann, nachdem sehr viel Papier bedruckt wurde. In der Praxis beobachten wir häufig auch, dass Unternehmen, die im Rahmen der Einführung von neuen Prozessen auf erhebliche Schwierigkeiten treffen, auf die üblichen Mechanismen (ad hoc, unkoordiniert, keine Nachvollziehbarkeit) des Nachregulierens zurückgreifen und damit auf das Instrument „Prozessmanagement" verzichten. Prozessmanagement bedeutet bei der Umsetzung und Einführung neuer Prozesse neben den fachlich-technischen Aspekten aber auch, die Veränderung als solche zu betrachten. Wer erlebt eine Veränderung, wie groß ist das Ausmaß der Änderung für die Betroffenen fachlich und/oder emotional?

Andere Unternehmen ersparen sich wiederum das Papier und gehen die Sache gleich rein aus der IT-Perspektive an. Sie gestalten die Prozesse mittels der beziehungsweise durch die Vorgaben der Software. Eine solche Vorgehensweise birgt zwei Risiken in sich: keine ausreichende Akzeptanz der Betroffenen und unzureichende Passung der IT-Vorgaben an die konkreten Geschäftsanforderungen. Die notwendigen Prozessdiskussionen und -festlegungen, die vorne im Projekt eingespart wurden, müssen dann oft spät in diesen Projekten mit großem Aufwand nachgeholt werden oder die neuen Prozesse (samt ihrer IT-Unterstützung) kommen gleich gar nicht zum Einsatz. Angesichts dessen erscheint es also nur logisch, dass der Markt, die Kunden und deren Anforderungen die Prozesse und damit deren Werkzeuge beeinflussen und nur in seltenen Ausnahmen das Werkzeug das Geschäft bestimmen kann.

In der Prozesssteuerung liegt der größte operative Nutzen
Wem hilft das Papier, auf dem die Prozesse konzipiert wurden, wenn diese Modelle dann nicht genutzt werden? Im Rahmen der Prozesssteuerung wird die Diskussion über die realen Abweichungen vom Modell als Anstoß zur Weiterentwicklung der Prozesse genutzt. Kontinuierliche Prozessverbesserung und Prozessneugestaltung werden aus einer kontinuierlichen Prozesssteuerung heraus initiiert. So können kleinere Anpassungen wie auch grundlegende Veränderungen koordiniert und rasch in die Wege geleitet werden. In beiden Fällen bilden die bestehenden Konzepte und Modelle eine wichtige Basis für die Umsetzung.

Prozessmanagement braucht eine Aufbauorganisation

Die Prozessorganisation legt fest, wer im Unternehmen strategisches und operatives Prozessmanagement betreiben soll. Im Wesentlichen bauen wir daher unser Prozessorganisationsmodell auf zwei Rollen auf:
» Der **Prozesseigner** hat die Gesamtverantwortung für den Prozess, entscheidet und steuert diesen strategisch.
» Der **Prozessverantwortliche** kümmert sich operativ um die Durchführung von Prozesserhebungen über Prozessanalysen und Soll-Konzeptionen bis hin zur Durchführung der Prozesssteuerung und zur Koordination von Weiterentwicklungsmaßnahmen im Prozess.

Der Prozessverantwortliche wird im Rahmen seiner Aufgaben auf eine Gruppe von Prozessexperten zurückgreifen, die das **Prozessteam** bilden.

Sinnvollerweise werden umfangreichere und komplexere Vorhaben in der Gestaltung und Weiterentwicklung von Prozessen als **Projekte** organisiert.

Prozessmanagement beschäftigt sich mit der Frage der Eingliederung in die Gesamtorganisation

Prozessmanagement führt in vielen Organisationen ein eher stiefmütterliches Dasein. Die Ursache ist in vielen Fällen, dass es als Spezialdisziplin für Experten gesehen wird, die sich hauptsächlich mit dem Zeichnen von Prozessdarstellungen beschäftigen. Man kann den Stellenwert auch daran messen, wie viel Geld für intelligente Zeichensoftware ausgegeben wird im Vergleich zu der Zeit, die investiert wird, um die Organisation insgesamt weiterzuentwickeln.

Wir verfolgen einen „organisatorischen Prozessmanagementzugang". Das bedeutet, dass Prozessmanagement den größten Nutzen stiften kann, wenn es als zentrales Managementinstrument gesehen und genutzt wird und daher auch grundlegende organisatorische Fragen geklärt und festgelegt sind. Dazu gehören:
» Welche spezifischen Rollen zum Prozessmanagement gibt es im Unternehmen?
» Wie sind diese definiert?
» Wie werden sie gelebt?
» Wie spielen diese Rollen mit den Rollen der „normalen" Linienorganisation zusammen?
» Wo liegen welche Entscheidungskompetenzen?
» Kann ein Prozesseigner über Aspekte eines Prozesses bestimmen, die nicht

im eigenen Einflussbereich, sondern in einem „fremden" Bereich der Aufbauorganisation liegen?
» Brauchen wir für jede Innovation mühsame Rituale, um schwerfällige Projekte oder gar Programme mithilfe von externen Beratern aufzubauen, oder trauen wir der Organisation diese Selbsterneuerungsfähigkeit zu und geben ihr die entsprechenden Möglichkeiten, zu leisten, wozu sie imstande ist?

Wenn sich ein Unternehmen diesen Fragen ernsthaft stellt, wird es zukünftig auch in der Lage sein, noch schneller organisationsübergreifend auf den Markt und dessen Bedürfnisse zu reagieren, ohne gleichzeitig auf „Management by Improvisation" umzusteigen. Stattdessen wird es möglich sein, systematisch Kanäle zu nutzen, die es einfach freizulegen gilt.

Jetzt wissen wir, was Prozessmanagement ist. Aber was ist ein Prozess?

Prozesse

Das Wort **Prozess** entwickelte sich aus dem lateinischen Wort *processus* = Fortschreiten, Fortgang, Verlauf beziehungsweise Rechtsstreit. Bis heute trägt das Wort diese zwei unterschiedlichen Bedeutungsebenen in sich. Im Zusammenhang mit Prozessmanagement ist der Begriff oberflächlich betrachtet klar zugeordnet. Im Detail gibt es aber deutliche Unterschiede in der Interpretation.

Prozesse sind Ketten von Tätigkeiten mit bestimmten Eigenschaften
Die **Norm ISO 9001:2000** definiert den Prozessbegriff folgendermaßen: „Ein Prozess ist eine strukturierte Gruppe verbundener Aktivitäten, die zusammen ein Resultat erzeugen, das für die Kunden Wert besitzt. Keine einzelne Tätigkeit erzeugt das Resultat. Der Wert wird durch den gesamten Prozess erzeugt, in dem sich all diese Tätigkeiten systematisch und gemäß einer klaren Zielvorgabe vereinen. Alle Aktivitäten eines Prozesses müssen zusammen auf ein bestimmtes Ziel hinarbeiten. Ein Prozess hat zum Ziel, das vom Kunden gewünschte Resultat zu erzeugen."

Prozesse haben in der Praxis zunächst folgende naheliegende Eigenschaften:
» Prozesse werden im Unterschied zu Projekten wiederholt durchgeführt.
» Prozesse beinhalten eine Kette wiederholbarer Tätigkeiten, die aufeinander aufbauen oder jedenfalls keine beliebige Reihenfolge aufweisen und ein gemeinsames, definiertes Ziel verfolgen.
» Das Ziel steht immer im Zusammenhang mit der Befriedigung eines Bedürfnisses der Prozesskunden.
» Die Prozesstätigkeiten benötigen Ressourcen, Hilfsmittel und Werkzeuge.
» Die Prozesstätigkeiten bauen auf Inputs auf und erzeugen einen oder mehrere Outputs.
» Prozesse haben Grenzen.

Prozesse sind ein wesentliches Betrachtungsobjekt im Prozessmanagement
Tätigkeiten, die den obigen Kriterien entsprechen, werden auch als Regelaufgaben bezeichnet. Eine für uns sehr wichtige, aber für manche irritierende Unterscheidung ist jene zwischen **Prozessen** und **Abläufen**.

Eine Definition von **„Prozesswürdigkeit"** in Analogie zur Projektwürdigkeit erscheint hierfür nützlich. Wir erachten folgende drei Kriterien als wesentlich:
» Hohe organisatorische Komplexität (Anzahl der Schnittstellen)
» Große strategische Bedeutung (Sichtbarkeit für Kunden)

» Hohes Risikopotenzial (und daraus resultierend höhere Anforderungen an die Nachvollziehbarkeit)

Werden diese Kriterien erfüllt, lässt sich im Allgemeinen der Bedarf einer expliziten Gestaltung und Steuerung ableiten, und der dafür erforderliche Aufwand erscheint damit auch gerechtfertigt.

Im Umkehrschluss kann man daher auch festhalten: *Jene Regelaufgaben, die im Rahmen von Prozessmanagement gestaltet und gesteuert werden, bezeichnet man als Prozesse, alle anderen als Abläufe.*

Prozesse sind konstruiert
Ein Prozess ist, was (sinnvollerweise) als Prozess konstruiert wird. Eine sinnvolle Prozessdefinition oder -konstruktion ergibt sich erst durch den (sozialen und inhaltlichen) Kontext und kann nicht durch die Theorie allgemeingültig vorgegeben werden. Demnach existieren auch keine „richtigen" oder „falschen" Prozesse. Ein Prozess muss vielmehr von den handelnden Personen gemeinsam konstruiert werden. Erst dann zeigt sich für diese Personen der Sinn des Prozesses. Was in einem Unternehmen als Prozess definiert ist, kann daher in einem anderen Unternehmen ganz anders aussehen oder verstanden werden. Konstruktionen entstehen durch das Gemeinsam-darüber-Sprechen und benötigen daher eine strukturierte und zielgerichtete Kommunikation, die durch Prozessmanagement gewährleistet werden kann.

Prozesse sind keine Projekte
Projekte und Prozesse sind unterschiedliche Modelle, trotzdem sind sie sehr stark miteinander verknüpft. Ein Prozess ist kein Projekt, da ein Prozess eine Regeltätigkeit beschreibt. Ein Projekt hingegen stellt eine einmalige, komplexe und temporäre Aufgabenstellung dar. Jedes Projekt beschäftigt sich jedoch mit mindestens einem Prozess in einer Organisation. Mithilfe von Projekten werden solche Prozesse neu definiert und eingeführt oder bestehende Prozesse stabilisiert, umgebaut, optimiert oder aufgelöst. Im Projektmanagement betrachtet und plant man einerseits den inhaltlichen Leistungserstellungsprozess (z.B. mittels des Projektstrukturplans). Andererseits gibt es die Prozesse des Projektmanagements selbst: Projektstart, Projektcontrolling und so weiter.

Für die Durchführung, Gestaltung und Weiterentwicklung von Prozessen wird oftmals auf die Abwicklung in Projektform zurückgegriffen, da die genannten Vorhaben meist komplex, strategisch bedeutsam und riskant sind (siehe Definition

Prozess). Dabei wird in der Projektorganisation nach Möglichkeit auf die analogen Rollen der Prozessorganisation (Projektauftraggeber – Prozesseigner, Projektmanager – Prozessverantwortlicher, Projektteam – Prozessteam) zurückgegriffen.

Prozesse werden in Prozessarten unterteilt
Die Unterscheidung von Prozessarten erweist sich vor allem bei der Betrachtung der Makroprozessebene einer Organisation, die man zumeist auch als Prozesslandkarte bezeichnet, als nützlich. Hier werden mittels einer „globalen", gesamthaften Darstellung alle wesentlichen Geschäftätigkeiten, die zum angestrebten Geschäftserfolg erforderlich sind, im Überblick dargestellt.

Die Unterscheidung von Prozessarten führt zu einer besseren Übersichtlichkeit, somit auch Erfassbarkeit und damit Managebarkeit. Weiters kann von der Prozessart eine gewisse Priorität im Zusammenhang mit Optimierungsvorhaben abgeleitet werden.

Kernprozesse sind auf Kundenanforderungen ausgerichtete Träger der unternehmerischen Wertschöpfung und gehen vom Kunden zum Kunden (end to end). Diese Prozesse genießen daher zumeist das allergrößte Managementinteresse. Sie beinhalten des Weiteren die Kernkompetenzen der Organisation, die keinesfalls ausgelagert werden.

Beispiele für Kernprozesse können sein:
» Auftragsabwicklungsprozess
» Customer-Care-Prozess
» Akquisitionsprozess

Managementprozesse haben einen planenden, lenkenden, und steuernden Zweck, sind in ihrer Wirkung eher langfristig und betreffen die Ausrichtung der Organisation.

Beispiele für Managementprozesse können sein:
» Strategieprozess
» Investitionsplanungsprozess
» Controllingprozess
» Projektmanagementprozess

Unterstützende Prozesse dienen der Unterstützung der Kern- und Managementprozesse. Diese Prozesse haben nur indirekten Marktbezug, sind aber dennoch für die Erhaltung der Organisation von Bedeutung. In diesem Bereich kann man Prozesse identifizieren, die sinnvollerweise ausgelagert werden.

Beispiele für unterstützende Prozesse können sein:
» Rechnungslegungsprozess
» Personalrekrutierungprozess
» Beschaffungsprozess

Die Zuordnung, was für die jeweilige Organisation als Kern-, als unterstützender beziehungsweise als Managementprozess gilt, ist eine in der Multiprozessorganisation gemeinsam zu treffende strategische Entscheidung. Sie hängt vom Unternehmen und seiner Geschichte beziehungsweise seinem (sozialen und fachlichen) Kontext ab. In vielen Unternehmen werden zudem die generellen Prozessbezeichnungen, wie sie hier verwendet wurden, an die Begrifflichkeit im eigenen Unternehmen adaptiert. Dies trägt einerseits dazu bei, die Akzeptanz zu fördern, andererseits können Missverständnisse oder Verwechslungen mit anderen Themen unterbunden werden.

Schlüsselprozesse können Kern-, Management- oder unterstützende Prozesse sein. Sie sind aber in jedem Fall Prozesse, die für den Unternehmenserfolg beziehungsweise für die Kundenzufriedenheit besonders von Bedeutung sind. Diese Prozesse müssen nicht unbedingt auf der obersten Prozesshierarchieebene zu finden sein und betreffen das Kerngeschäft direkt oder indirekt.

Üblicherweise wird vom Topmanagement (oder einem Multiprozessmanagement-Gremium) strategisch festgelegt, welche Prozesse Schlüsselprozesse sind.

Prozessmanagement beschäftigt sich mit unterschiedlichen Prozesshierarchieebenen
Die bereits erwähnte Prozesslandkarte stellt meist die ersten beiden (= obersten) Gliederungsebenen der Unternehmensprozesse dar. Es macht Sinn, den Prozessen der verschiedenen Gliederungsebenen neben einer Nummerierung auch unterschiedliche Bezeichnungen zu geben.

Die oberste (erste) Ebene der Prozesse bezeichnet man als Geschäftsprozesse. Sie beschreiben insgesamt das „Geschäft" der Organisation. Die Geschäftsprozesse untergliedern sich ihrerseits in Hauptprozesse, die Hauptprozesse in Teilprozesse und die Teilprozesse in Unterprozesse.

In der Praxis werden diese vier bezeichneten Ebenen für die meisten Situationen ausreichen. Es kann aber in Ausnahmefällen auch Prozesse geben, die in bis zu sieben Gliederungsebenen strukturiert werden.

Die obersten beiden Ebenen – Geschäfts- und Hauptprozesse – werden zusammenfassend auch als **Makroebene** bezeichnet. Diese ist Betrachtungsgegenstand des Topmanagements beziehungsweise der Multiprozessorganisation, bestehend aus den verschiedenen (Geschäfts-) Prozesseignern. Hier werden grundlegende strategische Entscheidungen auf die **Prozessarchitektur** umgelegt und somit Vorgaben für die Gestaltung der Einzelprozesse definiert und in Form der Prozesslandkarte operationalisiert. Das Topmanagement ist auch aufgefordert, Multiprozesssteuerung vorzunehmen, die der gesamten Unternehmenssteuerung eine weitere wesentliche Perspektive gibt.

Eine **Prozessstrategie** legt hingegen fest, wie die Wertschöpfung im Unternehmen geschieht, wie das Unternehmen mit seinen Kunden, mit seinen Partnern und sonstigen Stakeholdern kommuniziert (direkt/indirekt) und wo die Grenzen der Betrachtung liegen (Ende der Organisation oder Ende des Prozesses?). Weiters beinhaltet die Prozessstrategie, wie eng oder breit Prozesse definiert werden, um die erforderliche Flexibilität zu erreichen und die Einhaltung der Prozesse regeln zu können.

Abbildung 1: Prozesslebenszyklus

Die unteren Ebenen (ab Ebene drei) der Prozesshierarchie werden zusammenfassend als **Mikroebene** bezeichnet. Hier geschieht üblicherweise die operative Detailarbeit im Einzelprozessmanagement, die wir in sechs Abschnitte des Prozesslebenszyklus gliedern (siehe Abb. 1).

Einstieg ins Prozessmanagement auf der Mikroebene ist die **Erhebung** eines Prozesses. Dabei wird ausgehend von der Makroebene ein Prozess abgegrenzt und es wird dargestellt, wie er aktuell im Unternehmen lebt. Dann wird im Rahmen der **Analyse** bewertet, inwiefern der Prozess die Anforderungen erfüllen kann, wo gegebenenfalls Optimierungspotenziale liegen und wie die zukünftigen Anforderungen aussehen werden. Diese zukünftigen Anforderungen werden in Form von Leitwerten ausgedrückt. Leitwerte sind für die Weiterentwicklung relevante gewichtete Prozesskennzahlen. Sie stellen die Vorgabe für die **Konzeption** dar. Neben der Soll-Konzeption des neuen oder geänderten Prozesses werden als Teil der Konzeption auch die Prozessorganisation und gegebenenfalls der Anpassungsbedarf von Werkzeugen (zum Beispiel IT-Anwendungen) festgelegt. Wichtige Schritte in der **Umsetzung** sind – neben der Anpassung der Werkzeuge – Schulungen, die formale Übergabe des Prozesses in den laufenden Betrieb und die Vereinbarung, wie die Prozesssteuerung erfolgen wird.

Die **Durchführung** ist jener Abschnitt, in dem sich der Prozess wahrscheinlich am längsten befinden wird. Parallel zur Ausübung des Prozesses wird eine kontinuierliche Weiterentwicklung des Prozesses durch eine zyklische Prozesssteuerung angestoßen.

Wird der Prozess in seiner existierenden Form nicht mehr benötigt, so wird dieser im Schritt der **Auflösung** systematisch aus dem operativen Geschäft eliminiert und aus der Prozesslandkarte entfernt.

Die Arbeit im Prozessmanagement erfolgt oft mit Projektmanagement
Für die Erhebung, Analyse, Konzeption und Einführung sowie die Auflösung von Prozessen wird oftmals auf die Abwicklung in Projektform zurückgegriffen, da die genannten Vorhaben meist hochkomplex, strategisch bedeutsam und riskant sind.

In Abbildung 2 sehen wir nur zwei von den unzähligen Möglichkeiten, welche der Phasen im Lebenszyklus eines Prozesses durch Projekte organisiert werden können.

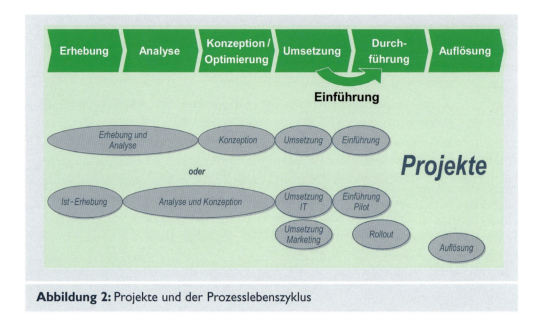

Abbildung 2: Projekte und der Prozesslebenszyklus

Prozesse sind hochkomplex, somit ist deren Veränderung ebenso komplex und hat eine große strategische Bedeutung für das Unternehmen. Die Aufgabe, einen Prozess umzubauen, ist dazu definitiv neuartig und keine Routinetätigkeit. Daraus ergeben sich eine Menge von Risiken für die Umsetzung und Einführung von Prozessänderungen zusätzlich zu den Risiken, die Prozesse selbst in sich tragen.

Im Fall einer komplexeren Ausgangssituation (wie beispielsweise der Einbezug vieler Prozesse) ist möglicherweise sogar ein Programm (mit mehreren Projekten) die passende Organisationsform.

Projektmanagement ist ähnlich wie Prozessmanagement eine Disziplin, die sich mit der Planung, Steuerung und Koordination von komplexen Aufgabenstellungen in einer dafür adäquaten Organisationsform beschäftigt. Sowohl Projektmanagement als auch Prozessmanagement definieren für diese Organisationsformen eigene Rollen. Im Fall von Prozessumsetzungs- oder Prozesseinführungsprojekten resultiert aus der Notwendigkeit einer Projektorganisation zur Umsetzung und Implementierung einer zukünftigen Prozessorganisation die Frage, wie diese beiden Rollenmodelle zusammenpassen und sich wechselseitig beeinflussen.

Nicht ganz zufällig haben die Standardrollen eine sehr ähnliche Grundstruktur, die unterschiedliche Varianten für den wechselseitigen Abgleich von Projekt- und Prozessorganisation zulässt. Drei in der Praxis typischerweise vorkommende Organisationsvarianten für die Projektorganisation in Anlehnung an die Prozessorganisation sind in Abbildung 3a–3c zu sehen.

Eine erste Lösungsvariante (siehe Abb. 3a) könnte so aussehen, dass der Prozesseigner der Projektauftraggeber im Projekt ist, der Prozessverantwortliche als Projektleiter fungiert und das Projektteam mit dem Prozessteam besetzt wird. Natürlich können da und dort aufgabenspezifisch auch weitere Experten zum Projektteam hinzugezogen werden, möglicherweise wird auch das eine oder andere Prozessteammitglied nicht im Projektteam eingebunden sein, sondern „nur" als Projektmitarbeiter zuarbeiten.

Abbildung 3a: Variante I/Projektorganisation für Prozessmanagementprojekte

Eine andere Lösungsvariante (siehe Abb. 3b) könnte sein, dass aufgrund einer inhaltlichen Thematik (z.B. IT-Schwerpunkt) ein hoch spezialisierter Projektmanagementexperte als Projektleiter eingesetzt wird und der Prozessveranwortliche dann entweder als Projektauftraggeber oder im Projektlenkungsausschuss eingebunden ist.

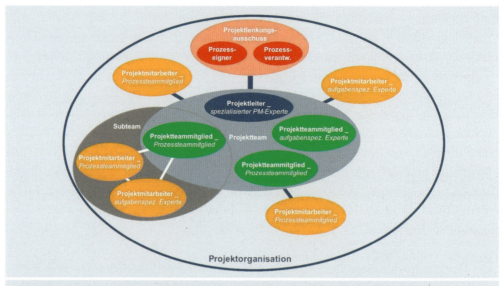

Abbildung 3b: Variante 2/Projektorganisation für Prozessmanagementprojekte

In einer ähnlichen Variante ist der Prozessverantwortliche als Projektteammitglied eingebunden. Da er nicht auch gleichzeitig die Rolle des Projektleiters übernimmt kann er sich voll auf die Gestaltung und Adaptierung des Prozesses konzentrieren.

Sollte es lediglich um mangelnde Projektmanagementerfahrung aufseiten des Prozessverantwortlichen oder des Prozessteams gehen, könnte man als dritte Alternative (siehe Abb. 3c) dem Prozessverantwortlichen in seiner Rolle als Projektleiter oder dem gesamten Team einen Projektcoach zur Seite stellen.

In der Praxis wird sich die Projektorganisation maßgeblich an der Prozessorganisation zu orientieren haben, andernfalls wird parallel zum Prozess eine zweite, neue Kommunikationsstruktur etabliert, mit dem Risiko, dass relevante Erwartungen nicht entsprechend in die Planung miteinbezogen und somit auch kaum erfüllt werden.

MANAGEMENT VON PROZESSEN

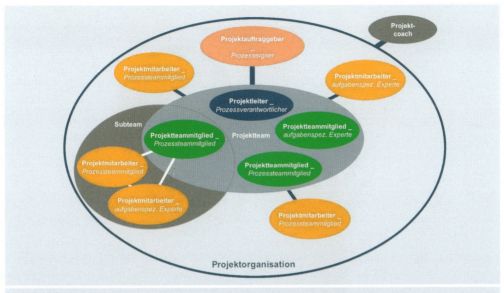

Abbildung 3c: Variante 3/Projektorganisation für Prozessmanagementprojekte

Tipps

✓ Identifizieren Sie den eigentlichen Bedarf, den Prozessmanagement in Ihrem Unternehmen decken kann, und kommunizieren Sie das an die wesentlichen Entscheider.

✓ Legen Sie für Ihre Organisation fest, was Sie mittels Prozessmanagement gestalten und steuern wollen. Nicht jeder Ablauf benötigt Management.

✓ Klären Sie intern, welche Begriffe für Ihre Organisation relevant sind und was sie genau bedeuten. Gegebenenfalls passen Sie die Begriffe an Ihre Kultur an.

VORLESUNG 2

DIE PROZESSORIENTIERTE ORGANISATION

Wie viel Prozessmanagement braucht Ihre Organisation und welche Auswirkungen hat das auf das gesamte Unternehmen? Wie planen Sie die Ausbaustufen?

Bedeutung der Prozessorientierung

Prozessmanagement ist eine der Topaufgaben in der Unternehmensführung
Zum Thema „Bedeutung des Prozessmanagements für Unternehmen" gibt es eine Reihe von zyklisch wiederholten Studien beispielsweise der TU-Wien oder der KPMO GmbH – Kompetenzzentrum für Prozessmanagement und Organisationsentwicklung (siehe Literaturliste). Die Kernaussagen können folgendermaßen zusammengefasst werden:

1. Fast jedes Unternehmen hat sich schon in irgendeiner Form mit dem Thema Prozessmanagement beschäftigt.
2. Für die überwältigende Mehrheit der befragten Unternehmen gehört Prozessmanagement zu einer unverzichtbaren Managementdisziplin in der Unternehmensführung.
3. Nur wenige Unternehmen haben eine vollständige Integration von Prozessen in die Unternehmensstrategie vorgenommen. Als Hauptursache wird die unzureichende Verbindlichkeit der obersten Führungsebene angeführt.
4. In nur wenigen Unternehmen ist Prozessmanagement organisatorisch fix verankert. Das heißt, dass die Rolle des obersten Verantwortlichen für Prozessmanagement in Form eines Leiters Prozessmanagement-Office oder eines Chief Process Officers in den meisten Unternehmen nicht existiert.
5. Bei einem Großteil der befragen Unternehmen liegt die Hauptverantwortung für die strategische Steuerung in der funktionalen Linienorganisation. Nur eine geringe Anzahl von Unternehmen hat Budgetverantwortung oder andere Instrumente zur strategischen Steuerung auf der Prozessebene etabliert.
6. Der Schwerpunkt der Prozessarbeit in den Unternehmen verlagert sich von der reinen Darstellung von Einzelprozessen hin zu einer strategischen Steuerung im gesamten Unternehmen durch konsequentes, verbindliches Prozessmanagement.

Das Ausmaß der Prozessorientierung ist unternehmensspezifisch
Im Rahmen der Diskussionen zum Prozessmanagement könnte der Eindruck entstehen, dass sich jedes Unternehmen organisatorisch zu 100 Prozent in Richtung Prozessorientierung verändern muss. In der Praxis ist jedoch zu beobachten, dass die Erwartungen an Prozessmanagement von Unternehmen zu Unternehmen unterschiedlich sind. Daher sollte das Ausmaß der notwendigen Prozessorientierung unternehmensspezifisch definiert werden. Ohne Anspruch auf Vollständigkeit könnten dabei folgende strategische Stoßrichtungen eine Rolle spielen:

- » **Auflösen nicht notwendiger Schnittstellen:** Durchbrechen der funktionalen Primärstruktur durch Einführung einer Prozesssicht im Unternehmen
- » **Etablierung von Prozessverantwortung:** Besetzung der Rollen Prozesseigner und Prozessverantwortlicher zur operativen Steuerung und Gestaltung auf der Einzelprozessebene
- » **Transparenz:** Etablierung eines ganzheitlichen Prozessmodells über die gesamte Unternehmenshierarchie und Aufzeigen von Optimierungspotenzialen, vor allem in den wertschöpfenden Prozessen
- » **Kundenorientierung:** Konsequente Ausrichtung der eigenen Unternehmensstrategien auf die Kundenanforderungen und damit auf die vom Kunden honorierten Leistungen
- » **Umsetzung der Unternehmensstrategien:** Transfer der Unternehmensstrategien auf die operative Prozessebene in Form von Prozesszielen und Etablierung eines durchgängigen Reportingsystems für das gesamte Unternehmen
- » **Flexibilität:** Schaffung einer hohen Flexibilität im Hinblick auf die sich ständig und rasch ändernde Umwelt
- » **Generierung von Wettbewerbsvorteilen:** Permanente Optimierung der Prozessleistung für das gesamte Prozessmanagementsystem und Schaffen von Potenzialen im Wettbewerb
- » **Sicherstellen von organisatorischem Lernen:** Stärkere Nutzung und Einbeziehung des Know-hows der Mitarbeiter zur kontinuierlichen Verbesserung der Prozesse und Abkehr von einmaligen, spontanen Verbesserungsmaßnahmen ohne Nachhaltigkeit

Prozessorientierung kann gemessen werden

Zur Bewertung der Prozessorientierung können Prozessaudits mit dem Fokus auf einzelne Prozesse durchgeführt werden. Der Bewertung von Prozessen und/oder der Prozessorientierung der gesamten Organisation dienen Prozessassessments.

Prozessaudits

Bei Prozessaudits geht es um die Feststellung, ob die tatsächliche Ausführung eines Prozesses den definierten und freigegebenen Prozessvorgaben entspricht und Strukturen zur Steuerung und Weiterentwicklung des Prozesses definiert sind. Prozessaudits können von internen und externen Auditoren durchgeführt werden. Als Vergleichsmaßstab wird meist ein vereinbarter Standard zum Prozessmanagement oder die interne Richtlinie zum Prozessmanagement des Unternehmens herangezogen.

Prozessassessments

Im Rahmen von Prozessassessments kann der Reifegrad eines oder mehrerer Prozesse mit einem Referenzmodell anhand eines Bewertungsschemas verglichen werden. Es stehen eine ganze Reihe von Referenzmodellen zur Verfügung, zum Beispiel CMMI, SPICE, ISO 15504, EFQM, EDEN, SCOR, eTOM, KTQ und ITIL. Die Bewertung wird durch externe, eigens dafür ausgebildete Assessoren durchgeführt. Nur wenige Modelle erlauben neben der Bewertung des Reifegrads eines Prozesses auch die Bewertung des Prozessreifegrads der gesamten Organisation. Als ein Beispiel möchten wir hier das relativ junge, in Abbildung 4 skizzierte, Referenzmodell EDEN (www.bpm-maturitymodel.com) anführen.

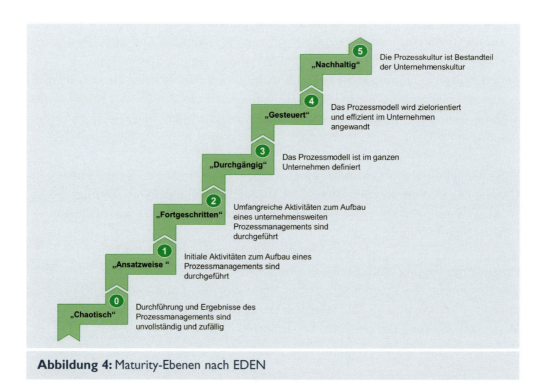

Abbildung 4: Maturity-Ebenen nach EDEN

EDEN definiert sechs Reifegrade: „Chaotisch", „Ansatzweise", „Fortgeschritten", „Durchgängig", „Gesteuert" und „Nachhaltig", wobei für jede der Stufen standardisierte, genaue Kriterien zur Bewertung definiert sind.

Merkmale der prozessorientierten Organisation

In einer prozessorientierten Organisation geht es um mehr als nur um die Etablierung eines neuen Organigramms im Unternehmen. Vielmehr ist ein Zusammenwirken der drei Bereiche Strategie, Struktur und Kultur zum Aufbau und zur Aufrechterhaltung der prozessorientierten Organisation notwendig (siehe Abb. 5).

Abbildung 5: Betrachtungsobjekte in der prozessorientierten Organisation

Prozessmanagement wird im Leitbild des Unternehmens verankert
Eine prozessorientierte Organisation erfordert ein ganz klares Bekenntnis zur Prozessorientierung durch die Unternehmensführung. Das heißt konsequenterweise, dass Prozessorientierung im Leitbild oder in den strategischen Grundsätzen des Unternehmens zu verankern ist. Diese strategische Verankerung stellt die Basis für die Maßnahmen im strukturellen und kulturellen Bereich dar.

Prozesse werden in die Strategie integriert
In weiterer Folge wird das strategische Prozessmanagement als Instrument zur Umsetzung der Unternehmensziele und Strategien genutzt. Das heißt im Umkehrschluss, dass Prozessmanagement nicht nur als Methode auf der operativen Abwicklungsebene etabliert ist, sondern sich zum unverzichtbaren Managementinstrument in der Unternehmensführung entwickelt.

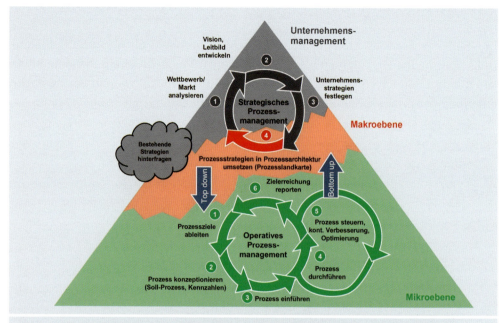

Abbildung 6: Zusammenspiel strategisches und operatives Prozessmanagement

Auf der obersten Ebene erfolgt nach einer Wettbewerbs- und Marktanalyse die Festlegung der Vision, der generellen Ziele des Unternehmens, der Grundsätze zur Unternehmensführung sowie der Unternehmensstandards, die letztlich in die Ausformulierung des Leitbilds münden. Zur Erreichung der Vision werden durch die Unternehmensleitung Unternehmens- oder Geschäftsstrategien definiert. Das strategische Prozessmanagement, repräsentiert durch den Prozessesteuerkreis, legt diese Unternehmens- oder Geschäftsstrategien auf ein Prozessmodell, das heißt eine Prozesslandkarte in Form von Prozessstrategien, um.

Die alles entscheidende Frage ist dabei jene nach der Architektur der Wertschöpfung, das heißt, wie eine optimale Unterstützung der Kernprozesse durch Support- und Managementprozesse aufgebaut werden kann. Diese Prozessstrategien werden Top-down durch den Prozesseigner auf die operative Einzelprozessebene transferiert. Gemeinsam mit dem Prozessverantwortlichen definiert der Prozesseigner Prozessziele beziehungsweise Maßnahmen zur Erreichung der Prozessstrategien. Der Prozessverantwortliche ist mit seinem Prozessteam für die Umsetzung und Steuerung dieser Prozessziele und Maßnahmen im realen Einzelprozess verantwortlich. Im Zuge der zyklischen Prozesssteuerung wird die Zielerreichung über den Prozesseigner von der Mikroebene zurück in die Makroebene transferiert. Dieses

Zusammenspiel zwischen strategischem und operativem Prozessmanagement ist nicht als starres System zu verstehen, sondern vielmehr als Versuch einer Darstellung des komplexen Systems in Form eines dynamischen Regelkreises im Sinne eines kontinuierlichen Verbesserungsprozesses.

Die Balanced Scorecard dient als wichtiges Instrument zur Strategieverfolgung
Der Balanced Scorecard (BSC) kommt im Zusammenspiel zwischen operativem und strategischem Prozessmanagement eine wichtige Rolle zu. Sie unterstützt die Übersetzung der Unternehmensstrategie in strategische Prozessziele auf der Makroebene und die Ableitung von konkret formulierten, operativen Maßnahmen auf der Einzelprozessebene. Das heißt, die BSC schafft eine Koppelung der strategischen mit der operativen Ebene. Durch das Herunterbrechen von Strategien auf die operative Ebene kann man sehr schnell erkennen, welche Strategien umsetzbar sind beziehungsweise wo es noch Unklarheiten in der Ausformulierung oder Ausrichtung gibt.

Im Prozessmanagementhandbuch werden die wesentlichsten Strukturen definiert
Eine prozessorientierte Organisation verfügt über eine Richtlinie in Form eines Prozessmanagementhandbuchs, in dem die wichtigsten Vorgaben und Regelungen zum Prozessmanagement definiert sind (für eine detailliertere Beschreibung des Prozessmanagementhandbuchs siehe Vorlesung 7). Neben der unternehmensspezifischen Prozessdefinition, den Hilfsmitteln und Tools zum Prozessmanagement, den Prozessen des Prozessmanagements beziehungsweise dem Prozesslebenszyklus und der Beschreibung der wichtigsten Rollen der Prozessrahmenorganisation ist vor allem das Zusammenspiel zwischen funktionaler Organisation und Prozessorganisation definiert (siehe Abb. 7).

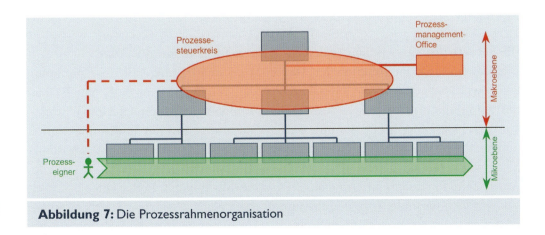

Abbildung 7: Die Prozessrahmenorganisation

Die Prozessrahmenorganisation schafft die organisatorischen Voraussetzungen zur Aufrechterhaltung der prozessorientierten Organisation. Auf der Einzelprozessmanagementebene sind vor allem die Rollen des Prozesseigners, des Prozessverantwortlichen und des Prozessteams zur Gestaltung und Steuerung eines Prozesses definiert. Auf der Multiprozessmanagementebene gibt es als Entscheidungsorgan zum Prozessmanagement einen Prozessesteuerkreis, der durch das Topmanagement der Organisation besetzt ist. Vor allem ist jedoch die Rolle des obersten Verantwortlichen zum Prozessmanagement in Form eines Leiters Prozessmanagement-Office oder eines Chief Process Officers (CPO) organisatorisch fix in der funktionalen Organisation verankert.

Die Entwicklung einer Prozesskultur benötigt Zeit
Strategie und Struktur allein reichen nicht aus, um ein Überleben der prozessorientierten Organisation sicherzustellen. Die Entwicklung einer Unternehmenskultur zum Prozessmanagement stellt einen wesentlichen Erfolgsfaktor dar. Unter dem Titel „Unternehmenskultur" werden Traditionen, Mythen, Normen, Wertvorstellungen und Werthaltungen, die im Unternehmen vorherrschen, zusammengefasst. Die Unternehmenskultur wirkt auf alle Bereiche des Managements und beeinflusst sämtliche Aktivitäten der Organisation. Mit einer gut entwickelten Prozesskultur im Unternehmen ist es den Mitarbeitern möglich, die Prozessziele einfacher und besser zu erreichen. Der Aufbau einer positiven und unterstützenden Prozesskultur kann sehr lange dauern, diese kann jedoch in kurzer Zeit zerstört werden.

Organisationsveränderungen durch Prozessmanagement

Die Verantwortung zwischen Linie und Prozess muss definiert werden
Die Veränderung der funktionalen Organisation in Richtung Prozessorientierung kann das Gleichgewicht im Unternehmen stören. Die Etablierung einer neuen Organisationseinheit, die quer zur vorhandenen Linienorganisation agiert, macht eine konkrete Positionierung beziehungsweise Abstimmung mit der Linienorganisation notwendig. Es gibt eine Vielfalt unterschiedlicher Möglichkeiten, die Prozessorganisation in die bestehende Linienorganisation einzubetten, deren Wahl vom Ausmaß der Prozessorientierung einer Organisation abhängt. In der Folge beschreiben wir die unterschiedlichen Einbettungsformen von der weichen Matrix mit einer relativ geringen Prozessorientierung bis hin zur reinen Prozessorganisation mit der

DIE PROZESSORIENTIERTE ORGANISATION

kompletten Ausrichtung der Gesamtorganisation in Richtung Prozessmanagement. Im Rahmen der Detailbeschreibung werden die unterschiedlichen Einbettungsformen über den Prozessorientierungsindex (siehe Abb. 8) sowie das Ausmaß der Bevollmächtigung und Möglichkeit zur Erfüllung der Basisaufgaben im Einzelprozessmanagement bewertet.

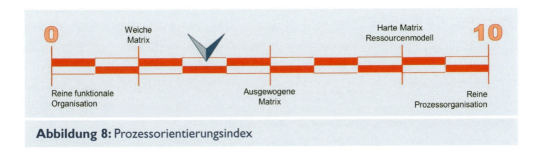

Abbildung 8: Prozessorientierungsindex

Der Prozessorientierungsindex zeigt die Stärke der Prozessorientierung der Gesamtorganisation. In den überwiegenden Fällen wird zu beobachten sein, dass mit wachsender Prozessorientierung auch die Möglichkeit zur eigenständigen Erfüllung der Basisaufgaben im Einzelprozessmanagement durch die Prozessverantwortlichen steigt. Auf Basis von Abbildung 9 wird in den Detailbeschreibungen der unterschiedlichen Einbettungsformen aufgezeigt, mit welcher Entscheidungsmacht die Prozessverantwortlichen (PzV) am ehesten rechnen können.

Abbildung 9: Möglichkeit zur eigenständigen Erfüllung von Basisaufgaben durch PzV

Wir benutzen dazu den schon in Vorlesung 1 eingeführten Prozesslebenszyklus und beschreiben je Einbettungsform die Bevollmächtigung des Prozessverantwortlichen im Rahmen von Erhebung, Darstellung, Analyse, Konzeption, Optimierung, Umsetzung, kontinuierlicher Verbesserung und Steuerung von Prozessen.

Die reine funktionale Organisation

Die Extremform der reinen funktionalen Organisation, mit dem Wert null auf dem Prozessorientierungsindex, wird nicht im Detail beschrieben, da in diesem Fall nicht beziehungsweise kaum von Prozessorientierung gesprochen werden kann. Die gesamte Verantwortung zur Steuerung liegt in der funktionalen Organisation und es gibt quasi keine Prozesse. Aus unserer Sicht existiert diese Reinform in der Praxis nur sehr selten, da sich fast jedes Unternehmen auf irgendeine Art und Weise mit Prozessen beschäftigt.

Weiche Matrix – Prozesseinflussorganisation

Die weiche Matrix (siehe Abb. 10) wird auch als funktionale Organisation mit Prozessverantwortung bezeichnet. Diese Einbettungsform ist ausgehend von der funktionalen Organisation relativ einfach zu etablieren, hat jedoch eine sehr geringe Prozessorientierung.

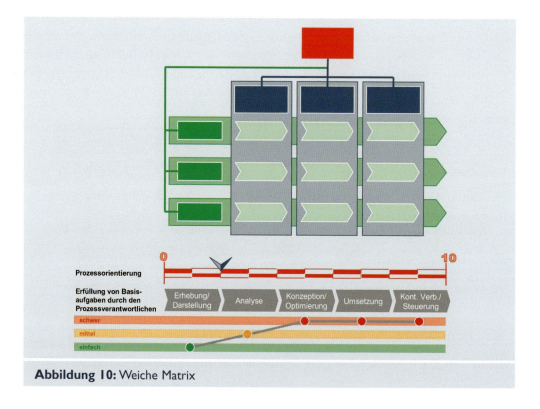

Abbildung 10: Weiche Matrix

Die Prozessverantwortlichen sind in Form einer Stabsstellenfunktion quer zur funktionalen Organisation angeordnet und haben kaum Umsetzungskompetenz entlang des Prozesses. Die wesentlichsten Kompetenzen verbleiben in der funktionalen Organisation. Die primäre Aufgabe der Prozessverantwortlichen ist es daher, Dinge aufzuzeigen. Dabei sind die Identifikation, die Erfassung und die Darstellung von Prozessen relativ einfach möglich, während die Analyse und die Bewertung von Prozessen nicht mehr allein aus der Prozesssicht heraus durchgeführt werden können. Konzeption, Optimierung, Umsetzung und auch die kontinuierliche Verbesserung beziehungsweise Steuerung des Prozesses sind ohne Macht der Linienverantwortlichen kaum möglich. Dem Prozessverantwortlichen bleibt im Eskalationsfall nur die Variante, über den Einfluss der Geschäftsleitung Dinge umzusetzen. Daher kommt auch die Bezeichnung „Prozesseinflussorganisation".

Dieses Organisationsmodell scheint auf den ersten Blick nicht sehr erfolgversprechend, jedoch ist diese Variante oft der Einstieg in Richtung Prozessorientierung beziehungsweise auch passend, wenn die Organisation nicht sehr prozessorientiert ist. Im Rahmen der Implementierung von Prozessmanagement in Unternehmen wird die weiche Matrix oft auch in Projektform pilotiert.

Ausgewogene Matrix – Leistungsmodell
Die Einbettungsform der ausgewogenen Matrix siedelt die Prozessorganisation gleichwertig neben der funktionalen Linienorganisation an. Diese Organisationsform ist organisatorisch relativ komplex, da es auf den ersten Blick keine eindeutige Über- und Unterordnung zwischen funktionaler und Prozessorganisation gibt.

Die Prozessverantwortlichen sind auf der gleichen hierarchischen Ebene wie die Linienverantwortlichen (z.B. Abteilungsleiter) positioniert. Die Aufgaben und Kompetenzen zur Steuerung des Unternehmens sind zwischen funktionaler und Prozessorganisation aufgeteilt. Die Ziele werden durch die Unternehmensführung im Sinne einer Zieleplanung zwischen funktionaler Organisation und Prozessorganisation abgestimmt. Die Linienverantwortlichen stellen den Prozessverantwortlichen Leistungen beziehungsweise Services zur Verfügung, die in Service Level Agreements eindeutig spezifiziert sind. Die Ressourcenverantwortung verbleibt in der Linie, während die Ergebnisverantwortung beispielsweise für Produkte und Dienstleistungen im Prozess verankert ist.

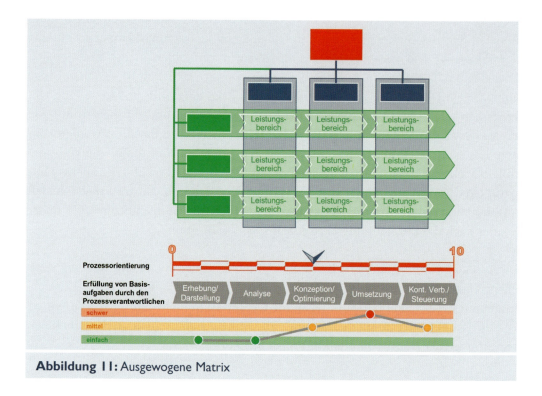

Abbildung 11: Ausgewogene Matrix

Dieses Modell liegt auf dem Prozessorientierungsindex in Abbildung 11 in Bezug auf die Prozessorientierung der Gesamtorganisation genau in der Mitte. Identifikation, Erfassung, Darstellung, Analyse und Bewertung von Prozessen sind in dieser Einbettungsform relativ einfach möglich. Der Aufwand für Konzeption, Optimierung, Umsetzung und Steuerung des Gesamtsystems ist allerdings sehr hoch. Durch die Gleichwertigkeit der Entscheidungskompetenzen von Linienorganisation und Prozessorganisation erfordert dieses Organisationsmodell ein stark ausgeprägtes Organisationsverständnis aller Beteiligten. Der Mehrwert dieser Einbettungsform liegt in der Kombination der Vorteile der Linienorganisation mit den Vorteilen der Prozessorganisation. Dieser Vorzug wird jedoch durch einen relativ hohen Aufwand für den Aufbau und die Aufrechterhaltung des Systems erkauft.

Harte Matrix – Ressourcenmodell

Dieses Modell (siehe Abb. 12) ist auf dem Prozessorientierungsindex sehr weit rechts angeordnet und ist ausgehend von einer traditionell funktional orientierten Linienorganisation nicht so einfach zu etablieren.

DIE PROZESSORIENTIERTE ORGANISATION

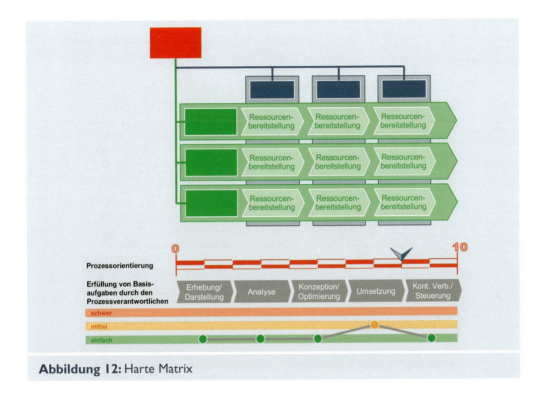

Abbildung 12: Harte Matrix

In diesem Modell kommt es zur fast kompletten Entmachtung der Linien. Die gesamte organisatorische Verantwortung beziehungsweise Kompetenz liegt in der Prozessorganisation. Die verbleibende funktionale Struktur ist als Stabsstelle in der Organisation angesiedelt. Die Verantwortung reduziert sich fast ausschließlich auf die Bereitstellung der Ressourcen im Sinne von Ressourcenpools. Selbst die Verantwortung für die Weiterentwicklung der Mitarbeiter wird durch den Prozessverantwortlichen wahrgenommen. Fast alle Basisaufgaben entlang des Prozesslebenszyklus können durch den Prozessverantwortlichen relativ einfach verantwortet werden. Durch die starke Fokussierung auf den Prozess können teilweise die Vorteile der funktionalen Sicht, wie zum Beispiel die Förderung von Spezialwissen, die Nutzung von Synergien durch Ressourcenausgleich oder die einfache Steuerung von Kosten, in funktional orientierten, prozessübergreifenden Kostenstellen verloren gehen.

Die reine Prozessorganisation
Dieses Modell ist auf dem Prozessorientierungsindex ganz rechts angeordnet.

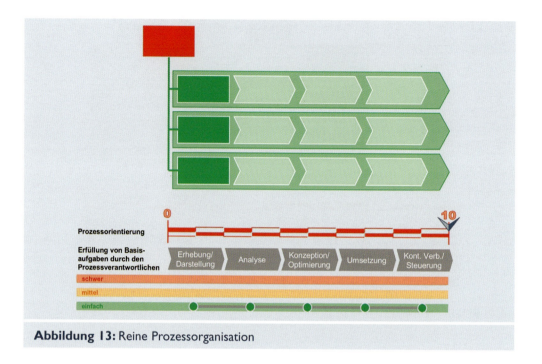

Abbildung 13: Reine Prozessorganisation

Die reine Prozessorganisation (siehe Abb. 13) ist ausgehend von der rein funktionalen Organisation am schwierigsten zu etablieren. In dieser Organisationsform existieren quasi keine funktionalen Strukturen. Die gesamte Verantwortung beziehungsweise Kompetenz liegt in der Prozessorganisation. Alle Aufgaben entlang des Prozesslebenszyklus können durch den Prozessverantwortlichen relativ einfach verantwortet werden. Diese Extremausprägung der Prozessorientierung kann aus unserer Sicht als Organisationsform bei Support- und Managementprozessen schon recht bald entstehen. Beispielsweise ist der Leiter des Einkaufs auch der Prozesseigner aller Einkaufsprozesse.

Als Primärorganisation zur Unterstützung der Kernprozesse kommt diese Organisation aus unserer Sicht in der Praxis relativ selten vor, da sie ausgehend von einer rein funktionalen Struktur sehr schwer zu etablieren ist. Wie auch schon bei der harten Matrix beschrieben können auch hier teilweise die Vorteile und Synergien der funktionalen Steuerung verloren gehen.

DIE PROZESSORIENTIERTE ORGANISATION

Die Wahl des Organisationsmodells muss überlegt sein

Alle bislang beschriebenen Organisationsmodelle haben ihre Berechtigung. Der Trend in Richtung Prozessorientierung ist kaum aufzuhalten und verändert die Organisationslandschaft. Teilweise ist beobachtbar, dass der Wechsel in Richtung Prozessorientierung zu abrupt vonstatten geht. Unternehmen, die jahrelang eher funktional organisiert waren, stellen ihre gesamte Organisation in kürzester Zeit auf eine extreme Prozessorientierung um. Dieser radikale Wechsel führt dazu, dass auch Dinge verändert werden, die bisher sehr gut funktioniert haben. Das Geheimnis liegt aus unserer Sicht in einer überlegten Vorgehensweise zur Ausrichtung der Organisation in Richtung Prozessorientierung.

Überlegen Sie dazu folgende Fragen:
» Was sind die Vorteile bzw. Stärken der bestehenden Organisation?
» Wie viel Prozessorientierung ist sinnvoll und verträgt die Organisation?
» Wie sieht eine erste Startorganisation aus (auch wenn sie noch nicht ganz passt)?

Tipps

Strategie
- ✓ Nutzen Sie Prozessorientierung als strategische Option.
- ✓ Richten Sie die Ziele Ihrer Prozesse an der Unternehmensstrategie aus.
- ✓ Prüfen Sie regelmäßig die Strategierelevanz Ihrer Prozesse.

Struktur
- ✓ Adaptieren Sie die Organisation unter Beteiligung aller relevanten Key Player.
- ✓ Pilotieren Sie die Organisation in Projektform.

Kultur
- ✓ Überprüfen Sie, inwieweit die bestehende Unternehmenskultur Prozessmanagement zulässt.
- ✓ Lassen Sie die Organisation langsam entstehen. Dosieren Sie die Geschwindigkeit der organisatorischen Veränderung.

ETABLIERUNG DER PROZESSRAHMEN-ORGANISATION

Welche Rollen gibt es im Prozessmanagement?

Welche Kompetenzen brauchen sie?

Und wie sehen die Rahmenbedingungen aus?

Rollen im Einzelprozessmanagement

Im Einzelprozessmanagement unterscheiden wir Rollen der Prozessdurchführungsorganisation und Rollen der Prozessmanagementorganisation. Rollen der Prozessdurchführungsorganisation oder inhaltliche Rollen werden zur inhaltlichen Abwicklung der einzelnen Schritte im Prozess benötigt, beispielsweise die Rolle Einkäufer im Einkaufsprozess. Rollen der Prozessmanagementorganisation oder Prozessmanagementrollen sind zur Gestaltung und Steuerung des Prozesses notwendig, wie zum Beispiel Prozesseigner, Prozessverantwortlicher, Prozessteam.

Die Verantwortung im Prozess muss eindeutig definiert werden
Die hierarchische Gliederung eines Unternehmens wird im Rahmen der Aufbauorganisation über Organigramme definiert. Hierbei wird zum Beispiel in der Stab-Linien-Organisation die Über- und Unterordnung zwischen vorgesetzten und zuarbeitenden Stellen über Linien dargestellt (siehe Abb. 14).

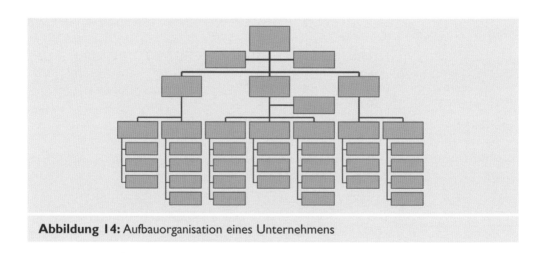

Abbildung 14: Aufbauorganisation eines Unternehmens

Eine Stelle wird über eine Stellenbeschreibung definiert. Dabei werden Aufgaben, Kompetenzen und Verantwortung festgehalten. In der Organisationsentwicklung wird in letzter Zeit immer öfter statt „Stelle" der Begriff „Rolle" verwendet. Dabei wird neben Aufgaben, Kompetenzen und Verantwortung auch die Verhaltenserwartung an die Mitarbeiter, die diese Rolle einnehmen, definiert.

Die Prozessdurchführungsorganisation bedient sich der gleichen Stellen- bzw. Rollenbeschreibungen, jedoch liegen diese in Bezug auf prozessbezogene Aufgaben und Kompetenzen oft nicht in der notwendigen Detaillierung vor und müssen erst definiert werden. In der Prozessdurchführungsorganisation werden die Positionen beziehungsweise die Anordnung in Prozessablaufbeschreibungen dargestellt und nicht wie im Organigramm des Unternehmens über die Anordnung in der funktionalen Aufbauorganisation. Auf jeden Fall muss auf der operativen Prozessdurchführungsebene die Verantwortlichkeit für die einzelnen Prozessschritte und die Mitarbeit in den einzelnen Prozessschritten im Detail definiert werden (siehe Abb. 15).

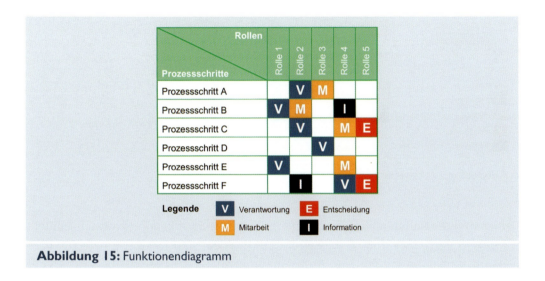

Abbildung 15: Funktionendiagramm

Im Funktionendiagramm können die Funktionen Verantwortung, Mitarbeit, Entscheidung und Information (wer informiert wird) je Prozessschritt Rollen zugeordnet werden. Je Schritt muss es genau einen operativ Verantwortlichen geben. Die Herausforderung in der organisatorischen Gestaltung ist die eindeutige Definition von Rollen (z.B. Einkäufer oder Disponent) für die gesamte Organisation beziehungsweise das Unternehmen. Auf die direkte Zuordnung der Funktionen Verantwortung, Mitarbeit, Entscheidung und Information zu Personen wird in der Praxis zur Vereinfachung des Änderungsmanagements verzichtet.

Prozessmanagementrollen als Erfolgsfaktor im Einzelprozess
Neben den inhaltlichen Rollen der Prozessdurchführung sind vor allem die Managementrollen zur Gestaltung und Steuerung des Prozesses ein wesentlicher Erfolgsfaktor im Prozessmanagement. Die Besetzung dieser Rollen ist für den jeweiligen Prozess im Prozessorganigramm definiert (siehe Abb. 16).

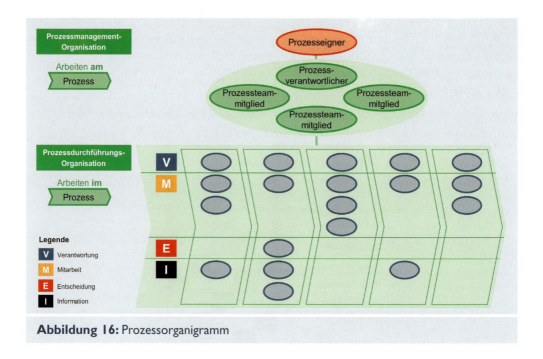

Abbildung 16: Prozessorganigramm

Leider sind die Rollen in den unterschiedlichen Zugängen zum Prozessmanagement (CMMI, SPICE, ISO 15504, EDEN, SCOR, eTOM, ITIL usw.) unterschiedlich benannt, wobei die inhaltlichen Aufgaben größtenteils deckungsgleich sind. In der Praxis ist jedoch nicht die Beschreibung der Aufgaben, der Kompetenzen und der Verantwortung das Problem, sondern die Etablierung beziehungsweise Akzeptanz dieser Rollen durch die bestehende Linienorganisation.

In der Folge beschreiben wir die wichtigsten Prozessmanagementrollen:
» Prozesseigner (strategisches Prozessmanagement)
» Prozessverantwortlicher (operatives Prozessmanagement)
» Prozessteammitglied (inhaltlicher Fachexperte im Prozessteam)

Prozesseigner
Der Prozesseigner gehört zur strategischen Führungsebene im Prozessmanagement. Er ist das oberste Entscheidungsorgan für den Einzelprozess. Der Prozesseigner hat die Letztentscheidung bezüglich der Prozessziele, der Prozesssteuerung beziehungsweise der Veränderungen im Prozess und ist das Bindeglied zum Prozesssteuerkreis. Er ist jedoch nicht für operativ inhaltliche Details zuständig. Gemeinsam mit

ETABLIERUNG DER PROZESSRAHMENORGANISATION

dem Prozessverantwortlichen legt er die Prozessgrenzen und den Umfang der Weiterentwicklung im Prozess fest.

Der Prozesseigner muss mit so viel Macht ausgestattet sein, dass er organisationseinheitenübergreifend Gestaltungs- und Steuerungsentscheidungen entlang des Prozesses treffen kann.

In der Regel wird es nur einen Prozesseigner geben. Bei komplexeren Prozessen in der Gestaltung und Steuerung oder wenn sich die Organisation nicht auf einen Prozesseigner einigen kann, ist die Etablierung eines Prozesseignergremiums oder Prozesslenkungsausschusses möglich.

Eine Beschreibung der Rolle Prozesseigner in einer prozessorientierten Organisation könnte wie folgt aussehen:

Rollenbeschreibung Prozesseigner

Zweck	» Sicherstellen der Unternehmensinteressen im Prozess in Abstimmung mit dem Prozessverantwortlichen und dem übergeordneten Management oder dem Prozessesteuerkreis
	» Strategische Gesamtverantwortung für den Prozess
Organisatorische Stellung	» Ist das oberste Entscheidungsorgan für den Prozess und Teil der Prozessorganisation
	» Wird vom Prozessesteuerkreis benannt und hat meist auch Linienverantwortung (Bereichsleiter oder Abteilungsleiter)
	» Ist Mitglied des Prozessesteuerkreises und berichtet diesem
	» Ist prozessbezogen dem Prozessverantwortlichen und auch den Prozessdurchführungsverantwortlichen gegenüber weisungsbefugt
	» Steuert den Prozess gemeinsam mit dem Prozessverantwortlichen auf der strategischen Ebene
Aufgaben	» Auswahl des Prozessverantwortlichen und Unterstützung bei der Besetzung des Prozessteams

	» Führung des Prozessverantwortlichen » Zielvereinbarung mit dem Prozessverantwortlichen und dem Prozessteam » Sicherstellen der Strategiekonformität des Prozesses » Definition von Leitwerten im Prozess » Freigabe der Prozessvorgaben » Beitrag zur Konstruktion von Prozesskontext und Prozessmarketing » Durchführung von Steuerungssitzungen gemeinsam mit dem Prozessverantwortlichen » Freigabe des Prozessstatusberichts » Unterstützung bei der Eskalation auf Basis zugesagter, jedoch nicht verfügbarer Finanzmittel oder Prozessressourcen » Sicherstellen und Überprüfen der Prozessweiterentwicklung » Initiierung von Prozessoptimierungen und Entscheidungen zu Umsetzungsmaßnahmen » Sicherstellung der Prozessmanagementstandards im Prozess
Formale Kompetenzen (Befugnisse)	» Auswahl des Prozessverantwortlichen und Vetorecht hinsichtlich der Besetzung des Prozessteams » Festlegung der Vorgaben für den Prozess » Disziplinarische Weisungsbefugnis im Prozess (abhängig von der organisatorischen Einbettung der Prozessorganisation in die Linienorganisation, z.B. weiche oder harte Matrix) » Budgetverantwortung für Prozessoptimierungen

Prozessverantwortlicher

Der Prozessverantwortliche (wird oft in der Praxis auch als Prozessmanager bezeichnet) steht mit dem Prozessteam im Mittelpunkt der Gestaltung und Steuerung des Einzelprozesses. Die organisatorische Einbettung der Prozessorganisation in die Linienorganisation beeinflusst die Handlungsmöglichkeiten des Prozessverantwortlichen (siehe auch Vorlesung 2). Mit zunehmender Prozessorientierung der

ETABLIERUNG DER PROZESSRAHMENORGANISATION

Organisation (siehe Abb. 17) von der weichen Matrix bis zur reinen Prozessorganisation verändern sich die Aufgaben, Kompetenzen und die Verantwortung des Prozessverantwortlichen.

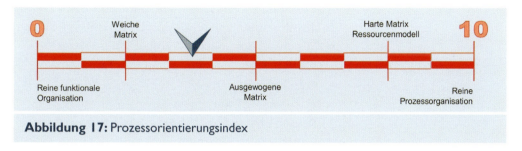

Abbildung 17: Prozessorientierungsindex

Eine Rollenbeschreibung für den Prozessverantwortlichen in einer prozessorientierten Organisation könnte wie folgt aussehen:

Rollenbeschreibung Prozessverantwortlicher

Zweck	» Sicherstellen, dass der Prozess entsprechend den Prozessvorgaben durchgeführt und gesteuert wird
	» Sicherstellen einer übergreifenden Weiterentwicklung (kontinuierliche Verbesserung bzw. Optimierung) des Prozesses
Organisatorische Stellung	» Ist Teil des Prozessteams und damit der Prozessorganisation
	» Berichtet dem Prozesseigner und ist diesem gegenüber prozessbezogen weisungsgebunden
	» Koordiniert die Prozessteammitglieder und ist diesen gegenüber prozessbezogen weisungsbefugt
Aufgaben	» Etablieren des Prozessteams – Benennen der Prozessteammitglieder in Abstimmung mit der Linienorganisation und dem Prozesseigner
	» Führen und Koordinieren des Prozessteams
	» Durchführen von regelmäßigen Prozessteam-Meetings

	» Gestaltung der Prozesskontextbeziehungen bzw. Umsetzen von Prozessmarketingaktivitäten zusammen mit den Prozessteammitgliedern » Kontinuierliches Anpassen und Weiterentwickeln des Prozesses entsprechend der Prozessvorgaben » Verantwortung für die Aktualität der Prozessbeschreibungen gemeinsam mit den Prozessteammitgliedern » Zyklische Erhebung von prozessrelevanten Kennzahlen und Feststellen des Status im Prozess gemeinsam mit dem Prozessteam » Vereinbarung bzw. Vornahme steuernder Maßnahmen gemeinsam mit den Prozessteammitgliedern » Erstellen des Prozessstatusberichts und regelmäßiges Reporting an den Prozesseigner und relevanten Stakeholder » Durchführung von Prozessoptimierungen in Abstimmung mit dem Prozesseigner
Formale Kompetenzen (Befugnisse)	(abhängig von der organisatorischen Einbettung der Prozessorganisation in die Linienorganisation, z.B. weiche oder harte Matrix) » Ergebnisverantwortung entlang des Prozesses » Disziplinarische Verantwortung und Weisungsbefugnis gegenüber dem Prozessteam bzw. Durchführungsverantwortlichen » Fachlich-methodische Weisungskompetenz » Budgetverantwortung für den Prozess

Prozessteammitglied

Bei komplexeren Prozessen kann zusätzlich zum Prozessverantwortlichen ein Prozessteam erforderlich sein. Dabei handelt es sich nicht um die Summe aller Prozessbeteiligten, sondern vielmehr um eine ausgewählte Gruppe inhaltlicher Prozessexperten (5 +/− 2 Personen) zur Gestaltung und Steuerung des Prozesses. Oft werden Gruppen oder Bündel von Prozessen zusammengefasst und vom selben Prozessteam bearbeitet.

Rollenbeschreibung Prozessteammitglied

Zweck
» Sicherstellen von funktions- und bereichsspezifischem Wissen zur Gestaltung und Steuerung des Prozesses gemeinsam mit dem Prozessverantwortlichen

Organisatorische Stellung
» Ist Teil des Prozessteams und der Prozessorganisation
» Ist Vertreter eines funktionalen Bereichs
» Berichtet dem Prozessverantwortlichen und ist diesem gegenüber prozessbezogen weisungsgebunden
» Koordiniert, so erforderlich, Subteams oder Themenscteams und ist diesen gegenüber weisungsbefugt

Aufgaben
» Einbringen von funktions- und bereichsspezifischem Fachwissen
» Teilnahme an den Prozessteam-Meetings
» Mitarbeit bei der Gestaltung der Prozesskontextbeziehungen und im Prozessmarketing
» Einbringen von Prozessverbesserungsvorschlägen
» Kontinuierliches Anpassen und Weiterentwickeln des Prozesses entsprechend den Prozessvorgaben (z.B. Ausarbeitung und Anpassen von Arbeitsanweisungen)
» Mitarbeit bei der Adaptierung der Prozessbeschreibungen
» Erhebung von Kennzahlen und Mitarbeit in der Prozesssteuerung bzw. Vornahme steuernder Maßnahmen
» Mitarbeit bei Prozessoptimierungsmaßnahmen

Formale Kompetenzen (Befugnisse)	» Sicherstellen des Informationsaustausches zwischen Prozess und den jeweiligen Abteilungen der Linienorganisation » Einholen prozessrelevanter Informationen » Gegebenenfalls Koordination von Mitarbeitern in Subteams oder Thementeams

Rollen im Multiprozessmanagement

Die oberste Ebene im Prozessmanagement wird als Makroebene bezeichnet. In der prozessorientierten Organisation sind auf dieser Ebene zur Unterstützung der Arbeit im Einzel- beziehungsweise Multiprozessmanagement ebenfalls Organisations- und Kommunikationsstrukturen etabliert. Im einfachsten Fall existieren auf der Makroebene ein Prozessesteuerkreis und ein Prozessmanagement-Office.

Der Prozessesteuerkreis ist oberstes Entscheidungsorgan im Prozessmanagement
In der prozessorientierten Organisation ist der Prozessesteuerkreis die oberste Kommunikations- und Entscheidungsstruktur zum Prozessmanagement. Der Prozessesteuerkreis wird in der Regel mit Vertretern der Geschäftsführung und betroffener Geschäftsbereiche besetzt. Die Prozesseigner aus dem Einzelprozessmanagement berichten an dieses Gremium und bilden damit das Bindeglied zwischen Mikro- und Makroebene.

Rollenbeschreibung Prozessesteuerkreis

Zweck	» Sicherstellen der Unternehmensinteressen im Wirkungsbereich in Abstimmung mit den Prozesseignern » Strategische Gesamtverantwortung für das Prozessmanagementsystem
Organisatorische Stellung	» Ist das oberste Entscheidungsgremium zum Prozessmanagement für einen definierten Bereich (gesamtes oder Teile eines Unternehmens) » Mitglieder sind Vertreter der Geschäftsführung und betroffener Geschäftsbereiche oder Abteilungen

ETABLIERUNG DER PROZESSRAHMENORGANISATION

	» Tagt regelmäßig in definierten Zyklen (z.B. 1 x im Monat)
Aufgaben	» Identifikation von Prozessen
» Nominierung von Prozesseigner und eventuell auch Prozessverantwortlichen
» Sicherstellung der Strategiekonformität der Prozesse
» Freigabe und Entscheidungen zur Ausgestaltung der Prozesslandkarte
» Freigabe von Ressourcen in Abstimmung mit den Prozesseignern und den betroffenen Abteilungsleitern
» Freigabe von Prozessbudgets in Abstimmung mit dem Prozesseigner und dem Finanzcontrolling
» Strategische Steuerung der Prozesse in Abstimmung mit den Prozesseignern
» Priorisierung der Prozessoptimierungen im Hinblick auf die Optimierung des Gesamtunternehmenserfolgs
» Auflösung von Prozessen
» Freigabe der Standards zum Prozessmanagement im Wirkungsbereich
» Sicherung der kontinuierlichen Weiterentwicklung im Prozessmanagementsystem
» Sicherstellung von organisatorischem Lernen über die Prozessgrenzen hinaus
» Sicherstellung von adäquaten Rahmenbedingungen der prozessorientierten Organisation
Formale Kompetenzen (Befugnisse)	» Benennung eines Prozesseigners je Prozess
» Vorgabe von strategischen Zielen für die Einzelprozesse
» Priorisierung von Prozessen und Entscheidung über damit verbundene Konsequenzen (Ressourcen- und Budgetumschichtungen etc.)
» Weisungsbefugnis gegenüber dem Prozessmanagement-Office

Prozessmanagement ist organisatorisch im Unternehmen zu verankern

Neben dem Prozessesteuerkreis als Kommunikationsstruktur ist die Etablierung eines Prozessmanagement-Office als fixer Bestandteil der Linienorganisation ein wesentlicher Erfolgsfaktor für die Prozessorientierung (siehe Abb. 18).

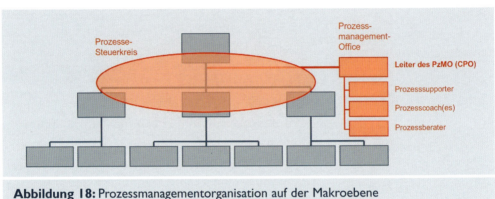

Abbildung 18: Prozessmanagementorganisation auf der Makroebene

In kleineren Organisationseinheiten wird das Prozessmanagement-Office von einer Person wahrgenommen. Bei sehr starker Prozessorientierung beziehungsweise in größeren Unternehmen kann zum Beispiel eine Trennung des Prozessmanagement-Office in unterschiedliche Rollen (Leiter PzMO oder Chief Process Officer – CPO, Prozessesupporter, Prozesscoach und Prozessberater) mit einer gemeinsamen Organisations- oder Kommunikationsstruktur über das Prozessmanagement-Office sinnvoll sein. (Für eine detaillierte Ausführung zu Prozesscoaching und Prozessberatung siehe auch Vorlesung 12.) Eine Rollenbeschreibung für das Prozessmanagement-Office in der prozessorientierten Organisation könnte wie folgt aussehen:

Rollenbeschreibung Prozessmanagement-Office

Zweck	» Zurverfügungstellen von Prozessmanagement als Managementinstrument in der Unternehmensführung » Operative Gesamtverantwortung für das Prozessmanagementsystem im Unternehmen/in der Organisationseinheit » Sicherstellen, dass die Prozesse entlang der vereinbarten Regelungen gelebt werden

ETABLIERUNG DER PROZESSRAHMENORGANISATION

Organisatorische Stellung	» Ist in der Stammorganisation fix verankert und damit eine permanente Rolle in der Linie
	» Setzt sich aus mehreren spezifischen Rollen zusammen, die von einer oder mehreren Personen wahrgenommen werden: Leiter des Prozessmanagement-Office, Prozessesupporter, Prozesscoach, Prozessberater ...
	» Sein Leiter nimmt an Sitzungen des Prozessesteuerkreises beratend teil
	» Berichtet an den Prozessesteuerkreis und ist diesem gegenüber weisungsgebunden
Aufgaben	» Sicherung und Weiterentwicklung der Prozessmanagementstandards, Hilfsmittel und Tools im Wirkungsbereich
	» Unterstützung der Prozesseigner, Prozessverantwortlichen bzw. Durchführungsverantwortlichen bei der Steuerung und Optimierung der Prozesse durch Coaching und Beratung
	» Sicherstellen einer einheitlichen Prozessdokumentation und eines standardisierten Reporting-systems
	» Durchführung von Marketing zum Prozessmanagement
	» Aufbereitung und Konsolidierung von Prozessstatusberichten und Prozesssteuerung auf der Makroebene
	» Etablierung eines Kennzahlensystems
	» Qualitätssicherung der Kennzahlen
	» Operative Prüfung der Strategiekonformität der Prozesse
	» Erstellung des Managementreports zum Prozessmanagement und Ableiten von Empfehlungen für den Prozessesteuerkreis
	» Kontinuierliche Weiterentwicklung des Prozessmanagements im Unternehmen
	» Überwachung und Umsetzung des Maßnahmenplans zu Prozessoptimierungsvorhaben

	» Koordination von Maßnahmen zur Weiterentwicklung des Prozessmanagementpersonals
	» Durchführung von internen Prozessaudits
Formale Kompetenzen (Befugnisse)	» Einfordern von Prozessinformationen auf Basis definierter Strukturen und Zeitpunkte
	» Erstellung der Tagesordnung für Sitzungen des Prozessesteuerkreises sowie deren Einberufung im Fall von kurzfristigen Entscheidungsbedarfen
	» Kompetenz zur Vorgabe und Adaptierung von Richtlinien für das Prozessmanagement

Zusammenspiel von Einzel- und Multiprozessmanagement

Der Prozesseigner ist das Bindeglied zwischen Mikro- und Makroebene

Die Rolle des Prozesseigners hat in der prozessorientierten Organisation eine ganz besondere Bedeutung. Der Prozesseigner ist das Bindeglied zwischen der Mikro- und der Makroebene (siehe Abb. 19).

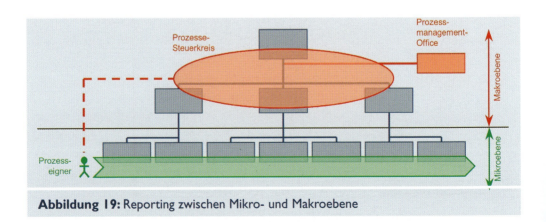

Abbildung 19: Reporting zwischen Mikro- und Makroebene

Im einfachsten Fall ist der Prozesseigner aufgrund seiner Funktion in der Linienorganisation direkt im Prozessesteuerkreis vertreten. Die strategische Ausrichtung und Positionierung des Unternehmens wird auf der Makroebene in strategische Ziele je Prozess heruntergebrochen und zum Beispiel über eine Balanced Scorecard (BSC) verfolgt. Der Prozesseigner ist nun dafür verantwortlich, die strategischen Ziele auf die operative Prozessebene zu transferieren. Durch die Definition von Prozesszielen, Leitwerten und Zielvorgaben für einzelne Personen versucht er die Umsetzung der strategischen Vorgaben zu erreichen.

Komplexe Prozesshierarchien erfordern ein standardisiertes Reportingsystem
In größeren Organisationseinheiten kann es erforderlich sein, nicht nur auf der Mikroebene, sondern auch auf der Makroebene operative Prozessmanagementkapazitäten durch Einrichtung von Prozessverantwortlichen und Prozessteams in der Geschäftsprozess- oder Hauptprozessebene zu etablieren, zum Beispiel durch eine Aufteilung des Geschäfts in Sparten oder Divisionen (siehe Abb. 20).

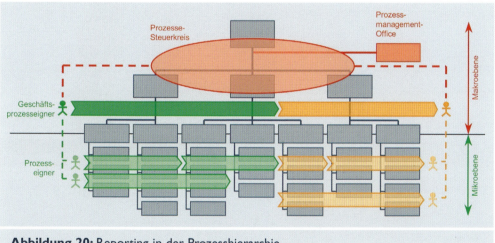

Abbildung 20: Reporting in der Prozesshierarchie

Dabei übernehmen beispielsweise Geschäftsprozesseigner und Geschäftsprozessverantwortliche ebenfalls Aufgaben des Multiprozessmanagements, da sie in ihrem Einflussbereich mehrere Prozesse zueinander koordinieren. In diesem Fall sind die Geschäftsprozesseigner im Prozessesteuerkreis vertreten und haben nun die Aufgabe, in Abstimmung mit den Prozesseignern die strategischen Ziele auf die operative Einzelprozessebene zu transferieren. In solch komplexen Strukturen ist es auf jeden Fall erforderlich, die Zielvorgaben und das Reporting vom Einzelprozess über die Geschäftsprozessebene bis hin zum Managementbericht für den Prozessesteuerkreis in einem hoch standardisierten Reportingsystem abzuwickeln.

VORLESUNG 4

WERTE UND HALTUNGEN IM PROZESSMANAGEMENT

Was sind die Voraussetzungen zu einer erfolgreichen Etablierung einer nachhaltigen Prozessmanagementkultur?

Fallbeispiel

So oder so ähnlich könnte es sich tatsächlich abgespielt haben: Ein Unternehmen im Technologiesektor ist in wenigen Jahren von einem Kleinstbetrieb, bestehend aus den beiden Gründern, zu einem mittelgroßen Unternehmen mit etwa 50 Mitarbeitern gewachsen. Die Prozesse der Produktionsabteilung wuchsen organisch mit dem Unternehmen mit. Mittlerweile weisen sie eine enorme Komplexität auf.

Der für die Produktionsabteilung verantwortliche Eigentümer Herr Georg sieht die Vorteile der detaillierten Prozessdefinition. Die Prozesse sind darauf ausgerichtet, jedwede Eventualität mit entsprechenden Standardregeln abzubilden. Herr Georg zeichnet federführend für die Entwicklung der Produktionsprozesse bis zu ihrem aktuellen Stand verantwortlich. An anderen Stellen des Unternehmens werden die komplexen Prozesse heftig infrage gestellt. Der zweite Eigentümer – Herr Peter – sowie wichtige Mitarbeiter der Produktionsabteilung sind unter den prominentesten Kritikern. Einerseits wird behauptet, die genaue Einhaltung der Prozesse erfordere einen beträchtlichen zusätzlichen Ressourcenaufwand. Andererseits kann die Komplexität der Produktionsprozesse in der Buchhaltung und im Kostencontrolling nicht mehr abgebildet werden. Dies führt zu ernsthaften Unzulänglichkeiten im Finanzreporting und im Controlling.

Mehrfache Versuche, die Prozesse der Produktionsabteilung zu vereinfachen und mit den Finanzprozessen abzugleichen, sind bislang kläglich gescheitert. Als Problemursache für die Fehlversuche wurde Herr Georg identifiziert. „Er ist Choleriker und aggressiv und erstickt damit sämtliche Diskussionen im Keim."

Externe Prozessberater haben es bisher noch nicht über die Schwelle erster Schwachstellenanalysen der Ist-Prozesse hinaus geschafft. Sie wurden regelmäßig nach Präsentation ihrer Ist-Analyse von Herrn Georg „gefeuert". Die Mitarbeiter sowie Herr Peter haben sich mit der Situation abgefunden und scheuen das Thema, um potenzielle Konflikte mit Herrn Georg zu vermeiden.

Was läuft hier schief? Und gibt es Auswege aus der verzwickten Situation?

Viel zu oft werden die auf unserem **Menschenbild** basierenden menschlichen Aspekte – nicht nur, aber auch – im Prozessmanagement übersehen, ignoriert oder vernachlässigt. Prozessmanagement wird oft als eine exakte und analytische Ingenieursdisziplin gesehen. Und auch ein mechanistisch geprägtes, auf dem Ursache-Wirkung-Prinzip aufgebautes **Weltbild** trägt oftmals zur Stagnation von Versuchen zur Problemlösung bei. Dabei wollen wir nicht vorschlagen, Prozessmanagement in eine rein soziale Disziplin ohne fachliche Aspekte und Strukturen zu verwandeln. Vielmehr schlagen wir vor, die grundsätzliche Zugangsweise zu Fragestellungen des Prozessmanagements zu wechseln – ein Wandel von einem mechanistischen, an Ursache/Wirkung orientierten zu einem systemisch-konstruktivistischen Weltbild und ein Wandel von einem defizitorientierten Menschenbild, das sich auf das Ausmerzen von Fehlern und Schwächen konzentriert, zu einem ziel- und ressourcenorientierten Menschenbild, das die Stärken aller Beteiligten (an)erkennt und nutzt. Die auf diesem Welt- und Menschenbild basierenden Werte münden letztendlich in spezifischen Verhaltensweisen (= Haltungen) gegenüber anderen, die im Verlauf dieser Vorlesung näher beschrieben werden.

Prozesse sind konstruierte soziale Systeme

Betrachtet man Prozesse als soziale Konstruktionen, existiert keine objektiv richtige oder falsche Festlegung eines Prozesses. Gemäß den Theorien des Konstruktivismus fehlt uns der direkte Zugang zur Realität. Vielmehr sind wir in Bezug auf Informationen über unsere Umwelt auf die Verarbeitung über unsere Sinnesorgane beschränkt. Wir nehmen die Realität über unsere Sinnesorgane wahr und „konstruieren" über diesen Zugang ein Abbild der Wirklichkeit. Wir handeln demgemäß auf Basis von selbst entwickelten Landkarten, aber nicht auf Basis der Landschaft.

Dieser Idee folgend, besitzen wir auch keinen Zugang zu „realen" Prozessen. Wir operieren vielmehr mittels Prozessbeschreibungen, die Prozesse auf Basis unserer Erfahrungen und Beobachtungen darstellen. Dies bedeutet allerdings nicht, dass die Prozessbeschreibung die Realität richtig abbildet oder repräsentiert. Und da die Erfahrungen und Beobachtungen von Prozessbeteiligten in der Regel mehr oder weniger voneinander abweichen, verwundert es nicht, dass Prozesse von unterschiedlichen Personen unterschiedlich beschrieben werden.

Das Konzept des Prozesses, „so, wie er wirklich ist", wird im Konstruktivismus durch das Konzept einer für alle Beteiligten viablen Prozessbeschreibung ersetzt – sprich, das „soziale System" der Prozessbeteiligten konstruiert einen viablen Prozess. In sehr vereinfachter Form kann die viable Prozessdefinition mit einer für alle Involvierten passenden/sinnvollen/gangbaren Prozessbeschreibung umschrieben werden. Dabei wird nicht nach einem perfekten Prozess gestrebt, ein negativer Selektionsmechanismus führt lediglich dazu, dass unpassend definierte Prozesse auf Dauer nicht bestehen bleiben und eliminiert beziehungsweise neu definiert werden.

Zusätzlich zur Theorie des Konstruktivismus können nach den Auffassungen der Systemtheorie Prozesse nicht als einfache, sprich triviale Maschinen betrachtet werden. Vielmehr stellen sie komplexe Systeme (= nichttriviale Maschinen) dar, deren Funktionsweise von ihren jeweiligen „inneren Zuständen" abhängt. Das Konzept der trivialen Maschine würde dem Ursache-Wirkung-Prinzip folgen, womit ein definierter Prozess bei gleichem Input immer den gleichen Output produziert. Ein Wunsch vieler, der sich allerdings kaum mit den praktischen Erfahrungen derselben Personen deckt. Komplexe Systeme erzeugen hingegen bei gleichem Input unterschiedliche Ergebnisse, da vorangegangene Erfahrungen und Einflüsse aus einem sich dynamisch ändernden Kontext in die Prozessverarbeitung mit einbezogen werden (vgl. von Foerster 1992, 1998; Luhmann 2006).

Dieser Betrachtungsweise folgend ist es demnach „normal", dass Prozesse nicht ablaufen wie ein Uhrwerk. Ausgenommen sind Abläufe, die ausschließlich von einer oder mehreren trivialen Maschinen wie beispielsweise einem Automaten ausgeführt werden. Prozesse bergen vielmehr unterschiedliche Mechanismen in sich, die zu unterschiedlichen Ergebnissen führen können und die wir nicht vollkommen zu verstehen oder gar zu beherrschen imstande sind.

Für unser Technologieunternehmen resultieren aus diesen ersten Wertedarstellungen folgende Empfehlungen für konstruktive Haltungen:
» den Anspruch, den „perfekten Prozess für immer und ewig" definieren zu müssen, über Bord zu werfen;
» Verständnis dafür zu generieren, dass jeder Involvierte die Prozesse (leicht) unterschiedlich wahrnehmen, beschreiben und leben wird;
» besser geeignete (nicht perfekte) Produktionsprozesse aus diesem Grund gemeinsam zu beschreiben und über abweichende Wahrnehmungen zu diskutieren;
» zu akzeptieren, dass „wir nie ganz fertig" sein werden.

Der momentan laufende Prozess ist die aktuell beste Lösung

Viele Personen im eingangs beschriebenen Fall kritisieren die aktuell laufenden Produktionsprozesse des Technologieunternehmens. Es ist jedoch davon auszugehen, dass diese Prozesse die momentan beste Lösung für die bestehenden Anforderungen und Rahmenbedingungen darstellen. Hätten Herr Georg und Herr Peter sowie die weiteren Prozessbeteiligten eine gemeinsame, konkrete Vorstellung einer sinnvolleren und einsetzbaren Lösung, wäre diese implementiert.

Das Problem ist häufig, dass enorm viel Zeit dafür verwendet wird, die Probleme der aktuellen Prozesse zu analysieren – wie auch in unserem Beispielfall. Der Erkenntnisgewinn daraus ist für alle Prozessbeteiligten meist gering. Sie kennen den Prozess ohnehin zur Genüge. Die Liste der Gründe, weshalb die Prozesse so laufen, wie sie zurzeit laufen, kann von den Experten im Regelfall in unbeschränkte Länge ausgedehnt werden. Denn es gibt mit Sicherheit sehr gute Gründe, weshalb Prozesse so laufen, wie sie laufen.

Zusätzlich fokussieren sich derartige Analysen häufig auf die Unzulänglichkeiten und Schwachstellen eines oder mehrerer Prozesse. Dies löst verständlicherweise bei den „Erfindern" und Prozessverantwortlichen einen Drang aus, ihren Prozess zu verteidigen, um nicht als Schuldige für das Prozessversagen zu gelten. Auch Befürchtungen, dass zu drastische Prozessänderungen Verschlechterung bringen oder das System gar vollkommen zusammenbrechen lassen, da man mit einem vollkommen neuen und alternativen Prozess keine Erfahrung hat, tragen zur Veränderungsunwilligkeit bei. Und da Prozesse komplexe Systeme sind, die keinem eindeutigen Ursache-Wirkung-Prinzip folgen, deuten die analysierten Probleme auch auf keine eindeutige Lösung hin.

Wir empfehlen dem Technologieunternehmen aus unserem Beispielfall daher, keine weitere Zeit und Energie in Problemanalysen der Ist-Prozesse zu investieren. Folgende Fragestellungen wären für die Ist-Analyse zielführender und würden es Herrn Georg zudem erleichtern, sich und seine Prozesse als nicht angegriffen zu erleben:
a) „Welche Grenzen und Rahmenbedingungen sind für jedwede Prozessveränderung wichtig/bedeutsam/relevant (z.B. gesetzliche Einschränkungen)?"

b) „Unter Einbezug dieser Grenzen und Rahmenbedingungen – was funktioniert in den Prozessabläufen aktuell gut und soll in dieser oder ähnlicher Form auch in Zukunft weiter so laufen?" (Analyse der Prozessstärken)

Die zukünftige Zielsetzung ist wichtiger als der Status quo

Wir argumentierten bereits, dass eine Analyse der Schwachstellen der laufenden Prozesse nicht automatisch auf eine Lösung für wahrgenommene Probleme hindeutet. Wir können demnach von der Vergangenheit und den Schwachstellen des Prozesses nur bedingt lernen und daraus nur bedingt Informationen zur Problemlösung beziehen. Der Schwerpunkt sollte im Prozessmanagement daher stets auf der Diskussion von Lösungen liegen, die sich an Zielsetzungen für die Zukunft orientieren.

Wir empfehlen dem Technologieunternehmen daher, sich hauptsächlich auf die Diskussion folgender Fragestellungen zu konzentrieren:
1. „Welche Zielsetzungen wollen wir zukünftig mit diesem Prozess verfolgen?" „Welche haben die höchste Priorität?" „Wie stehen die unterschiedlichen Zielsetzungen zueinander in Beziehung?" und „Wie wollen/können wir diese Zielsetzungen erreichen?"
2. „Wie könnten/sollten die (Produktions-)Prozesse in Zukunft laufen, damit sie von den Involvierten als passend und sinnvoll erlebt werden?"

Und da uns der Konstruktivismus lehrt, dass jeder Prozessbeteiligte eine eigene, individuelle Prozessbeschreibung liefern kann, ist es möglich, mehrere passende und sinnvolle Prozessalternativen zu finden und zu diskutieren. Es gibt also immer (noch) eine Lösung zu ungelösten Fragen rund um die Prozessgestaltung.

Dem Technologieunternehmen aus unserem Fallbeispiel geben wir für ungelöste Prozessfragen ein weiteres Hilfsmittel mit auf den Weg. Der Tetralemma-Zugang – der griechischen Logik zur Kategorisierung von Standpunkten entlehnt – hilft, eingefahrene Positionen, bei denen ein (1) „Entweder" einem (2) „Oder" gegenübersteht, durch zwei zusätzliche Denkvarianten zu überwinden: (3) „Sowohl als auch/beides" oder (4) „Keines von beidem".

Es sind oftmals nur (mehrere) kleine Schritte in der Prozessanpassung notwendig

Häufig begegnen wir der Annahme, dass sich Prozessmanagement hauptsächlich um eine komplette Neudefinition von Prozessen dreht. Ansonsten wäre Prozessmanagement zu trivial und nicht ausreichend wirkungsvoll. Diese Annahme stellt allerdings meist auch eines der größten Hindernisse in Bezug auf Prozessanpassungen und -verbesserungen dar. Die noch nicht einmal angesprochenen oder diskutierten Veränderungen erscheinen so massiv, dass sie schier unüberwindlich erscheinen.

Da wir allerdings Prozesse als komplexe Systeme betrachten, werden kleine, bewusst gesetzte Veränderungen das System zu weiteren Änderungen und Anpassungen veranlassen. Wird das System – der Prozess – an einer Stelle verändert, reagieren die Prozessbeteiligten automatisch (in einer unvorhersagbaren Art und Weise) darauf. In vielen Fällen ist Prozessmanagement daher wirkungsvoller, wenn zyklisch kleine Prozessanpassungen vorgenommen werden, die folglich zu weiteren, größeren Prozessänderungen führen werden. Und folgt man den Thesen von Steve de Shazer, sind Prozesse ohnehin stets im Wandel: „Change is a constant process, stability is an illusion."

Nichtsdestotrotz darf die Frage, ob die generelle Stoßrichtung eines Prozesses noch zweckmäßig ist, nie aus den Augen verloren werden. Es ist demnach denkbar, dass in einigen Fällen ein Paradigmenwechsel gefragt ist, der eine vollkommene Neudefinition eines Prozesses nach sich zieht. Beispiele für Situationen, in denen ein bestehender Prozess die Organisation nicht (mehr) in die geforderte Richtung bringt, wären: gesetzlich geänderte Rahmenbedingungen, vollkommen veränderte Marktanforderungen, Wechsel der Prozessstrategie oder Quantensprünge in Bezug auf technologische Entwicklungen.

Für das Technologieunternehmen ergeben sich aus diesen Werten folgende empfohlene Haltungen:
» im ersten Schritt der Frage nachzugehen, ob die aktuellen Produktionsprozesse das Unternehmen generell noch in die Richtung bewegen, die angestrebt ist. Falls nicht, die Neudefinition des Prozesses zu beginnen;

» falls die Prozessrichtung noch stimmt, in zyklischen Schritten kleine Prozessveränderungen vorzunehmen, die automatisch weitere Anpassungen nach sich ziehen werden.

Alles ist ein Angebot zur Kommunikation

Lösungs- und ressourcenorientierte Werte, die von Soziologen wie Steve de Shazer und Insoo Kim Berg verfochten wurden, machen sich größtenteils im Umgang mit unserem Umfeld – sprich in unserem Menschenbild – bemerkbar. Und gerade weil wir Prozesse als **soziale** Systeme betrachten, die durch menschliche Interaktion geformt werden, spielen die menschlichen Aspekte häufig eine wichtige, teilweise aber vernachlässigte Rolle.

Nachdem wir in dieser Vorlesung bereits auf die Lösungsorientierung im Sinne von „die zukünftige Lösung ist wichtiger als der Status quo" zu sprechen kamen, wollen wir an dieser Stelle die Bedeutung der **gemeinsamen** Lösungskonstruktion betonen. Die Einbeziehung aller Prozessbeteiligten in die Diskussion über Prozessänderungen ist essenziell für die Konstruktion eines zukünftigen Prozessabbilds. Und solange sich Personen noch an Prozessen beteiligen, folgen wir der Prämisse „Alles ist ein Angebot zur Kommunikation".

Selbst in hitzigen bis konfliktgeladenen Diskussionen gilt es, die gute Absicht aller Beteiligten bezogen auf ihren Standpunkt sichtbar zu machen. Ziel ist es jeweils, die Diskussion über eine oder mehrere viable Lösungsalternativen aufrechtzuerhalten, bis eine für alle annehmbare und gangbare Prozessbeschreibung gefunden wurde.

Auch „Widerstand" ist, wie von Steve de Shazer in seinem Artikel „Der Tod des Widerstands" eindrücklich beschrieben, demnach nur eine subjektive Wertung eines Verhaltens einer anderen Person. Und anstatt zu versuchen, den Widerstand mithilfe „überzeugender" Gegenargumente zu brechen, sollte man eher der Frage nachgehen, was das Gute daran ist beziehungsweise was die gute Absicht ist, die den Widerstand hervorruft.

Was bedeutet dieser Zugang für das Technologieunternehmen aus dem Fallbeispiel? Die heftigen Reaktionen von Herrn Georg sind als Angebot zur Kommunikation aufzufassen – immerhin ist Herr Georg noch im Unternehmen und kennt die Stärken der aktuellen Produktionsprozesse im Detail. Wir empfehlen daher, eine Analyse der Stärken der laufenden Prozesse mit einer Diskussion über zukünftige Prozessverbesserungen zu kombinieren.

Die Prozessbeteiligten haben die Lösung(en)

Die Erwähnung einer der wohl wichtigsten Wertvorstellungen in Bezug auf ein lösungs- und ressourcenorientiertes Menschenbild rundet diese Vorlesung ab. Es handelt sich um das Wissen darüber, dass die Prozessbeteiligten die Lösung(en) für Prozessoptimierungen bereits in sich tragen. Für Prozessberater kann dieser Aspekt der Lösungs- und Ressourcenorientierung entweder ein ganz schönes Dilemma oder aber eine Entlastung bedeuten. Heißt dies doch, dass es weniger darum geht, als Experte für eine Organisation Prozesse (neu) zu definieren, sondern vielmehr darum, das vorhandene Wissen um Prozessverbesserungen den Köpfen der Prozessbeteiligten zu „entlocken" und sichtbar zu machen.

Für das Technologieunternehmen bedeutet dies, dass des Rätsels Lösung nicht sein wird, sich weitere Prozessberater zu suchen, in der Hoffnung, dass diese die passende Lösung für die Neudefinition der Produktionsprozesse mitbringen werden. Es ist vielmehr davon auszugehen, dass das Wissen über passende Produktionsprozesse bereits in den Köpfen der Mitarbeiter des Unternehmens vorhanden ist. Alles, was gebraucht wird, ist, einen konstruktiven Diskussionsprozess über diese Vorstellungen von Prozessverbesserungen in Gang zu setzen und aufrechtzuerhalten.

Tipps

Die folgenden Empfehlungen gelten nicht nur für alle Involvierten in unserem Fallbeispiel, sondern lassen sich als allgemeingültig ableiten.

- ✓ Betrachten Sie die Definition eines Prozesses als **eine** und nicht als einzige Möglichkeit und erhalten Sie sich dadurch eine gewisse Flexibilität im Prozess.
  Denn: Wir sind nicht in der Lage, den richtigen/perfekten Prozess (für immer und ewig) zu definieren. (Als komplexe Systeme liefern Prozesse bei gleichbleibendem Input immer wieder abweichende Ergebnisse.)
- ✓ Konzentrieren Sie sich im Rahmen von Prozessanalysen auf die unveränderbaren Rahmenbedingungen und Stärken des Prozesses.
  Denn: Analysen der Schwachstellen und Probleme rufen häufig Widerstand bei den Prozessverantwortlichen hervor.
- ✓ Investieren Sie 80 Prozent der Zeit in die Diskussion von alternativen Lösungen und nur 20 Prozent in Prozessanalysen.
  Denn: Analysen der Prozessschwachstellen und Probleme deuten nicht auf die Lösung.
- ✓ Gewähren Sie sich ausreichend Zeit, um mehrere Alternativen zu identifizieren und zu diskutieren, bevor Sie die passendste „fertig entwickeln".
  Denn: Es gibt immer mehrere passende Alternativen zur Prozessgestaltung.
- ✓ Planen Sie kleine, konkrete und umsetzbare Schritte der Veränderung, sollte die Zielrichtung des Prozesses noch stimmen.
  Denn: Oft sind kleine Veränderungen in zyklischer Form im Prozessmanagement ausreichend.
- ✓ Halten Sie den Diskussionsprozess mit allen Prozessbeteiligten am Laufen.
  Denn: Widerstand und Konflikte sind lediglich Ausdruck guter Absichten, die sich Gehör verschaffen wollen.
- ✓ Hören Sie auf Ihre Mitarbeiter und nehmen Sie sie ernst.
  Denn: Die Prozessbeteiligten haben explizit oder implizit das Wissen über mögliche Prozessverbesserungen oder Neudefinitionen.

Zum Abschluss dieses Vorlesung noch eine Warnung: Sollten Sie sich das hier beschriebene Welt- und Menschenbild zu eigen machen, wirkt es sich in allen Aspekten und Bereichen Ihres menschlichen Daseins aus. Es kann daher nicht einfach für Prozessmanagement „eingeschaltet" und danach wieder „ausgeschaltet" werden!

Bewerten Sie Ihre Organisation

Inwieweit sind folgende Empfehlungen in Ihrer Organisation umgesetzt?
Betrachten Sie die Definition eines Prozesses als **eine** und nicht als einzige Möglichkeit und erhalten Sie sich dadurch eine gewisse Flexibilität im Prozess.

___

Konzentrieren Sie sich im Rahmen von Prozessanalysen auf die unveränderbaren Rahmenbedingungen und Stärken des Prozesses.

___

Investieren Sie 80 Prozent der Zeit in die Diskussion von alternativen Lösungen und nur 20 Prozent in Prozessanalysen.

___

Gewähren Sie sich ausreichend Zeit, um mehrere Alternativen zu identifizieren und zu diskutieren, bevor Sie die passendste „fertig entwickeln".

___

Planen Sie kleine, konkrete und umsetzbare Schritte der Veränderung, sollte die Zielrichtung des Prozesses noch stimmen.

___

Halten Sie den Diskussionsprozess mit allen Prozessbeteiligten am Laufen.

___

Hören Sie auf Ihre Mitarbeiter und nehmen Sie sie ernst.

___

VORLESUNG 5

WOMIT FANGEN WIR AN? ERSTE SCHRITTE

Sind Sie bereit für den Start?
Was brauchen Sie an Vorbereitungen, um einen
Prozess zu erheben und zu analysieren?

Start

Nach der Erläuterung der wichtigsten und grundlegenden theoretischen Konzepte in den vorangehenden Vorlesungen wollen wir nun mit der eigentlichen Reise beginnen. Wir überlegen gemeinsam, wie der Start ins Prozessmanagement erfolgen kann.

Zuerst werden wir uns inhaltlich Orientierung verschaffen, von wo aus wir starten und was die genauen Zielsetzungen sind. Danach geht es darum, das Vorhaben in der Projektierung zu planen, zu organisieren und offiziell zu beauftragen. Um die genaue Stoßrichtung festlegen zu können, ist es sinnvoll, sich einen Überblick über die Prozesse im Unternehmensbereich zu verschaffen. Von da aus können dann im Rahmen der Fokussierung erste Prozesse ausgewählt werden, die im Sinne von Prozessmanagement bearbeitet werden sollen.

Dabei verschwimmen erfahrungsgemäß die Grenzen zwischen Orientierung und Projektierung (diese kann mit dem Projektmanagementprozess der Beauftragung gleichgesetzt werden) sowie zwischen Projektierung und Fokussierung (siehe Abb. 21).

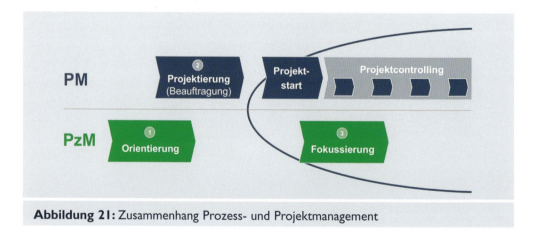

Abbildung 21: Zusammenhang Prozess- und Projektmanagement

Die beschriebene Reihenfolge ist nicht die einzig denkbare, wir konzentrieren uns der Einfachheit halber aber auf eine Variante, die in der Praxis durchaus oft so vorkommt.

Orientierung

Ohne Leidensdruck kein Prozessmanagement
Die wenigsten Unternehmen starten bei null, fast immer liegen in einzelnen Bereichen der Organisation diverse Dokumentationen zu Prozessen vor. Etwas seltener findet man Bereiche, in denen die Ausführung und die Dokumentationen der Prozesse übereinstimmen. Auch Umfang, Tiefe und Qualität der Dokumentationen sind oft sehr unterschiedlich.

Prozessmanagementexperten finden somit mit Leichtigkeit genügend Aspekte, die im Sinne eines professionellen Prozessmanagements „verschönert" werden könnten. Die Frage ist: Ist diese Verschönerungsaktion im Unternehmen gewünscht und bringt es dem Unternehmen mittelfristig wirklich einen Nutzen?

Wie wir in der ersten Vorlesung festgestellt haben, kann es sehr unterschiedliche Motivationen geben, Prozessmanagement zu betreiben. Die Motivation beeinflusst im Normalfall stark, wie breit und tief Prozessmanagement mittelfristig im Unternehmen insgesamt etabliert werden kann.

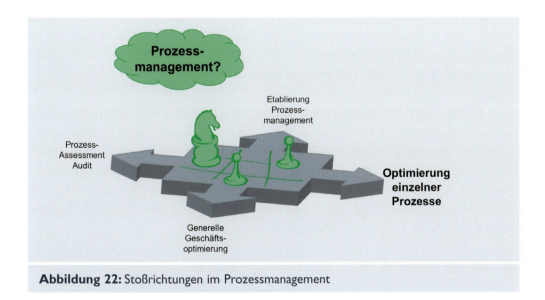

Abbildung 22: Stoßrichtungen im Prozessmanagement

So sollte zu Beginn eines Vorhabens im Prozessmanagement Klarheit über die grundsätzliche Stoßrichtung von Prozessmanagement innerhalb des Unternehmens geschaffen werden. Wir wollen uns ohne Anspruch auf Vollständigkeit vier Stoßrichtungen ansehen (siehe Abb. 22), die nach unserer Erfahrung am häufigsten vorkommen.

Widmen wir uns zunächst der Stoßrichtung rund um Prozessassessment und Prozessaudit. Der klassische Weg in den 1990ern war, dass in vielen Unternehmen getrieben durch diverse Qualitätsoffensiven (ISO, CMMI ...) Qualitätsmanager bestimmt wurden. Diese erfassten alle Prozesse, dokumentierten diese und legten diese Dokumentationen anschließend einem Assessor oder Auditor vor. Konnte (mit mehr oder weniger großen Anstrengungen) nachgewiesen werden, dass die gut dokumentierten Prozesse auch den gelebten Prozessen entsprachen, wurde das Zertifikat ausgestellt. Das Thema Prozessmanagement war damit für das Unternehmen im Grunde erledigt, bis auf eventuelle Zusatzaufgaben, die vom Assessor oder Auditor aufgetragen wurden.

Ein paar Jahre später, zum Zeitpunkt der anstehenden Rezertifizierung, begann das Spiel wieder von vorn. Die Prozesse waren veraltet, größtenteils gar nicht mehr gültig oder aufgelöst. Offiziell wurden die Ereignisse und Ergebnisse rund um das Prozessaudit jedoch als Erfolgsstory dargestellt. Hinter den Kulissen zweifelten die Praktiker, ob es neben dem Erhalt des Zertifikats noch einen weiteren Nutzen gab. In der Tat gab es in den 1990ern wenige Unternehmen, die die Aktivitäten im Rahmen der Qualitätszertifizierung für sich als Chance nutzten, Prozesse dauerhaft zu organisieren und damit steuerbar zu machen.

Sehr häufig wird mit Prozessmanagement in der Praxis die Stoßrichtung der Optimierung einzelner (weniger) Prozesse (oder Abläufe) verfolgt. Viele Optimierungen werden durch IT-Projekte vorangetrieben, andere wiederum durch die Einführung neuer Produkte oder Dienstleistungen getriggert. Diese Optimierungen haben den Vorteil, dass sie durch den konkreten Druck der Änderungen sehr zielorientiert ausgerichtet sind und rasch abgewickelt werden können. Sie bringen damit oft auch die allseits erhofften Quick Wins.

Längerfristig betrachtet zeigen sich in diesem Zusammenhang oft Lücken in den Schnittstellen zu anderen Prozessen. Der Grund: Diese Optimierungen erfolgen nur auf der Mikroebene – mit dem Effekt des „Schrebergärtnersyndroms". Jeder kümmert sich sehr liebevoll und detailliert um seine Aufgaben innerhalb seiner eigenen Grenzen. Was jenseits des Zauns liegt, geht den einzelnen Schrebergärtner aber nichts mehr an. So bleiben übergreifende Themen völlig unberührt oder „lokale Optima" verschlimmern die Gesamtsituation sogar.

In der „realen" Prozessmanagementpraxis sind sehr oft nicht einmal die Grenzen der betrachteten Prozesse genau bestimmt. Dies führt naturgemäß zu nicht entdeckten Doppelgleisigkeiten oder Lücken in der Prozessgestaltung. In der Abwicklung bedeutet dies unnötige Mehraufwände, Kundenbeschwerden, Fehler, interne Konflikte und so weiter.

Prozessmanagement kann im Sinne einer weiteren Stoßrichtung die generelle Etablierung von Prozessmanagement im Unternehmen zum Ziel haben. Das bedeutet, Prozessmanagement wird als Managementwerkzeug definiert, Prozessmanagementrichtlinien werden definiert, eine Prozessmanagement-Rahmenorganisation auf der Makro- und Mikroebene wird ins Leben gerufen, Mitarbeiter werden zu Prozessmanagementexperten ausgebildet und vieles mehr.

Hier finden sich in unserer Beobachtung nur wenige Unternehmen, die das tatsächlich konsequent bis zur vollständigen Umsetzung durchhielten und nachweislich eine dauerhafte Veränderung im Unternehmen erreichten. Der häufigste Beweggrund, dass auf Vorstands- und Geschäftsführungsebene dafür wenig Begeisterung gefunden werden kann, ist der Umstand, dass die Aufgabe mit einem entsprechend hohen Aufwand verbunden ist. Weiters birgt sie durch die hohe Komplexität ein großes Risiko des vorzeitigen Scheiterns in sich. Gepaart mit der Schwierigkeit, dass der erwartete Nutzen im Voraus de facto nicht klar beziffert werden kann, ist die Skepsis auf Managementebene durchaus nachzuvollziehen. – Auf die Quantifizierung des Nutzens werden wir später noch detaillierter eingehen (siehe Vorlesung 9).

Die vierte Stoßrichtung – die generelle Geschäftsoptimierung – erscheint aus einer ganzheitlichen Betrachtung heraus die ideale Variante zu sein. Im Rahmen derartiger Vorhaben wird parallel zu einer generellen Neuorientierung der Geschäftstätigkeiten Prozessmanagement als ein wesentliches Managementwerkzeug etabliert. Durch die Beantwortung der folgenden für die Geschäftsoptimierung wesentlichen Fragen werden gleichzeitig auch die Grundsteine für das Prozessmanagement gelegt:
» „Was sind unsere Produkte und Dienstleistungen?"
» „Wo sind unsere Märkte?"
» „Wer sind unsere Kunden und Geschäftspartner?"
» „Wie wollen und können wir das leisten?"

Die Praxis zeigt häufig, dass unterschiedliche Stakeholder in der Organisation unterschiedliche Erwartungen haben. Die folgende Liste kann einen ersten groben Überblick darüber geben, welche Fragestellungen relevant sein können, um die Prozessmanagement-Stoßrichtung festzulegen. Sie eignet sich des Weiteren gut, um mit den wichtigsten Entscheidungsträgern im Unternehmen die Prioritäten des Vorhabens herauszuarbeiten und diese einander gegenüberzustellen.

	Thema hat Priorität	Ist auch ein Thema	Kein Thema
Prozessassessment, Prozessaudit			
Wir wollen das Assessment / den Audit gemäß XY positiv absolvieren		x	
Wir wollen Prozesse nach Benchmark XY konform ausrichten (denn Markt / Kunden erwarten das)			x
Wir wollen feststellen, ob für alle Prozesse eine Abgrenzung und Dokumentation existiert		x	
Wir wollen feststellen, ob Rollen zur Steuerung bzw. Verbesserung des Prozesses etabliert sind und ob diese wahrgenommen werden	x		
Wir wollen feststellen, ob die tatsächliche Ausführung den Festlegungen im Prozess entspricht	x		
Wir wollen feststellen, ob Kennzahlen definiert sind	x		
Wir wollen feststellen, ob Maßnahmen zur laufenden Verbesserung des Prozesses etabliert ist		x	
Wir wollen feststellen, ob Prozesscontrolling durchgeführt wird und ein Reporting existiert		x	
Optimierung einzelner Prozesse			
Wir wollen die Effizienz (mehr Output zu weniger Kosten) einzelner Prozesse steigern	x		
Wir wollen die Kosten in einzelnen Prozessen senken / in den Griff bekommen	x		
Wir wollen eine schnellere Durchlaufzeit (aus Kundensicht) erreichen		x	
Wir wollen mehr Termintreue in den Prozessen		x	
Wir wollen bessere Dokumentation der Abläufe -> einheitlicheres Vorgehen		x	
Wir wollen mehr Nachvollziehbarkeit der Entstehung der Prozessergebnisse	x		
Wir wollen einheitlicheres Vorgehen -> geringeren Schulungsaufwand		x	
Wir wollen einheitlicheres Vorgehen -> mehr Kundenzufriedenheit	x		
Wir wollen weniger Fehler (intern / extern)		x	
Wir wollen weniger Kundenbeschwerden			x
Wir wollen weniger Spezialfälle -> geringere Kosten im Betrieb			x
Wir wollen mehr Flexibilität der Prozesse	x		
Wir wollen Schnittstellen bereinigen (weniger, klarere)		x	
Wir wollen nicht mehr notwendige Schritte bereinigen			x
Wir wollen das operative Risiko senken			x
Wir wollen weniger interne Konflikte, bessere interne Kommunikation		x	
Wir müssen eine für ein IT-Projekt erforderliche Dokumentation erstellen			x
Etablierung Prozessmanagement			
Wir wollen das Vorgehen in der Prozesserhebung, -gestaltung u. -dokumentation verbessern			x
Wir wollen Prozessmanagement als Basis für die Förderung des organisatorischen Lernens nutzen		x	
Die Einführung eines Prozessmanagement-IT-Tools steht bevor		x	
Wir wollen die Unternehmenskultur ändern		x	
Wir wollen einen Überblick über Prozesse im Unternehmen erreichen		x	
Generelle Geschäftsoptimierung			
Wir wollen generell Kosten senken		x	
Wir wollen einzelne Prozesse besser auf Kunden / Markt ausrichten		x	
Wir wollen die Prozesse konsequent markt- und ergebnisorientiert ausrichten			x
Wir wollen mehr Flexibilität bei der Ausrichtung an Markt und Kunden erreichen			x
Wir wollen das Geschäftsmodell ändern			x

Tabelle 1: Motivationsfaktoren zu Prozessmanagement-Stoßrichtungen

Sobald die verschiedenen Motivationsfaktoren (siehe Tab. 1) transparent sind und damit die grundsätzliche Stoßrichtung geklärt ist, erscheint es sinnvoll, in einem nächsten Schritt die aktuelle Ausgangssituation zu analysieren und aufzuzeigen, wo man in etwa landen möchte.

Wir wollen uns nun im weiteren Verlauf primär der Stoßrichtung „Optimierung einzelner Prozesse" widmen. In der Praxis zeigen sich beispielhaft immer wieder einige der folgenden Aspekte als relevant: Wie ist der Prozess bezüglich Kunden- und Marktorientierung ausgerichtet, wie sollte er in Zukunft ausgerichtet sein? Wie zufrieden sind wir mit der Prozessleistung und der Prozessqualität? Was soll sich an der Wirtschaftlichkeit verändern? Wie kann die Kommunikation im Prozess verbessert und die Prozessorganisation derart gestaltet werden, dass eine zyklische Prozesssteuerung ermöglicht und die Akzeptanz erhöht wird?

Viele Unternehmensberater empfehlen an dieser Stelle umfangreiche Audits und Prozessanalysen, die jedoch selten einen Nutzen für das Gesamtvorhaben zeigen, da die Ergebnisse einer Analyse der Probleme und Schwachstellen im Prozess nicht automatisch auf Lösungen hinweisen.

Abbildung 23 zeigt jene Bereiche, die aus unserer Sicht wesentlich sind, um sich einen ausreichenden Überblick über die Ausgangssituation und die damit verbundenen Veränderungswünsche zu verschaffen.

Abbildung 23: Situationsanalyse Einzelprozess

Eine klare Zielsetzung gibt die konkrete Ausrichtung vor
Sobald Klarheit über die grundsätzliche Richtung und die Ausgangsbasis im Prozessmanagement besteht, ist es für den Prozessverantwortlichen wichtig, herauszuarbeiten, was die genauen Zielsetzungen und die damit verknüpften erwarteten Ergebnisse sind. Auch für diese Fragestellung kann man sich des Bereichs „Zukunft" der Situationsanalyse in Abbildung 23 bedienen. Je genauer und konkreter die Zielsetzung und die erwarteten Ergebnisse beschrieben werden können, desto einfacher wird sich die nachfolgende Projektierung gestalten. Der Unterschied zwischen Heute und Zukunft entspricht einem Ist und einem Soll im Prozessmanagement. An dieser Stelle sei angemerkt, dass die angepeilte Schrittweite zwischen dem Ist und dem Soll dem organisatorischen Reifegrad des Unternehmens anzupassen ist, sprich nicht zu groß und nicht zu klein sein sollte. Von dem Unterschied zwischen Ist und Soll kann die Vorgehensweise abgeleitet werden.

Zur Vorgehensweise gehören:
» Umfang der Änderung(en)
» Top-down- (zuerst Makroebene, dann Mikroebene) oder Bottom-up-Zugang
» Art und Ausmaß der Einbindung des Managements (Hierarchien, Organisationsbereiche)
» Kommunikationsstrategien (intern und extern)
» Prozessstrategie: Prozess bestimmt Funktion/Werkzeug oder umgekehrt
» Einführungsstrategie (Big Bang, Pilotierte Einführung, Step by Step, Iterativ)

Prozessmanagement ist Erfüllungsgehilfe der Strategie
Wenn sich Unternehmen detaillierter mit Prozessen befassen, stellen sich Fragen wie:
» Wonach richten wir unsere Prozesse aus?
» Welche Funktion sollen diese erfüllen?
» Wie interagieren wir mit unseren Kunden und Geschäftspartnern?
» Wie arbeiten wir intern zusammen?
» Wie kommunizieren wir im Prozess?

Die Gesamtheit der Antworten auf diese Fragestellungen wird als Prozessstrategie bezeichnet. Ein Grundprinzip erscheint uns hier besonders von Bedeutung: Jedes Unternehmen sollte regelmäßig hinterfragen, inwiefern die Prozesse zur strategischen Ausrichtung passen. Klingt logisch. In der Praxis finden in vielen Unternehmen allerdings jährlich Strategiemeetings statt, deren Ausbeute an Folgemaßnahmen bezüglich Anpassungen in der Prozesswelt oft gering ist. Der Grund: Der Zusammenhang zwischen Strategien und Prozessen wird gar nicht hergestellt oder den Bereichen oder Abteilungen überlassen. Und genau an dieser Stelle gehen funktionsübergreifende Aspekte verloren, die vor allem in Bezug auf Prozesse von Wichtigkeit sind.

Auch wenn die konkrete Stoßrichtung „nur" die Optimierung einzelner Prozesse sein sollte, erscheint es uns trotzdem sinnvoll, die strategische Relevanz der betroffenen Prozesse herauszuarbeiten.
» Was ist unsere Strategie in diesem Geschäftsfeld?
» Inwiefern unterstützt der Prozess diese Strategie?
» Wie könnte der Prozess die Strategie noch besser erfüllen?

Oft genügt in der Praxis schon die bewusste Erkenntnis der Relevanz, um gewisse Aspekte im Prozess strukturell oder auch kulturell zu ändern.

Projektierung

Prozessmanagement startet als Projekt
Nun haben wir die grundlegenden Informationen, die benötigt werden, um eine saubere Projektierung (Grobplanung und Beauftragung des Projekts) durchführen zu können. Aus der Beauftragung von Projekten wissen wir, dass abhängig von der Zielsetzung, der Bedeutung des Vorhabens für das Unternehmen, der organisatorischen oder inhaltlichen Komplexität und anderen Faktoren die Projektwürdigkeit der anstehenden Aufgabenstellung zu prüfen ist.

Da unsere Definition von Prozesswürdigkeit (siehe Vorlesung 1) sehr kongruent mit jener der Projektwürdigkeit ist, ergibt sich in der Praxis, dass Vorhaben, die in die Gestaltung eines Prozesses eingreifen, sinnvollerweise als Projekte organisiert werden. Im Fall einer komplexeren Ausgangssituation (wie beispielweise die Einbeziehung vieler Prozesse) ist möglicherweise sogar ein Programm die passende Organisationsform. Wir gehen davon aus, dass die Fragestellungen, die im Rahmen einer Projektbeauftragung behandelt werden, dem Leser aus der Projektmanagementliteratur bestens bekannt sind.

Abgeleitet von der konkreten Zielsetzung (wovon) können die Ergebnisse und Aufgaben (wofür) definiert werden, die im Herzstück der Projektplanung – dem Projektstrukturplan – abgebildet sind. Im nächsten Schritt können darauf die Projektorganisation, eine grobe Aufwands- und Kostenabschätzung sowie ein

Terminplan aufgebaut werden. Im Rahmen einer gründlichen Kontextbetrachtung – insbesondere des sozialen Kontexts – können Risiken transparent gemacht und passende Kommunikationsmaßnahmen erarbeitet werden.

Bezogen auf die Projektorganisation (bzw. die Umweltanalyse) gilt es, im Rahmen der Projektierung adäquate Kommunikations- und Entscheidungsstrukturen bereits im Vorfeld festzulegen. In Vorlesung 1 haben wir den Zusammenhang zwischen Projekt- und Prozessorganisation in unterschiedlichen Ausprägungen dargestellt. Gerade bei bereichsübergreifenden Prozessen sind unklare Verhältnisse in Bezug auf Entscheidungen kritisch. Die gute Nachricht ist allerdings, dass je höher der Reifegrad der Organisation in Bezug auf Prozessmanagement ist, auf bereits bestehende Strukturen (Prozessrahmenorganisation, Prozesseigner) und Erfahrungen (z.B. Abstimmungs- und Informationskultur) zurückgegriffen werden kann.

Die Freigabe der Projektplanung ist ein wichtiger Grundstein zur nachhaltigen Projektabwicklung
Je nachdem, wie die Projektfreigabe im Unternehmen organisiert ist, wird das jeweilige Prozessmanagementprojekt im Rahmen des Multiprojektmanagements die Freigabe durch einen Projektesteuerkreis oder in Vertretung durch einen Projektauftraggeber erhalten. Der Projektauftraggeber sollte der Komplexität des Vorhabens beziehungsweise dem Entscheidungsbedarf entsprechende Befugnisse besitzen. Vor allem bei übergreifenden Prozessen wird aus diesem Grund oftmals die Einrichtung eines projektspezifischen Projektlenkungsausschusses sinnvoll sein, der sich im Rahmen des Projektstartprozesses konstituiert.

Fokussierung

Die Prozesslandkarte verschafft einen ersten Überblick
Nun kann es mit inhaltlichen Prozessfragen losgehen. Unser bevorzugter Zugang ist Top-down, mit anderen Worten zuerst die grobe Festlegung und Strukturierung der Makroebene in Form einer Prozesslandkarte und anschließend die Bearbeitung der Details einzelner Prozesse – also der Mikroebene. In weiterer Folge wird in zyklischen Schleifen zwischen der Makro- und Mikroebene gewechselt, um die aktuellen Ergebnisse auf der jeweils anderen Ebene nachzuziehen beziehungsweise die Ergebnisse aufeinander abzustimmen. Die Prozesslandkarte zeigt im Überblick die wesentlichen Prozesse eines organisatorischen Bereichs. Das bedeutet, man kann

eine Prozesslandkarte für das gesamte Unternehmen genauso wie für einzelne Bereiche (wie zum Beispiel IT oder HR) aufbauen. Die Prozesslandkarte folgt eher dem Paretoprinzip (80/20-Regel) als dem Prinzip der hundertprozentigen Vollständigkeit. Ausgehend von unserer Definition von Prozesswürdigkeit in Vorlesung 1 kann eine Prozesslandkarte gar nicht alle (im Sinne von jeder einzelnen) Tätigkeiten eines Unternehmens abbilden. Eine Prozesslandkarte soll vielmehr als Managementwerkzeug dienen, und das könnte sie nicht, wenn sie die Komplexität des betrachteten Systems nur teilweise reduziert. Management bedeutet immer auch Reduktion von Komplexität durch Fokussierung.

Andererseits soll der betrachtete Unternehmensbereich ganzheitlich dargestellt werden. Ganzheitlich umfasst in dem Sinne: alle Prozesse (Kernprozesse, unterstützende Prozesse und Managementprozesse) und alle wesentlichen Zusammenhänge zwischen den Prozessen, die für den Geschäftserfolg notwendig und relevant sind, also einen Managementfokus haben.

Aus der Komplexitätsreduktion einerseits und der ganzheitlichen Betrachtung andererseits folgt, dass bei der Erstellung der Prozesslandkarte das relevante Topmanagement folgende Aspekte sicherstellen muss:
» Alle Leistungen für den Geschäftserfolg sind dargestellt.
» Der Bezug zur Unternehmensstrategie ist hergestellt.
» Die Struktur bietet einen praktikablen Ansatz zur Gestaltung und Steuerung des Unternehmens.

Je nach infrage stehender Organisationseinheit kann das relevante Topmanagement die Vorstandsebene, eine Bereichsleitung oder aber auch die Abteilungsleitungsebene sein.

Das Team wird idealerweise so aufgestellt, dass vor allem die inhaltlich beteiligten Kernbereiche vertreten sind. Zusätzlich kann es sehr von Nutzen sein, Außensichten (Kunden, Geschäftspartner, Berater ...) zumindest phasenweise in den Erarbeitungsprozess einzubinden. Selbst wenn die Hausaufgaben zur Entwicklung einer Strategie des Unternehmens schon gemacht wurden, werden in der Regel mehrere Zyklen der Erarbeitung der Prozesslandkarte erforderlich sein. Eher mehrere kurze und intensive Arbeitseinheiten als zu wenige und zu lange Workshops mit geringerer Qualität haben sich in diesem Zusammenhang in unserer Praxis bewährt. Für die Erarbeitung der Prozesslandkarte kann externe Moderation helfen, einerseits konkret am Thema zu bleiben und andererseits interne Selbstverständlichkeiten nicht allzu rasch zu akzeptieren.

Die Unternehmensstrategien legen das Prozessmodell fest
Bevor damit begonnen wird, einzelne Prozesse auf einer entstehenden Prozesslandkarte zu bezeichnen, sollten folgende Fragen beantwortet werden:
» Welchen Geschäftsbereich betrachten wir?
» Was sind unsere Dienstleistungen/Produkte?
» Wer sind unsere Kunden? Wer sind unsere Geschäftspartner?
» Welche Bedürfnisse haben unsere Kunden? Wie bedienen wir diese Bedürfnisse?

An dieser Stelle ist wichtig, die Organisation vorerst als Blackbox zu betrachten – also noch keine Details zum Innenleben der Organisation anzusehen, sondern zu betrachten, wie Kunden oder Externe das Unternehmen sehen würden.

Basierend auf diesen Fragen und der beschriebenen Blackbox-Betrachtung kann ein Input-Output-Modell des Unternehmens (siehe Abb. 24) erstellt werden:

Abbildung 24: Prozesslandkarte als Blackbox

Im nächsten Schritt geht es darum, die einzelnen Anforderungen an die Organisation aufzulisten und anschließend zu beschreiben, mit welchen drei bis sieben Kernprozessen diese Anforderungen erfüllt werden und welche Outputs die Kernprozesse liefern. Sobald die Kernprozesse dargestellt sind, können diese schärfer abgegrenzt werden, indem für alle Kernprozesse die jeweiligen Inputs und Outputs sowie der jeweilige erste und letzte Schritt im Kernprozess aufgezeigt werden. Diese Kernprozesse decken sich in der Regel mit den Dienstleistungen des Unternehmens, die Produkte entsprechen den Outputs.

Auf folgende Aspekte ist in der Diskussion zu achten:
» passende und aussagekräftige Bezeichnungen zu wählen; wenn nicht möglich, bis zu einer geeigneten Lösung einen Arbeitstitel zu verwenden;
» Vollständigkeit zu prüfen und schrittweise Überlappungen zu eliminieren bzw. Löcher zu füllen;
» Varianten nur dort zuzulassen, wo sie für den Kunden oder das Ergebnis einen relevanten Unterschied machen;
» Anteile, die zu Management- oder unterstützenden Prozessen gehören, aus den Kernprozessen (wo sinnvoll) auszusortieren.

Nach den Kernprozessen werden die Managementprozesse und die unterstützenden Prozesse identifiziert und dargestellt. Bei den Managementprozessen stellt die Organisation als solche den Prozesskunden dar, bei den unterstützenden Prozessen die Kern- und Managementprozesse, seltener die externen Kunden. Prozesse können somit „Kunden" anderer Prozesse sein.

Die Unterscheidung zwischen Kern-, Management- und unterstützenden Prozessen kann mitunter zu schwierigen Diskussionen führen. Wichtigstes Erkennungsmerkmal für einen Kernprozess: Dieser wird vom Kunden direkt angestoßen oder erwartet. Managementprozesse haben zumeist einen mittel- oder längerfristigen Horizont und dienen eher der Systemsteuerung. Den letzten wichtigen Schritt der Fokussierung im Rahmen der Erstellung der Prozesslandkarte stellt die Identifikation der Schlüsselprozesse dar. Welche Prozesse der Landkarte sind demnach aus aktueller strategischer und operativer Überlegung heraus jene Prozesse, die den zukünftigen Geschäftserfolg ausmachen werden?

Wichtig: Schlüsselprozesse und Kernprozesse werden nicht hundertprozentig übereinstimmen. Es kann einerseits Kernprozesse geben, die nicht der „Schlüssel zum Erfolg" sind. Andererseits ist es denkbar, dass unterstützende Prozesse essenziell wichtig für eine professionelle Qualität der Auftragsabwicklung sind.

Je nach Stoßrichtung des Prozessmanagementvorhabens wird es im weiteren Vorgehen zusätzliche Erkenntnisse über Aufbau und Gliederung der Prozesslandkarte geben, sodass üblicherweise der erste Ansatz noch nicht der endgültige ist. Sollte die Landkarte bereits eine gewisse inhaltliche Stabilität aufweisen, empfiehlt es sich, diese Prozesslandkarte (siehe Beispiel in Abb. 25) in einer zur Unternehmenskultur passenden Form visualisiert aufzubereiten.

Abbildung 25: Beispiel für eine Prozesslandkarte

Die Prozesseigner und -verantwortlichen konkretisieren die Prozesse
Nach der Entwicklung des ersten vollständigen Ansatzes der Prozesslandkarte geht es in unserem Vorgehen nun darum, die Rollen Prozesseigner und Prozessverantwortlicher den Prozessen der Prozesslandkarte zuzuordnen. In einem ersten Schritt ist es möglich, nur die Prozesseigner zu definieren, welche dann in einem zweiten Schritt selbst die Prozessverantwortlichen bestimmen.

Durch diese Rollenfestlegung wird eine definierte Verbindung zur Aufbauorganisation hergestellt. Für die weiteren Schritte (Prozessanalyse, -optimierung und -steuerung) sind somit auf der Makroebene die erforderlichen Kommunikations- und Entscheidungsstrukturen festgelegt. Als letzter und besonders wichtiger Schritt der Fokussierung ist zu bestimmen, wer von nun an für die laufende Pflege und Weiterentwicklung der Prozesse als Eigner und Verantwortlicher zuständig sein wird. Üblicherweise wird der Vorstand in seiner Gesamtheit oder ein ausgewähltes

Mitglied des Vorstandes als Eigner und der Qualitätsmanager oder der Leiter Prozessmanagement Office als Verantwortlicher für die Landkarte nominiert.

Wir beginnen dort, wo es am sinnvollsten ist
Nun geht es daran, wieder zur Zielsetzung des Prozessmanagementprojekts zurückzukehren und zu überlegen, welche Prozesse im Rahmen der Zielsetzung zuerst betrachtet werden müssen. Diese können als Fokusprozesse bezeichnet werden. Gleichzeitig wird die Frage beantwortet, welche Prozesse derzeit nicht relevant sind und somit aus den ersten Aktivitäten ausgeschlossen werden können.

Zur Einschätzung des potenziellen Beitrags zur Zielerreichung und damit zur Bestätigung der Fokusprozesse kann eine grobe Portfoliogegenüberstellung (siehe Abb. 26a) von „Beitrag zur Zielerreichung" und „erwartete Schwierigkeiten" helfen. So sind jene Prozesse im Quadranten D erste Wahl und Prozesse im Quadranten A eher letzte Wahl für Schlüsselprozesse.

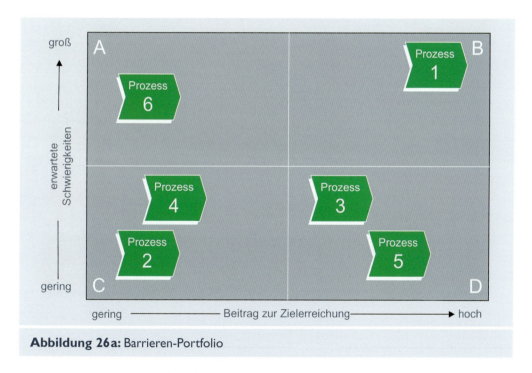

Abbildung 26a: Barrieren-Portfolio

In einigen Fällen sind mehr als zwei Faktoren für die Umsetzungsentscheidung relevant. In diesen Fällen könnte die Grundlage für die Bestätigung der Fokusprozesse wie in Tabelle 2 aufbereitet werden. In diesem Beispiel wurden die „Hoch"-Bewertungen mit 10 Punkten, die „Mittel"-Bewertungen mit 5 Punkten und „Gering" mit 0 Punkten gewichtet und summiert.

Prozess	Kriterien			Summe
	Chance auf rasche Umsetzung	Bedeutung für Kunden	Leidensdruck intern	
Beratung & Training	Mittel	Hoch	Hoch	25
Sales	Mittel	Gering	Hoch	15
Rechnung erstellen	Gering	Gering	Hoch	10
Budgetierung	Hoch	Gering	Hoch	20

Tabelle 2: Bewertung Fokusprozesse

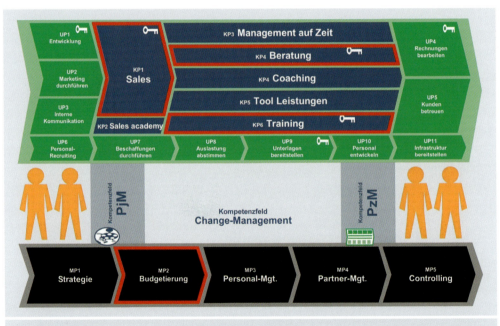

Abbildung 26b: Darstellung der Fokusprozesse in der Prozesslandkarte

Diese Grundsatzentscheidung über die Auswahl der Fokusprozesse sollte in jedem Fall noch von jenem Team getroffen werden, das auch die Prozesslandkarte erstellt hat. Damit ist sichergestellt, dass die Gesamtsicht der Organisation eingebracht werden kann und nicht vorschnell einzelne Interessen durchgesetzt werden. Die so ausgewählten Fokusprozesse werden je nach Priorität und Zielsetzung des Prozessmanagementvorhabens bearbeitet und können auch gesondert in der Prozesslandkarte dargestellt werden (siehe Abb. 26b).

Die verantwortlichen Prozesseigner können im nächsten Schritt nun überlegen, ob für jeden Prozess ein eigenes Projekt als Teil eines Programms aufgesetzt wird oder ob mehrere Prozesse in einem Projekt gemeinsam bearbeitet werden. Der Grund für die gemeinsame Bearbeitung als Teil eines Projekts könnte sein, dass die ausgewählten Prozesse untereinander sehr starke Abhängigkeiten aufweisen und damit besser in einer gemeinsamen Kommunikationsstruktur bearbeitet werden.

Nachdem wir nun festgelegt haben, welche Prozesse mit welcher groben Zielrichtung zu bearbeiten sind, kann es in der nächsten Vorlesung mit der Erhebung der Ist-Prozesse und der Analyse weitergehen.

Tipps

- ✓ Legen Sie zuerst die Stoßrichtung für das Vorhaben fest.
- ✓ Nehmen Sie sich nicht zu viel auf einmal vor.
- ✓ Stellen Sie sicher, dass der Umfang und die zu erwartenden Schwierigkeiten in der Umsetzung nicht zu groß sind.
- ✓ Planen Sie mit einer realistischen Verfügbarkeit der Prozessteammitglieder.
- ✓ Nutzen Sie Projektmanagement, um Ihr Vorhaben professionell zu planen und zu steuern.
- ✓ Holen Sie sich das Commitment der Entscheider im Unternehmen.
- ✓ Legen Sie sich nicht zu früh endgültig fest.
- ✓ Arbeiten Sie in Schleifen und verfeinern Sie zyklisch.

ERHEBUNG UND ANALYSE

Wo fängt der Prozess an und wo hört er auf?

Wofür machen Sie das alles und

wie vermitteln Sie das den anderen?

Wo stehen wir?

In Vorlesung 5 haben wir gezeigt, wie der Prozesslebenszyklus angestoßen wird, nun setzen wir mit den weiteren Schritten fort (siehe Abb. 27) . Der erste Schritt ist die Erhebung des Prozesses. Bei der Erhebung eines Prozesses geht es darum, den aktuellen Ausgangspunkt für den Prozess zu identifizieren. So wird zunächst festgelegt, um welchen Prozess es sich genau handelt. Dafür ist die Einordnung des Prozesses in die Prozesslandkarte Voraussetzung. Sobald ein spezifischer Prozess identifiziert ist, grenzen wir diesen im Rahmen der Erhebung genauer ab und bestimmen seinen relevanten Kontext. In der Folge können die Inhalte des Prozesses im Detail erhoben werden – im Idealfall so, wie der Prozess aktuell gelebt wird. Um ein möglichst ganzheitliches Bild des aktuellen Prozesses zu bekommen, sollten die dafür geeigneten Erhebungsmethoden ausgewählt und im Anschluss die erforderlichen Schritte geplant werden.

Im zweiten Teil der Vorlesung gehen wir auf die Prozessanalyse ein. Im Rahmen der Analyse wird bewertet, welche Bereiche des Prozesses gut funktionieren beziehungsweise welche unveränderbar sind. Der wichtigste Schritt in der Analyse ist die Festlegung der Zielrichtung der Veränderungen und deren Priorisierung. Sobald der Prozesseigner diese freigegeben hat, kann die Konzeption beginnen.

Abbildung 27: Prozesslebenszyklus

Erhebung

Erhebung und Lösungsorientierung passen zusammen
In Bezug auf die in Vorlesung 4 beschriebene Lösungsorientierung des Prozessmanagementansatzes von next level könnte die Frage entstehen, wozu wir überhaupt etwas erheben sollen. Wir überlegen uns die Prozessziele, bauen dafür eine passende Lösung und fertig. Kunden- und Lösungsorientierung genügen uns als Vorgabe. In der Praxis in Dienstleistungsunternehmen erscheint uns dieser radikalere Ansatz (der ja im Wesentlichen dem Business Process Reengineering entspricht) aber zu riskant.

In der Erhebung sehen wir folgende Chancen: In einer effizient gestalteten Erhebungsphase können viele wichtige Informationen über den Prozess identifiziert werden, die im Rahmen einer unmittelbaren Konzeption übersehen werden würden. Die wesentlichsten Informationen, die transparent gemacht werden können, sind interne oder externe Vorgaben (rechtliche Bestimmungen, interne Regelungen), die nicht veränderbar sind, sowie interne oder externe Restriktionen (interne sowie externe systemtechnische Einschränkungen). Zusätzlich eröffnet die Erhebung die Chance, jene Bereiche des Prozesses zu identifizieren, die sehr gut funktionieren und in einer Neugestaltung wieder enthalten sein könnten beziehungsweise sollten. Das Rad muss schließlich nicht jedes Mal neu erfunden werden. Eine weitere Chance wurde bereits in Vorlesung 4 adressiert: Die Erhebung ermöglicht sehr gut, die Prozessbeteiligten da abzuholen, wo sie sich aktuell emotional befinden. Und dafür benötigt es einzelne Schritte, die die Prozessbeteiligten spüren lassen, dass die Schwierigkeiten, mit denen sie zu tun haben, ernst genommen werden.

Ob in der Folge jedes einzelne Problem gelöst werden kann, hängt von vielen Faktoren ab, die erst erkannt werden, wenn Klarheit über Restriktionen, Stärken und Lösungsideen bezüglich des Prozesses besteht.

Nur was abgegrenzt ist, kann gestaltet und gesteuert werden
Wir bedienen uns im Prozessmanagement des Modells der sozialen Systeme (siehe auch Vorlesung 4). Dieses ermöglicht die Reduktion der Komplexität des Prozesses. So werden die wesentlichen Kommunikationselemente betrachtet, die für die Gestaltung und Steuerung benötigt werden. Soziale Systeme definieren sich aus der Abgrenzung zu ihrer Umwelt. Daher wollen wir Prozesse abgrenzen, um sie damit genauer zu definieren.

Wir beginnen mit einer ersten Abgrenzung hinsichtlich der zeitlichen, sachlichen, räumlichen und sozialen Dimension (siehe Abb. 28). In der Praxis wird dieser Schritt gerne übersprungen und sofort mit einer sehr detaillierten Erhebung der Ist-Situation mit einem Fokus auf Schwachstellen und Probleme begonnen. In der Folge wird jedoch die vermeintlich eingesparte Zeit mehrfach wieder benötigt, nur um zum Beispiel Klarheit zu schaffen, welcher Prozess genau eigentlich Gegenstand der Betrachtung ist oder ob ein bestimmtes Problem, das gelöst werden soll, nun noch Teil des infrage stehenden Prozesses ist oder nicht.

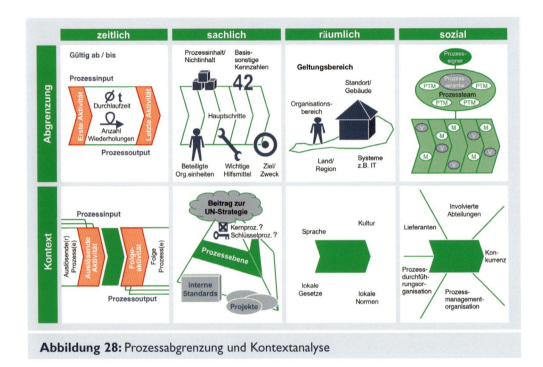

Abbildung 28: Prozessabgrenzung und Kontextanalyse

Was sind die wesentlichen Elemente der Abgrenzung respektive der Kommunikation zum Prozess? Im Rahmen der Methodensteckbriefe in Tutorium 1 wird die Funktionsweise der Methode noch genau beschrieben. An dieser Stelle wollen wir uns noch ein paar praktische Aspekte dazu ansehen. Die abgebildete Reihenfolge ist ein Ablauf von vielen möglichen. In der Praxis werden diese Schritte oft auch mehrmals wiederholt, um von einem ersten noch groben Ansatz zu einer klaren und konkreten Abgrenzung zu gelangen.

Je nach Vorgeschichte wird der Prozess bereits einen Namen respektive eine Bezeichnung haben. Sollte er noch keine festgelegte Bezeichnung führen, empfehlen wir, pragmatisch vorzugehen, um langwierige und ergebnislose Diskussionen zu vermeiden. Arbeiten Sie lieber mit der zweitbesten Lösung, für die Sie im Team Akzeptanz herstellen können, als mit einer scheinbar perfekten Bezeichnung ohne Akzeptanz. Im Rahmen der Soll-Definition ergibt sich ohnehin eine weitere Chance, die Bezeichnung nötigenfalls zu optimieren.

Eine Diskussion der Bezeichnung könnte durchaus ein Indiz dafür sein, dass es unterschiedliche Varianten des Prozesses gibt oder auch ähnliche Prozesse, die mit dem betrachteten in einer relevanten Beziehung stehen. Solange wir also noch nicht das gesamte Bild kennen, sollten wir nicht endgültig über dessen Bezeichnung urteilen.

Wir setzen nun im Rahmen der sachlichen Abgrenzung mit dem Prozesszweck beziehungsweise mit dem Nutzen des Prozesses fort:
» Welchen Zweck erfüllt der betrachtete Prozess für den externen Kunden oder für den internen Kunden oder für die Organisation genau?
» Was wäre, wenn es diesen Prozess gar nicht gäbe?
» Wem würde was genau fehlen? Was ändert sich dadurch, dass es diesen Prozess überhaupt gibt?

Je trivialer diese Fragen erscheinen mögen, umso zentraler sind sie für die gesamte weitere Arbeit im Prozessmanagement. Und je „radikaler", grundsätzlicher und genauer wir uns diese Fragen beantworten, desto eher wird uns dieser Zweck bewusst.

Man kann an dieser Stelle natürlich auch von den „Prozesszielen" sprechen. Die Bezeichnung „Ziele" wird oft mit dem Bild eines erreichten Zustandes verbunden. In unserer Praxis zeigt sich jedoch oft, dass es im Sinne der Kundenorientierung passender ist, die Nutzungs- oder Anwendungsmöglichkeit des Prozessergebnisses (Output) zu beschreiben und nicht deren bloße Existenz. So könnte der Prozesszweck eines Produktentwicklungsprozesses so formuliert sein: „Wir wollen neue innovative Produkte anbieten können, die den Anforderungen des Marktes und unserer bestehenden Kunden entsprechen." Ein anderes Beispiel könnte ein Abrechnungsprozess sein: „Wir können dem Kunden innerhalb von zwei Werktagen nach Leistungserbringung eine Rechnung senden."

Im Rahmen der Prozesserhebung kann und wird es sein, dass bei bestehenden Prozessen dieser Zweck nicht immer ganz scharf formuliert werden kann. Umso wichtiger ist es dann, diese Klarheit bei der Definition der Soll-Prozesse herzustellen. Hier möchten wir auf den Zusammenhang zu den Prozesskennzahlen verweisen, die wir im Rahmen der Prozesssteuerung noch näher betrachten werden. Die Kennzahlen sind in der Praxis eine gute Möglichkeit, den quantifizierbaren Anteil der Zielsetzung des Prozesses zu beschreiben. Wiederum je nach Reifegrad werden solche Kennzahlen vorliegen oder eben nicht. Minimal könnte es Informationen über Kosten oder Personalaufwand sowie über Durchlaufzeiten und Prozesshäufigkeit (Anzahl der Durchläufe pro Periode) geben.

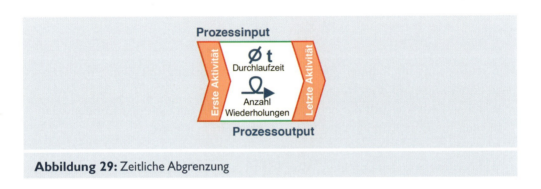

Abbildung 29: Zeitliche Abgrenzung

Nun folgt mit der zeitlichen Abgrenzung (siehe Abb. 29) einer der spannendsten Schritte in der Prozesserhebung überhaupt: Die Frage lautet hier: Wo beginnt und wo endet der Prozess?

Wir möchten das am Beispiel eines IT-Serviceprozesses „Störungsbearbeitung" erläutern. Der Prozessstart lässt sich gut beschreiben, indem man überlegt: Was ist die auslösende Aktivität, was ist der Prozessinput und was ist die erste Aktivität im Prozess selbst? Am Beispiel des Prozesses „Störungsbearbeitung" könnte die auslösende Aktivität sein „Anwender meldet eine Störung", der Prozessinput ist jene Information, die der Anwender dabei bekannt gibt, und die erste Aktivität im Prozess lautet: „Störung wird angenommen und erfasst". Analog gehen wir beim Prozessende vor: Letzte Aktivität „Störung abschließen", Prozessoutput „Abschlussmeldung" und „Lösung" sowie Folgeaktivität „Anwender arbeitet weiter" sind im Prozessteam festzulegen. Eine Falle könnte in der Praxis sein, dass man hier über richtig und falsch diskutiert anstatt darüber, wie man sinnvollerweise in der aktuellen Prozesslandschaft den Prozess begrenzt.

Hat man den Prozess zeitlich abgegrenzt, ist es sinnvoll, im Rahmen der sachlichen Abgrenzung fortzusetzen und den Inhalt und die Hauptaufgaben des Prozesses festzuhalten. Immer häufiger ist heutzutage die räumliche Abgrenzung, also die örtliche Verteilung der Prozessschritte, aber auch die Verteilung der Schritte auf unterschiedliche IT-Systeme gemischt mit menschlicher Interaktion von großer Bedeutung. Rein menschliche oder auch komplett automatisierte Prozesse stellen die Organisationen seltener vor Schwierigkeiten als oftmaliger Systemwechsel in und zwischen den Prozessen.

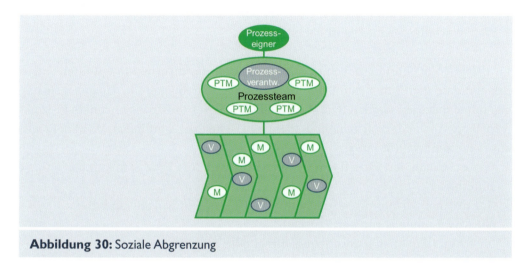

Abbildung 30: Soziale Abgrenzung

Im Rahmen der räumlichen Abgrenzung wird festgehalten, wo der Prozess läuft. Es kann einen wesentlichen Unterschied machen, ob ein Prozess vollständig am gleichen Standort oder verteilt über drei verschiedene Zeitzonen auf drei verschiedenen Kontinenten stattfindet.

Der letzte Schritt der Prozessabgrenzung ist die Festlegung der Prozessorganisation, also die soziale Abgrenzung. In der Erhebung wird man im Zuge einer ersten Abgrenzung die Prozessmanagementorganisation – Prozesseigner, Prozessverantwortlicher, Prozessteam – beschreiben können. Die Durchführungsorganisation – Verantwortliche und Mitarbeiter der Prozessschritte in der Abwicklung – wird meist erst bei einer detaillierteren Betrachtung im Rahmen der Erhebungsworkshops transparent zu machen sein. Je nach Informationsstand sollten wenigstens zu den einzelnen Prozessschritten die Durchführungsverantwortlichen in Form von inhaltlichen Rollen – Controller, Verkäufer, Berater, Assistent – benannt werden, um für die weitere Planung der Erhebungsworkshops sicherzustellen, dass die den Rollen entsprechenden Personen auch eingebunden werden.

Jeder Prozess wird durch sein Umfeld bestimmt
Wie wir bei der Abgrenzung schon zeigten, steht ein Prozess stets in der Beziehung zu seinem Umfeld. Dieses kann ebenso wie die Abgrenzung in einer zeitlichen, sachlichen, räumlichen und sozialen Dimension beschrieben werden (siehe Abb. 28). So werden hier im Rahmen der zeitlichen Kontextanalyse Fragen wie die folgenden beantwortet:
» Welche Prozesse sind vor dem Start dieses Prozesses gelaufen?
» Welche werden nachfolgend laufen?

Im Beispiel der Störungsbehebung können durch die Beantwortung dieser Fragen Erkenntnisse von früher durchgeführten Störungsbehebungen für Umgehenslösungen mit einbezogen werden oder die Ergebnisse dieses Prozesses in andere Prozesse (Erhebung Anwenderzufriedenheit, Planung IT-Personal) einfließen. Weitere Fragen aus dem sachlichen Kontext:
» Wie kann man den aktuell bearbeiteten Prozess in die Prozesshierarchie einordnen?
» Auf welcher Gliederungsebene befinden wir uns und welche sind die über- oder untergeordneten Prozesse?
» Inwiefern bezieht sich der Prozess direkt oder indirekt auf die Unternehmensstrategie?
» Gibt es Vorgaben für die Prozessgestaltung?

Die Betrachtung des räumlichen Kontexts führt zu Fragen wie:
» Welche kulturellen oder sprachlichen Einflüsse wirken auf die Prozessgestaltung und -abwicklung?
» Welche gesetzlichen Bestimmungen sind für den Prozess von Bedeutung? Wird der Prozess in verschiedenen Ländern mit unterschiedlichen gesetzlichen Bestimmungen durchgeführt, könnte das eine Auswirkung haben.

Weiter geht es mit der Analyse des sozialen Kontexts. Einen starken Einfluss auf die Gestaltung und Steuerung eines Prozesses können die Stakeholder haben. Dies sind nicht nur Personen, die Teil der Prozessmanagementorganisation oder der Durchführungsorganisation des Prozesses sind, sondern auch andere wichtige Player im Unternehmen oder bei Kunden und Lieferanten.

In der Praxis sehen wir, dass selbst diese grundlegenden Abgrenzungs- und Kontextschritte eine mehrfache Überarbeitung erfordern können, um eine solide Basis für den weiteren Erhebungsprozess zu erhalten.

Bevor wir nun in die eigentliche Erhebung gehen, empfehlen wir, noch einmal zu prüfen, wie gut der Prozess, so wie er nun beschrieben ist, mit der Prozesslandkarte zusammenpasst. Es kann vorkommen, dass sich durch eine genauere Betrachtung die Grenzen der Prozesse leicht verschieben. Und genau das sollte mit dem Verantwortlichen für die Prozesslandkarte abgestimmt werden. Gegebenenfalls kann sich die Änderung dann auch in der Prozesslandkarte niederschlagen.

In der Prozesserhebung wird der Erhebungsmix geplant
Sobald der Prozess abgegrenzt und sein Kontext beschrieben ist, geht es um die Erhebung der Details im Prozess. Oft aber laufen Prozesse an vielen Standorten über viele Stationen und Abteilungen. Die Frage ist nun: Wer soll und kann in die weiteren Schritte der Detailerhebung einbezogen werden und wie sehen diese aus? Klar ist, dass es in erster Linie um Informationsgewinnung geht. Man darf aber an der Stelle nicht vergessen, dass dies möglicherweise der erste „Kontakt" mit den wichtigsten Prozessbeteiligten in diesem Zusammenhang ist. Und schon allein der Umstand, dass sich jemand für die Details eines Prozesses interessiert, kann bereits für Unruhe sorgen.

Für die Prozessbeteiligten liegt es auf der Hand, dass der Prozess nicht nur beschrieben, sondern auch optimiert werden soll, und dass diese „Optimierung" für jeden Einzelnen Auswirkungen haben kann. Die meisten erwarten im Zweifelsfall negative Auswirkungen, unabhängig davon, was tatsächlich die Zielsetzung ist. Daher ist eine genaue Planung der Schritte und der dazugehörigen Kommunikationen unabdingbar.

Wir wollen hier nicht im Detail auf das Thema der Projektplanung eingehen. Vielmehr wollen wir Möglichkeiten aufzeigen, die für den Erhebungsmix als Teil eines Prozessmanagementprojekts zur Verfügung stehen (siehe Abb. 31). Dies sind: Dokumentenanalyse, Einzel- oder Gruppeninterviews, Selbstaufschreibung, Erhebungsworkshops, Beobachtung vor Ort und Mystery Shopping.

Abbildung 31: Mögliche Bestandteile im Erhebungsmix

Sehen wir uns zunächst die **Dokumentenanalyse** an: Eine gute Quelle für Informationen zu Prozessen können naturgemäß Dokumentationen (Prozess, IT-Werkzeuge, Schulungen) oder auch Geschäftsfalldokumente (Kundenbestellungen, Belege, Auswertungen) sein. Neben den inhaltlichen Informationen kann allein der Umstand, wie schnell und unproblematisch man an diese Unterlagen gelangt und wie gut diese zum betrachteten Prozess passen, schon eine erste interessante Beobachtung sein.

Die nächste Möglichkeit sind **Interviews**: In Situationen, wo es eine große Anzahl von Prozessbeteiligten gibt, kann es auch sinnvoll sein, sich mithilfe einer Umfrage einen Überblick zu einzelnen Fragen zu verschaffen. Der Vorteil liegt auf der Hand: Man kann rasch den Input einer größeren Anzahl von Personen erlangen. Nachteile gibt es aber ebenso: Es ist in der Praxis ziemlich schwierig, klare und eindeutige Fragen sowie Antworten zu formulieren. Fragebögen, die mit geschlossenen Fragen arbeiten, sind leichter auszuwerten, liefern aber weniger Information. Offene Fragen hingegen liefern bei einer größeren Anzahl von Befragten zu viel Information, die noch dazu ganz schwierig und nur mit großem Aufwand auszuwerten ist. Im Rahmen von Interviews können im Team erarbeitete Ergebnisse mit ausgewählten Prozessdurchführenden nochmals hinterfragt und gegenübergestellt werden.

Eine gute Vorbereitung des Interviews könnte **Selbstaufschreibung** sein. Das bedeutet, dass der Prozessdurchführende im Vorfeld für eine gewisse Zeit schriftliche

Aufzeichnungen zum Prozess parallel zur Prozessabwicklung führt. Es fällt dafür zwar ein gewisser Aufwand an, aber schon die Dokumentation kann zu ersten praktischen Erkenntnissen bezüglich gewisser Prozessdetails führen.

Die vierte Möglichkeit ist die Durchführung von **Erhebungsworkshops**: Mittels Workshops im Prozessteam und gegebenenfalls mit weiteren Prozessbeteiligten den Prozess Schritt für Schritt durchzuarbeiten, ist die häufigste Variante. Auch da kann es unterschiedliche Abwicklungsformen geben. Vom klassischen Workshop mit Flipchart und Notebook, bei dem die einzelnen Schritte visualisiert und Prozessdetails dokumentiert werden, bis zu „Slow-Motion"-Workshops, bei denen ein grob vordefinierter Prozess quasi in Zeitlupe anhand von echten Geschäftsfalldaten durchgegangen und schrittweise ergänzt wird. In der zweiten Variante ergibt sich oft die Chance, auf kleinste und sehr wichtige Details zu stoßen.

Vorteile von Workshops sind, dass neben der höheren Ergebnisqualität die erarbeiteten Ergebnisse bei den Beteiligten eine hohe Akzeptanz erzielen. Nachteil: Gute Workshops sind aufwendig vorzubereiten, erfordern eine professionelle Moderation und erscheinen in der Durchführung für den Einzelnen manchmal mühsam zu sein. Sollte es im Prozess Detailaspekte geben, die nur Einzelne oder wenige betreffen, sind kleinere Abstimmungsrunden oder auch Einzelinterviews geeigneter. Wichtig: Die Ergebnisse müssen dem gesamten Team zeitnah zur Verfügung gestellt werden.

Als fünfte Variante kann eine **Prozessbeobachtung** vor Ort ebenfalls eine gute Möglichkeit sein, um einen Reality Check für die Prozessdokumentation zu bekommen. Hier gibt es unterschiedliche Varianten: die teilnehmende Beobachtung und Beobachtungen mit technischen Hilfsmitteln, beispielsweise mit Videokamera. Doch Vorsicht: Im Laufe der Beobachtungen vergessen die Beobachteten zwar, dass sie beobachtet werden, und handeln bald relativ „normal", jedoch auch nie ganz unbeeinflusst. Vorteil der Prozessbeobachtung: Auch hier können ganz spezielle Details oder auch Varianten von Prozessen quasi entdeckt werden, die den Prozessbeteiligten selbst gar nicht bewusst sind.

Nachteil: Aufgrund der Fülle von Informationen (insbesondere bei Videoaufzeichnungen) entsteht rasch ein sehr hoher Auswertungsaufwand. Beobachtungen sind für manche Mitarbeiter sehr ungewöhnliche Interventionen. Im Zweifelsfall empfehlen wir, diese mit den Beteiligten, mit dem Management und gegebenenfalls auch mit der Personalvertretung abzuklären.

Noch einen Schritt weiter geht die sechste Variante – das **Mystery Shopping:** Hier werden Prozessbeteiligte nicht im Vorfeld informiert. Die „Mystery Shopper" schlüpfen beispielsweise in die Rolle des Kunden mit einem spezifischen Käuferverhalten und beobachten gleichzeitig, wie mit ihnen umgegangen wird und wie der Prozess eingehalten wird. Dieser Zugang ist in Branchen mit sehr intensivem Kundenkontakt sehr weit verbreitet, und es gibt eine ganze Reihe von Unternehmen, die solche Leistungen anbieten. Auch hier ganz wichtig: Das grundsätzliche Einverständnis der Mitarbeiter beziehungsweise der Personalvertretung muss eingeholt werden.

Die Aufzählung der Erhebungsmethoden könnte noch länger fortgesetzt werden. Wichtig erscheint uns, dass im Rahmen der Planung der Erhebung ein passender Mix zusammengestellt wird, bei dem Ergebnisqualität und Aufwand in einem guten Verhältnis stehen. Ab einem gewissen Punkt in der Erhebung wird man merken, dass sich Informationen wiederholen und kaum mehr relevantes Neues dazukommt. Motto: so wenig wie möglich, aber so viel wie notwendig.

Die Erhebung ist ein zu gestaltender Prozess
Der Erhebungsmix ist eine wichtige Voraussetzung für die bewusste Gestaltung des Erhebungsprozesses. Aber nicht nur die eingesetzten Elemente im Erhebungsmix sind wichtig, sondern auch der Ablauf (welche Ergebnisse werden dann wie weiterbearbeitet?), die zu beteiligenden Personen, der Umfang der einzelnen Maßnahmen (Anzahl und Dauer der Interviews und Workshops), die Anzahl der Schleifen (schrittweise Vertiefung und Verfeinerung der Ergebnisse) sowie die Gesamtdauer und der Gesamtaufwand.

Üblicherweise dauert eine Erhebung für einen einzelnen Prozess je nach Komplexität, Umfang und nach Verfügbarkeit der beteiligten Personen zwischen zwei und sechs Wochen (siehe Abb. 32).

Ergänzend wollen wir hier ein weiteres Mal auf die Methoden und Instrumente des Projektmanagements verweisen, die im Rahmen der Gestaltung der Erhebung als auch der folgenden Schritte ein unverzichtbarer Bestandteil professionellen Arbeitens sind.

ERHEBUNG UND ANALYSE

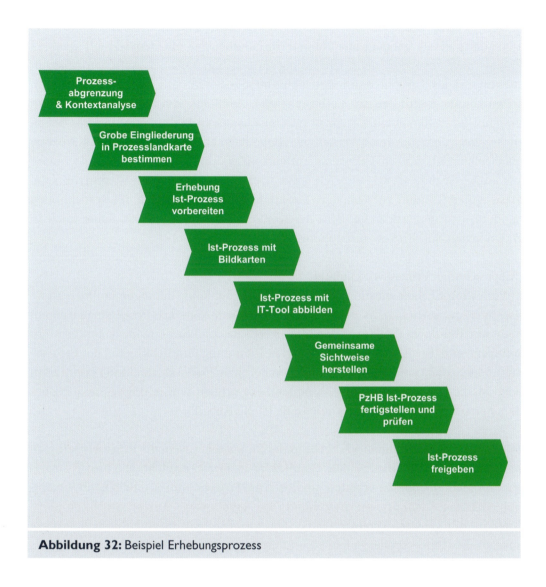

Abbildung 32: Beispiel Erhebungsprozess

Der Prozesswunsch entspricht selten der Prozesswirklichkeit
Wir wollen noch einmal zu den Interviews und Workshops in der Erhebung zurückkommen. In diesen Situationen wollen wir sicherstellen, dass allen Beteiligten klar ist, woran gerade gearbeitet wird. Im Speziellen: In der Prozesserhebung geht es um die Klärung und Darstellung der Prozesse, so wie sie aktuell (As is) im Unternehmen gelebt werden. Sollte das nicht geklärt sein, könnte es passieren, dass einzelne Teilnehmer den Prozess so beschreiben, wie sie ihn aktuell gerne hätten, oder ande-

re so, wie diese vermuten, dass er aktuell sein sollte. Daraus wird möglicherweise dann der kleinste gemeinsame Nenner verhandelt, der mit dem aktuell gelebten Prozess aber eben nur mehr sehr wenig zu tun hat. Neben klassischen Missverständnissen als Ursache kann sich dahinter die Sorge verbergen, dass es darum gehen könnte, Schuldige für die bestehenden Probleme und Fehler im Prozess zu finden. Hier bedienen wir uns einer systemischen Grundhaltung: „Menschen haben stets gute Gründe für deren Verhalten" (siehe dazu auch Vorlesung 4). Ins Prozessmanagement übertragen: „Prozesse entwickeln sich im gegebenen Kontext immer aus gutem Grunde so, wie sie sich entwickeln." Manchmal kann es sinnvoll sein, diese „guten Gründe" zu verstehen. Vor allem dann, sollte es sich um Restriktionen handeln, von denen klar ist, dass der Kontext sie vorgibt und sie daher auch in einem neuen Soll-Prozess nicht ignoriert werden können.

Bilder schaffen Prozesswirklichkeit
In Vorlesung 4 haben wir die Wichtigkeit von Werten und Haltungen im Prozessmanagement unterstrichen. In den 1990er-Jahren wurde klar, dass Prozessmanagement nicht nur Top-down und durch den bloßen Einsatz von Prozessmanagementberatern gelingen kann. Doch Grundprinzipien wie Einbindung und Beteiligung der Prozessmitarbeiter sowie eine integrative und ganzheitliche Prozessbetrachtung erforderten neue Methoden und Werkzeuge. Eine Methode wollen wir an dieser Stelle besonders hervorheben: die Bildkartenmethode (siehe Abb. 33).

Mit der Bildkartenmethode gelingt es in der Praxis sehr rasch, die Prozessbeteiligten in die Prozessarbeit einzubinden. Somit wird zweierlei erreicht: Die Prozessexperten und nicht die Berater arbeiten inhaltlich am Prozess, und es entsteht ein wesentlich höheres Commitment betreffend die Ergebnisse. Anstatt hochkomplexe Grafiken mit geheimnisvollen Symboliken zu erstellen, die nur durch langjährig ausgebildete Prozessmanagementexperten interpretiert werden können, arbeitet das Prozessteam gemeinsam mit sehr einfachen und sofort verständlichen Bildkarten an der Struktur. Lowtech statt Hightech. Akzeptanz von Beginn an, statt den Unterschied zwischen Prozessmanagementexperten und den Prozessexperten zu unterstreichen. Visualisierung ist hier einer der Schlüssel. Durch die Visualisierung wird der Prozess gemeinsam konstruiert. Nicht nur Sprache, sondern auch Bilder schaffen hier auf einfache und rasche Weise Prozesswirklichkeit.

ERHEBUNG UND ANALYSE

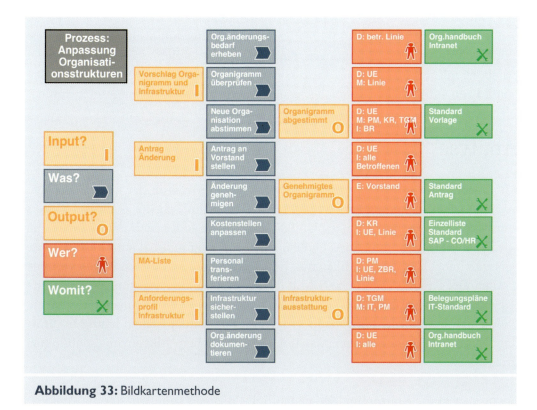

Abbildung 33: Bildkartenmethode

Die Dokumentation erfolgt in einem Ist-Prozesshandbuch

Spätestens zum Abschluss der Erhebung stellt sich die Frage der Dokumentation der Ergebnisse. Dokumentation birgt gerade im Prozessmanagement stets das Risiko, dass sie vor allem als Selbstzweck erstellt wird oder zu umfangreich gerät. Wir empfehlen jedoch, die substanziellen Ergebnisse auf jeden Fall zu dokumentieren. Die Form ist im Rahmen der Erhebung noch nicht so entscheidend wie in späteren Phasen des Lebenszyklus. So werden die ersten Dokumentationen möglicherweise als Flipcharts, Brownpapers, Bildkarten oder Ähnliches in abfotografierter Form vorliegen.

Für die weitere Verarbeitung und Verbreitung der Prozessdokumentation im Rahmen der Analyse und vor allem der Konzeption eignet sich das Prozesshandbuch. Wir werden in Vorlesung 7 im Detail darauf eingehen. Die wichtigsten Ergebnisse der Erhebung, die im Prozesshandbuch münden, sind die Prozessübersicht, die in komprimierter Form die Ergebnisse der Abgrenzung und der Kontextanalyse enthält, und mindestens eine Form der Prozessdarstellung mit Detailinformationen zu den Prozessschritten. Im Zusammenhang mit IT-Anwendungen sind zumindest grobe Schnittstellenbeschreibungen sinnvoll. Es ist üblich, dass die Phase der Erhebung mit der Freigabe des Prozesshandbuchs durch den Prozesseigner endet. Somit kann auf Basis der Erhebungsergebnisse mit der Analyse fortgesetzt werden.

Analyse

Als Ergebnis der Erhebung wurde der betrachtete Prozess in der aktuell gelebten Form so genau dokumentiert, wie es für die nächsten Schritte nötig ist. Weiters wurde der Prozess an die Prozesslandkarte angepasst (oder auch umgekehrt). Nun wird analysiert, was im Prozess bleiben kann, soll oder muss, damit diese Aspekte bei einer (möglicherweise radikaleren) Neugestaltung nicht aus den Augen verloren werden. Der zweite wesentliche Schritt der Analyse ist die Festlegung der Leitwerte (Key Development Indicators). Diese besondere Form der Kennzahlen gibt an, wohin sich der Prozess entwickeln soll. Diese Kennzahlen stehen häufig in direktem Zusammenhang mit den als Teil der sachlichen Abgrenzung definierten Prozesszielen.

Bevor man in die Konzeption des neuen Soll-Prozesses geht, werden die Analyseergebnisse durch den Prozesseigner freigegeben. Abbildung 34 gibt einen Überblick über die möglichen Schritte einer Prozessanalyse.

Prozesskonstanten und Ressourcen sind Fixpunkte in der Weiterentwicklung
Auf Basis der vorliegenden Dokumentationen und Informationen über den Prozess kann nun eine genauere Analyse erfolgen. Bevor man eine Neugestaltung des Prozesses angeht, sollte man verstehen, worauf man den neuen Prozess aufbaut.

Im ersten Teil geht es hier um sogenannte Prozesskonstanten, also Fixpunkte, die im Rahmen der aktuellen Neugestaltung nicht geändert werden, werden wollen oder werden können. Zum Beispiel jene, die aufgrund von internen oder externen Bestimmungen (Gesetze, Normen, Richtlinien ...) im Rahmen der Prozessneugestaltung unveränderbar sind.

Weitere Prozesskonstanten könnten Restriktionen aufgrund von technischen Gegebenheiten sein. Das kann im Bereich der IT liegen oder auch logistische Gründe haben. Die Restriktion muss aber nicht immer in der grundsätzlichen

(Nicht-)Machbarkeit liegen. Sie kann auch darin begründet sein, dass diese Möglichkeit der Änderung zu teuer ist oder erst zu einem späteren Zeitpunkt verfügbar sein wird. Auch organisatorische Rahmenbedingungen können die Anzahl der Möglichkeiten in der Neugestaltung einschränken. Selten haben Prozessverantwortliche eben uneingeschränkte Freiheit.

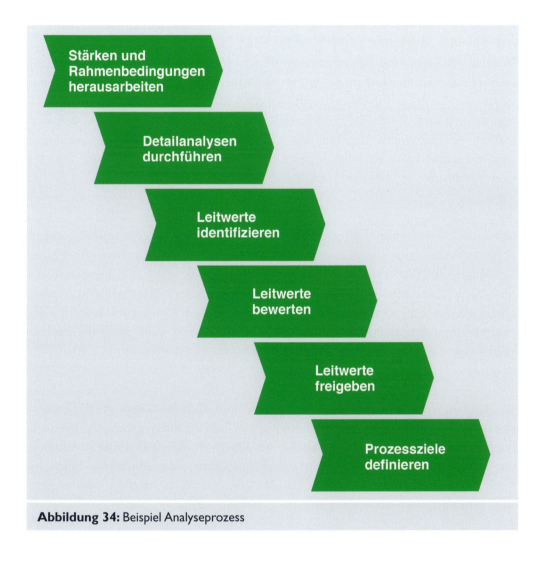

Abbildung 34: Beispiel Analyseprozess

Es gibt aber auch emotionale Hemmschwellen. Manche „lähmende Gewissheiten" werden als unveränderbar hingenommen oder sogar als Ausrede dafür verwendet, weshalb keine Prozessänderungen möglich sind. Hinterfragen Sie daher stets, woher genau diese Restriktionen kommen und was passieren könnte, damit diese wegfallen, oder was passieren würde, wenn sie gar nicht da wären. Im Rahmen der Erhebung wird wahrscheinlich ein Großteil der einschränkenden Aspekte schon identifiziert worden sein. Hier geht es darum, alle Voraussetzungen für die Konzeption ein letztes Mal zu sammeln und zu hinterfragen.

Der zweite wichtige Aspekt in der Analyse ist die Identifikation jener Bereiche, Aspekte oder Abschnitte im Prozess, die erhalten bleiben sollen, weil sie sehr gut funktionieren, also die Ressourcen oder auch Stärken des Prozesses. Dabei kann man de facto kaum eingrenzen, wo etwas gut funktionieren kann. Das kann beispielsweise an der Art liegen, wie mit Kunden kommuniziert wird. Es kann eine IT-Anwendung sein, die die Sachbearbeiter sehr gut unterstützt. Denkbar ist auch, dass Stärken in einer klaren Richtlinie zur Anwendung bestimmter Regelungen liegen. Es können aber auch einzelne kleinste Hilfsmittel wie Checklisten sein, die sich manche Mitarbeiter über die Zeit selbst erstellt und an den Bildschirmrand geklebt haben.

Erleichtert wird eine diesbezügliche Einschätzung gegebenenfalls durch Kennzahlen im Prozess, die bereits implementiert sind und für die es über einen repräsentativen Zeitraum aussagekräftige Ergebnisse gibt, wie beispielsweise Statistiken über Durchlaufzeiten, Fehlerraten oder Kundenbeschwerden. Andere Möglichkeiten sind strukturierte Befragungen oder auch Umfragen sowohl bei den Prozessdurchführenden als auch bei Prozesskunden. Aber auch spezielle Analyse-Workshops sind sinnvoll, um den einzelnen Aspekten des Prozesses auf den Grund zu gehen.

Im Rahmen der Analyse von Restriktionen und Prozessstärken wird immer – bewusst oder unbewusst – auf zwei unterschiedlichen Ebenen gearbeitet: Die sachliche oder auch rationale Ebene sagt bei den Prozessbeteiligten: „Ja, es ist sinnvoll, die Vorteile des bestehenden Prozesses mitzunehmen." Die emotionale Ebene bei den Prozessbeteiligten sagt: „Es ist ein Zeichen von Wertschätzung, dass wahrgenommen wird, dass wir auch bisher gut gearbeitet haben."

Generell werden in der Analyse sehr oft ähnliche Instrumente und Methoden verwendet wie in der Konzeption. Die uns für die Analyse am besten geeignet erscheinenden Methoden wie Input-Output-Mapping, Quality Function Deployment, Q7-Qualitätsmanagementwerkzeuge, Fehlersammelkarten, Regelkarten, Histogramme,

Paretodiagramme, Brainstorming, Ursache-Wirkung-Diagramme sowie das oben dargestellte Korrelationsdiagramm werden entweder im Rahmen der Konzeption vorgestellt oder sind als Teil der Methodensteckbriefe in Tutorium 1 im Detail beschrieben.

Leitwerte sind Kennzahlen der Prozessveränderung
Nun geht es darum, festzulegen, in welche Richtung optimiert werden soll. Ganz pragmatisch gesprochen kann man jeglichen Prozess in jede beliebige Richtung „optimieren". Wie das funktioniert? Ganz einfach: Man optimiert rein eindimensional – zum Beispiel geringere Kosten – und ignoriert alle anderen Zielsetzungen beziehungsweise Kennzahlen – zum Beispiel Qualität. Das Ergebnis ist dann ein „billigerer" Prozess, allerdings auch einer mit geringerer Prozessqualität.

Will man einen Prozess ernsthaft optimieren, dann erscheint klar, dass im Rahmen der Veränderungen ein ganzes Set von relevanten Kennzahlen zu betrachten ist. Der Klassiker ist natürlich, dass Prozesskosten eingespart werden sollen. Automatisch stellt sich die Frage: Bei gleichbleibender Prozessleistung und Prozessqualität?

Das Set der für die Prozessveränderung relevanten Kennzahlen bezeichnen wir als Leitwerte (Key Development Indicators). Üblicherweise arbeitet man mit fünf bis sieben Leitwerten pro Prozess. Zu viele Leitwerte führen meist zu starken Abhängigkeiten zwischen einzelnen Leitwerten und somit zu Redundanzen. Zu wenige Leitwerte bergen die Gefahr, dass wechselseitige Einflussfaktoren sowie wichtige Gestaltungs- oder Steuerungsfaktoren übersehen werden.

Leitwerte stehen immer in direktem Zusammenhang mit Prozesszielen! Als Vorbereitung der Leitwertfestlegung sollte daher mit dem Prozesseigner festgelegt werden, wo generelle Zielsetzungen und Prioritäten in der Weiterentwicklung des Prozesses liegen. Dann kann man mit der Entwicklung der Leitwerte beginnen.

Wie legt man nun die Leitwerte fest? Erster Schritt ist die Identifikation von vorläufigen Leitwertkandidaten. Liegen für den Prozess bereits Kennzahlen vor, so können diese übernommen und gegebenenfalls ergänzt werden. Typische Kandidaten sind üblicherweise Prozesskosten, Personalaufwand, Durchlaufzeit (auch von einzelnen Abschnitten), Prozessleistung und Prozessqualität (wie diese gemessen werden können, hängt vom Prozess ab). Weiters können die Sieben Ansatzpunkte zur Optimierung (siehe Vorlesung 8) herangezogen werden, um passende Leitwerte zu identifizieren.

Im nächsten Schritt wird eine repräsentative Auswahl von Leitwerten getroffen, die mit den Zielsetzungen und Prioritäten des Prozesseigners am besten zusammenpassen. Im dritten Schritt geht es an die Bewertung eines aktuellen Statuswertes der einzelnen Leitwerte und an die Festlegung eines Zielwertes. Sollte man für die Leitwerte nicht über „echte" operative Daten verfügen, kann man gegebenenfalls auch mit einer (im Team erstellten) subjektiven Schätzung arbeiten.

Zu beachten ist, dass sich nicht unbedingt alle Werte (von Aktuell auf Ziel) verändern müssen, und es können sich sogar einzelne Werte zugunsten anderer Leitwerte „verschlechtern". Beispielsweise könnte zugunsten einer billigeren Prozessabwicklung bewusst die Qualität im Prozess gesenkt werden, da sie aktuell von den Kunden nicht dem Ausmaß erwartet oder angefordert wird. Weiters sollte darauf geachtet werden, dass der neue Zielwert kurz- bis mittelfristig realistisch erreichbar scheint, vor allem in Kombination mit den anderen Ziel-Leitwerten.

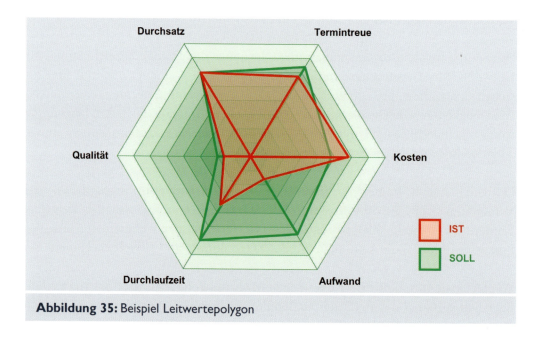

Abbildung 35: Beispiel Leitwertepolygon

So entsteht ein Leitwertepolygon mit einer Achse pro Leitwert (siehe Beispiel in Abb. 35). Für jeden Leitwert kann man in einer eigenen Skala (von innen nach außen) die aktuellen Ist-Werte (in der Abbildung in Rot) und die Ziel-Leitwerte auftragen und zu je einem Ist-Polygon und einem Ziel-Polygon verbinden. Für die einzelnen Skalen der Leitwerte empfiehlt es sich, dass der „gewünschte" Wert weiter außen und der „unerwünschte" Wert weiter innen liegt. Somit ergibt sich in der Regel eine bessere Lesbarkeit beziehungsweise Verständlichkeit.

Aus den einzelnen Differenzen zwischen Ist-Leitwerten und Ziel-Leitwerten kann man oft schon erste Lösungsansätze ableiten: Was können wir tun, um vom Ist-Leitwert zum Ziel-Leitwert zu kommen? Diese ersten Lösungsansätze können sich in der weiteren Planung bereits als hilfreich erweisen, indem sie eine Aussage darüber zulassen, inwiefern und wie die Ziel-Leitwerte erreichbar sind.

Vor der detaillierten Erarbeitung der einzelnen Maßnahmen stimmt man die Prioritäten der einzelnen Leitwerte zueinander mit dem Prozesseigner ab. Sehr oft gibt es vor einer Prozessoptimierung widerstrebende Zielsetzungen, die an der Stelle transparent gemacht und ausdiskutiert werden können.

Nicht jeder Leitwert ist ein Hebel zur Neugestaltung
In einem weiteren Verfeinerungsschritt zur Identifikation von Lösungsansätzen kann man die Abhängigkeit der Leitwerte untereinander darstellen. Dazu kann man sich eines Korrelationsdiagramms bedienen. Anhand des vereinfachten Beispiels in der Tabelle 3 könnte man vorschnell meinen, dass die Kosten der wesentlichste Faktor für die Neugestaltung des Prozesses seien. Wie gehen wir nun vor, um die tatsächlich wichtigsten Faktoren zu finden?

Leitwert beeinflusst Leitwert	Kosten	Personalaufwand	Durchlaufzeit	Aktivsumme	Bewertung
Kosten		0	0	0	kein Hebel
Personalaufwand	10		5	15	sehr guter Hebel
Durchlaufzeit	5	5		10	guter Hebel
Passivsumme	15	5	5		
Bewertung	sehr guter Indikator	schwacher Indikator	schwacher Indikator		

Tabelle 3: Beispiel Korrelationsdiagramm der Leitwerte

Wir tragen die Leitwerte sowohl in den Zeilen als auch in den Spalten auf. Dann bewerten wir der Reihe nach, wie sehr der Leitwert in der Zeile – im Beispiel die Kosten – die anderen Leitwerte in den Spalten beeinflusst (also Personalaufwand und Durchlaufzeit). In dem Beispiel haben wir für eine starke Beeinflussung 10, für eine mittlere 5 und für schwache 1 als Wert verwendet.

Diese Schritte führen wir nun für alle Zeilen, also die Leitwerte Personalaufwand und Durchlaufzeit, durch. Berechnet man die Zeilensumme, erhält man die sogenannte Aktivsumme. Diese sagt aus, wie sehr dieser Leitwert ein „Hebel" für die anderen Leitwerte ist, das heißt, wie sehr sich eine Veränderung in diesem Leitwert auf andere auswirkt. In der Spaltensumme erhält man die Passivsumme. Dieser Wert sagt aus, wie gut man eine Veränderung in den anderen Leitwerten anhand dieses Leitwertes erkennen kann.

Für den Zweck der Identifikation von Lösungsansätzen sind primär die Leitwerte mit mittlerer und hoher Hebelwirkung interessant. Am dargestellten Beispiel würde man, unter der Annahme, dass diese Bewertungen für den relevanten Prozess gültig sind, als Ergebnis des Korrelationsdiagramms den Personalaufwand als einen guten Hebel und die Durchlaufzeit als einen mittleren Hebel einschätzen. Sobald man den Personalaufwand und die Durchlaufzeit verändert hat, wird das auch in den Kosten sehr gut sichtbar. Somit sind die Kosten kein guter Hebel, sondern ein guter Indikator, was für die Konzeption einen großen Unterschied macht.

Der Prozesseigner legt die Richtung und das Ausmaß der Veränderung fest
Mithilfe des Leitwertepolygons inklusive der Priorisierung und der Liste der ersten Lösungsansätze kann man in die Feinabstimmung mit dem Prozesseigner gehen. Prozesseigner schätzen zumeist auch noch die Ausarbeitung von mehreren Varianten: minimal – realistisch – maximal. Damit kann der Prozesseigner das Mindestausmaß, aber auch die sinnvolle Obergrenze an Veränderung erkennen. In den meisten Fällen wird dann die realistische oder leicht veränderte realistische Variante gewählt.

Die Darstellung der Varianten sollte auch zumindest grob die jeweiligen zu erwartenden Konsequenzen im Prozess sowie die Umsetzungskosten und die Umsetzungsdauer beinhalten. So hat der Prozesseigner die wichtigsten Entscheidungsparameter zur Verfügung und kann die Vorgabe für die Prozessveränderung – im Rahmen der Konzeption – freigeben.

Nun kennen wir den Prozess und die Veränderungsziele (Leitwerte) ausreichend gut, sodass wir im Rahmen der Konzeption im Detail an Lösungsvarianten beziehungsweise an einem neuen Soll-Prozess arbeiten können.

ERHEBUNG UND ANALYSE

Durch das Prozesshandbuch sind die Analyseergebnisse nachvollziehbar

Analog zu den Ergebnissen der Erhebung werden die Ergebnisse der Analyse im Prozesshandbuch dokumentiert. Die wesentlichsten Ergebnisse sind die Stärken und die Rahmenbedingungen des aktuellen Prozesses sowie die festgelegten Leitwerte. Die Freigabe der zweiten Version des Prozesshandbuchs erfolgt wiederum durch den Prozesseigner.

Tipps

- ✓ Versuchen Sie den Prozess „As is" zu erheben.
- ✓ Sammeln Sie die bereits jetzt identifizierten Verbesserungspotenziale, um sie später im Rahmen der Konzeption und Optimierung umzusetzen.
- ✓ Erhebung und Analyse sollten selbst möglichst kompakt und effizient gestaltet werden. Hier erzeugen Sie die Geschwindigkeit, die Sie für die folgenden Phasen des Lebenszyklus benötigen.
- ✓ Sichern Sie sich in der Erhebung Vertrauen und Respekt in der Zusammenarbeit mit dem Prozessteam.
- ✓ Mit einer hohen Professionalität in der Erhebung und Analyse setzen Sie den Standard.
- ✓ Verzetteln Sie sich nicht in mikroskopischen Details und einer Unzahl von Sondervarianten.
- ✓ Legen Sie fest, was in der folgenden Konzeption diskutiert werden kann/darf und was nicht.

VORLESUNG 7

ENTSCHEIDUNGEN UND FESTLEGUNGEN IM PROZESSMANAGEMENT

Wer legt die Standards für Prozesse fest?
Welche Hilfsmittel und Tools gibt es und
wie setzt man sie am besten ein?

VORLESUNG 7

Welche Entscheidungen sind notwendig?

In den Vorlesungen 5 und 6 haben wir beschrieben, wie an ein Prozessmanagementvorhaben professionell herangegangen beziehungsweise was sinnvollerweise in einer Prozesserhebungs- und Analysephase unternommen wird. Bereits während dieser Phasen werden wichtige Erkenntnisse gewonnen und erste Ergebnisse produziert, die den erfolgreichen Verlauf eines Prozessmanagementprojekts maßgeblich beeinflussen. Unter die bereits erarbeiteten Ergebnisse fallen die Prozesslandkarte samt der Definition der zugehörigen Prozesseigner und Prozessverantwortlichen, die Prozessabgrenzung und die Kontextanalyse der aktuell gelebten Prozesse, die Analyse der Stärken ausgewählter Ist-Prozesse und die prozessrelevanten Einschränkungen für die Prozesskonzeption und Prozessoptimierung sowie die Erarbeitung der Leitwerte für die Prozessoptimierung. Im Rahmen dieser Schritte – allerspätestens aber vor Beginn der Konzeption als Teil des Prozesslebenszyklus – sind Entscheidungen und Festlegungen in Bezug auf zugrunde liegende Standards zu treffen, die wir in dieser Vorlesung zusammenfassend darstellen.

Die Entscheidungen und Festlegungen geben Antworten auf Fragestellungen wie:
» Welche Begrifflichkeiten zum Prozessmanagement werden verwendet?
» Was bedeutet es beispielsweise, Prozesseigner oder Prozessverantwortlicher zu sein?
» Auf welche Art und Weise wird die Prozesslandkarte dargestellt?
» Wie werden Prozesse abgebildet?
» In welcher Form werden Detailinformationen zu Prozessen dokumentiert?
» Welches IT-Tool wird zur Unterstützung der Prozessdokumentation verwendet?

Fallstudie

So oder so ähnlich könnte es sich abgespielt haben: In einem öffentlichen Dienstleistungsunternehmen wird ein Prozessmanagementprojekt mit der Zielrichtung der Optimierung ausgewählter Einzelprozesse gestartet. Nach der gemeinsamen Entwicklung der Prozesslandkarte und der Auswahl sowie Erhebung und Analyse der zu optimierenden Prozesse wird unmittelbar mit der Konzeption der Soll-Prozesse begonnen. Die Prozessbeschreibung wird einzelnen Prozessteams überlassen, um „nicht unnötig Zeit zu verlieren". In der Folge werden voneinander abweichende Prozessdokumentationsarten angewendet. Ein Prozessteam entscheidet sich dafür, seine Prozesse mittels Flussdiagrammen abzubilden, während ein anderes Prozessteam die Wertschöpfungskette als passendes Darstellungsinstrument wählt.

Beide Teams stecken bereits erheblichen Aufwand in ihre Prozessdefinition und Prozessbeschreibung. Das erste Prozessteam kauft für die Abbildung der Flußdiagramme sogar ein eigenes Softwaretool ein, um die Dokumentation zu vereinfachen.

Nach einiger Zeit stellt sich heraus, dass die Schnittstellen und Abhängigkeiten zwischen unterschiedlichen Prozessen der beiden Teams diskutiert und abgestimmt werden müssen. Die unterschiedliche Prozessdokumentation macht dieses Vorhaben beinahe unmöglich. Da sich die beiden Teams nicht darauf einigen können, welcher Prozessdokumentationsstandard „besser" ist, entscheidet die Projektleitung, dass nun generell die Treppendarstellung als Standard zur Prozessbeschreibung verwendet werden muss.

Beide Teams haben somit den Mehraufwand zur Änderung der Prozessdokumentation auf sich zu nehmen. Und die von Prozessteam 1 gekaufte Software ist nutzlos geworden.

Fehlende Standards und Richtlinien führen zu Mehraufwand

Wie das Fallbeispiel demonstriert, ist in späterer Folge mit erheblichem Mehraufwand zu rechnen, sollten die Antworten auf die eingangs gestellten Fragen nicht spätestens vor Beginn der Prozesskonzeption geklärt sein. Es kommt in der Praxis sogar vor, dass eigene Projekte mit der Zielsetzung, die stark voneinander abweichenden Prozessdokumentationen verschiedener Abteilungen oder Bereiche einer Organisation einander anzugleichen, aufgesetzt werden.

Der Abgleich der Prozessdokumentationsstandards ist aus mehreren Gründen unabdingbar. Zunächst wird mithilfe dieser Festlegungen sichergestellt, dass die Prozessbeschreibungen ihren primären Zweck als Kommunikationsinstrument erfüllen können (siehe dazu auch Tutorium 2). Es ist somit wichtig, dass alle Mitarbeiter einer Organisation sich schnell und einfach Verständnis über jedweden Prozess im Unternehmen verschaffen können, ohne sich zunächst in die Art und Weise der Prozessdarstellung einarbeiten oder gar Prozesstoolschulungen besuchen zu müssen. Zusätzlich können tatsächlich Mehraufwände in Bezug auf den Einsatz von Personalressourcen oder redundante Ausgaben für Softwareunterstützung wie im Fallbeispiel vermieden werden. Sollte ein IT-Tool zur Unterstützung der Prozessdokumentation eingesetzt werden, ist sicherzustellen, dass organisationsweit das gleiche Tool zum Einsatz gebracht wird. Auf die Kriterien zur Auswahl eines passenden IT-Tools für die Prozessdokumentation gehen wir später noch näher ein.

Des Weiteren ist es unabdingbar, dafür zu sorgen, dass prozessrelevante Rollen nicht nur als leere Worthülsen verwendet werden. Eine wesentliche Aufgabe im Rahmen der Entscheidungen und Festlegungen ist daher, zunächst die Aufgaben und Befugnisse für unterschiedliche prozessrelevante Rollen samt deren Zusammenspiel mit der Linienorganisation zu definieren. Denn nur mithilfe dieser Rollenbeschreibungen kann der zweite wesentliche Schritt unternommen werden: dafür zu sorgen, dass den Rollenträgern ihre Aufgaben und Befugnisse bekannt sind und von ihnen angenommen und gelebt werden.

Das Prozessmanagementhandbuch fasst die Entscheidungen und Festlegungen zusammen

Das Prozessmanagementhandbuch einer Organisation ist als Richtlinie oder „Guideline" für prozessrelevante Standards zu verstehen. Die folgenden Inhalte sind üblicherweise in der Minimalversion eines Prozessmanagementhandbuchs definiert:
» Definitionen zum Prozessbegriff, zu Prozessarten und Prozessebenen
» Rollen der Prozessrahmenorganisation
» Prozessdokumentationsstandards
» IT-Unterstützung zum Prozessmanagement
» Zielsetzung und Inhalte von Prozesssteuerungszyklen

Definitionen zum Projektbegriff, zu Prozessarten und Prozessebenen
Das Prozessmanagementhandbuch beschreibt zunächst, was in einer Organisation unter einem „Prozess" verstanden wird und wie der zugehörige Prozesslebenszyklus gesehen wird. Zusätzlich ist definiert, welche Prozessarten unterschieden werden (z.B. Kernprozesse vs. unterstützende Prozesse vs. Managementprozesse) und

wie viele Ebenen die Prozesshierarchie der Organisation zulässt (z.B. Geschäftsprozesse vs. Hauptprozesse vs. Teilprozesse vs. Unterprozesse).

Auf die Prozessdefinition inklusive der Prozesswürdigkeitsprüfung, die von next level consulting verwendeten Prozessarten sowie die Anzahl und Unterscheidung von Prozesshierarchieebenen wurde bereits in Vorlesung 1 eingegangen. An dieser Stelle wollen wir lediglich darauf hinweisen, dass es nicht möglich ist, Prozesse erfolgreich zu konzeptionieren und zu optimieren, sollte beispielsweise noch unklar sein, wie viele Prozessebenen maximal beschrieben werden können.

In diesem Zusammenhang sei auch erwähnt, dass die Benennung der unterschiedlichen Prozessarten und Prozessebenen im Rahmen der Festlegungen in Abgleich mit der Unternehmenskultur zu erfolgen hat. Beispielsweise könnte der Begriff „Supportprozess" innerhalb einer Organisation akzeptabel sein, während er in einer anderen Organisation negativ besetzt ist und daher besser durch den Begriff „Querschnittsprozess" ersetzt wird.

Rollen der Prozessrahmenorganisation
Die Festlegungen zur Prozessmanagementorganisation und zur Durchführungsorganisation beantworten grundlegend folgende zwei Fragestellungen:
» auf der Makroebene und Mikroebene: Wie spielen Linienorganisation und Prozessorganisation zusammen?
» im Rahmen der Prozessgestaltung und -steuerung sowie im Rahmen der Prozessdurchführung: Welche Verantwortung übernimmt jemand, der eine prozessbezogene Rolle einnimmt?

Die Möglichkeiten zur Definition und Etablierung der sogenannten Prozessrahmenorganisation (Zusammenspiel von Linien- und Prozessorganisation) wurden in Vorlesung 3 detailliert beschrieben. Sie hängen davon ab, wie stark ausgeprägt die Prozessorientierung eines Unternehmens ist. Die Verantwortung für Personen mit prozessbezogenen Rollen wird in sogenannten Rollenbeschreibungen im Prozessmanagementhandbuch zusammengefasst. Vorlesung 3 enthält beispielhafte Rollenbeschreibungen für Rollen der Prozessmanagementorganisation (Prozesseigner, Prozessverantwortlicher und Prozessteammitglied, Prozessmanagement-Office und Prozessesteuerkreis).

Die inhaltlichen Rollen zur Prozessdurchführung werden hingegen den einzelnen Schritten eines einzelnen Prozesses zugeordnet. Die Aufgaben und Befugnisse für diese Durchführungsrollen werden in die Stellenbeschreibungen (= Arbeitsplatzbeschreibungen) der Linienorganisation integriert. Sie bilden damit ein wichtiges Bindeglied zwischen Linienorganisation und Prozessorganisation.

Prozessdokumentationsstandards

In Bezug auf die Prozessdokumentationsstandards sind folgende Entscheidungen und Festlegungen zu treffen:

(1) **In welchem Detail sollen Prozesse dokumentiert werden?** Die goldene Regel diesbezüglich: „So wenig wie möglich, aber so viel wie nötig." Die Praxiserfahrung hat uns gelehrt, dass für einen Prozess im Minimum die Abgrenzungs- und Kontextanalyse, eine Darstellung der Prozessschritte samt Durchführungsverantwortlichkeiten sowie eine Kennzahlenübersicht dokumentiert werden sollten. Für empfehlenswerte Darstellungsformen der Minimaldokumentation verweisen wir auf Tutorium 2, in dem wir das Prozesshandbuch von next level consulting beschreiben. Im Prozesshandbuch wird die Abgrenzungs- und Kontextanalyse in Form der Prozessübersicht zusammengefasst. Zusätzlich bietet das Prozesshandbuch unterschiedliche Möglichkeiten zur Prozessdarstellung sowie eine einfache Kennzahlenübersicht, die in weiterer Folge mit der Prozesssteuerung verknüpft ist.

Sollte der Minimalansatz zur Prozessdokumentation nicht ausreichen, so ist zu definieren, was darüber hinaus noch zu dokumentieren ist (z.B. Prozessumweltanalyse, Prozessschritt-Spezifikationen, Prozessorganigramm, Hilfsmittelübersicht ...). Es ist auch möglich, nur einen Minimalstandard für die Prozessdokumentation zu definieren und es den einzelnen Prozessteams offenzulassen, weitere Details zu beschreiben, falls diese für die Prozesssteuerung benötigt werden.

(2) **In welcher Form werden Prozessabläufe dokumentiert?** Eine wesentliche Entscheidung ist, welche Form der Darstellung von Prozessen gewählt wird. Die Methodensteckbriefe in Tutorium 1 geben einen Überblick über die am häufigsten eingesetzten Darstellungsformen – von der Wertschöpfungskette über die ereignisgesteuerte Prozesskette, das Flussdiagramm, die Schwimmbahnendarstellung bis hin zur Treppendarstellung. Allein diese Aufzählung zeigt, dass es wesentlich ist, sich für einen Darstellungsstandard zu entscheiden, um nicht – wie im eingangs geschilderten Fallbeispiel – Gefahr zu laufen, in einem Meer inkompatibler Prozessdarstellungen zu landen.

Neben den unterschiedlichen Darstellungsformen für Prozesse kann des Weiteren die Modellierungsansicht von der Präsentationsdarstellung unterschieden werden. Die Modellierungsansicht beschreibt detaillierte, oft technische Aspekte eines Prozesses auf der Mikroebene, während die Präsentationsdarstellung eine klar visualisierte Zusammenfassung des Prozesses gemäß den Anforderungen einer gewissen Zielgruppe (z.B. Management, Schulungen) ermöglicht. Zum Teil können Softwaretools diese unterschiedlichen Prozessansichten auf Knopfdruck zur Verfügung stellen.

(3) Mit welcher Software wird die Prozessdokumentation unterstützt? Die Frage nach der Softwareunterstützung wird nicht nur im Prozessmanagement immer wichtiger. Aus unserer Sicht geschieht es jedoch immer noch viel zu häufig, dass in der Hoffnung darauf, Prozessmanagement schnell und ohne Aufruhr zu verursachen einführen zu können, einfach ein Softwaretool erworben wird. Die generelle Stoßrichtung von Prozessmanagement, die Ziele eines Prozessmanagementvorhabens oder die hier beschriebenen Festlegungen und Entscheidungen bleiben vorerst ungeklärt. Häufig resultieren daraus Konfusion über den Nutzen von Prozessmanagement sowie Frustration über den finanziellen und personellen Ressourceneinsatz angesichts fehlender Erfolgsstorys. Wir gehen aus diesem Grund auf das Thema der Softwareunterstützung zum Abschluss dieser Vorlesung noch genauer ein.

Zielsetzung und Inhalte von Prozesssteuerungszyklen
Im Prozessmanagementhandbuch ist auch beschrieben, wie die Prozesssteuerung im Unternehmen organisiert ist. Darunter fallen Fragen wie zum Beispiel: „Wie sieht der Prozess zur Prozesssteuerung aus?", „Wie häufig sind Prozesssteuerungszyklen durchzuführen und wer ist beteiligt?", „Welche Ergebnisse liegen am Ende eines Prozesssteuerungszyklus vor?", „Wie ist der kontinuierliche Veränderungsprozess für das Unternehmen definiert?", „Was sind die Voraussetzungen für die Auflösung eines Prozesses?" Für die detaillierte Aufarbeitung dieser Fragestellungen verweisen wir auf Vorlesung 10 und 11.

Die Festlegungen in Bezug auf Prozesssteuerung und kontinuierliche Prozessverbesserung sind spätestens im Rahmen der Konzeption als Teil des Prozesslebenszyklus zu klären. Anders als die Fragen zur Prozessdefinition, zu Prozessrollen und zur Prozessdokumentation, die ja spätestens vor Beginn der Konzeption geklärt sein müssen, haben die Festlegungen und Entscheidungen zur Prozesssteuerung also noch ein wenig Zeit, bevor sie endgültig festgezurrt werden müssen.

Sonstiges
Zusätzlich zu inhaltlichen Festlegungen im Rahmen des Prozessmanagementhandbuchs sind auch eher unspektakuläre Punkte wie der Ablageort, die Ablagestruktur, die Versionierung sowie der Freigabeprozess und der Zyklus der Änderungen des Prozessmanagementhandbuchs als Teil des Richtliniendokuments zu klären.

Existierende Prozessmanagementrichtlinien beschleunigen den Entscheidungsprozess

In Vorlesung 5 haben wir dargelegt, dass vor Beginn jedes Prozessmanagementvorhabens die Ausgangssituation transparent zu machen ist, um sich der konkreten Veränderungswünsche bewusst zu werden. Zur Analyse der Ausgangssituation gehört auch der Überblick über bereits vorhandene Standards und Richtlinien zum Prozessmanagement.

Sollten bereits Prozessmanagementstandards und -richtlinien existieren, reduziert dies naturgemäß den Aufwand, der in die hier beschriebenen Festlegungen und Entscheidungen gesteckt werden muss. Der gesamte Diskussionsprozess kann somit wesentlich beschleunigt werden, indem die vorhandenen Standards bestätigt und in der Folge angewendet werden.

Es ist jedoch zu hinterfragen, welchen Umfang und welchen Detaillierungsgrad die vorhandenen Standards aufweisen und mit welchem Nachdruck ihr Einsatz durchgesetzt wird beziehungsweise wie sehr die existierenden Standards zurzeit eingehalten werden. Sollten Teile der hier beschriebenen Minimuminhalte des Prozessmanagementhandbuchs fehlen, so ist deren Festlegung nachzuholen. Sollte hingegen die Nachhaltigkeit des Einsatzes der Richtlinien insgesamt zu wünschen übrig lassen, ist zu hinterfragen, ob eine Neudefinition besser passender Richtlinien die Anwendungshäufigkeit erhöhen würde. Gegebenenfalls könnte es also sein, dass trotz vorhandener Richtlinien das Prozessmanagementhandbuch in seiner Gesamtheit überarbeitet werden muss. Dies entspricht hinsichtlich des Aufwands der gleichen Situation, als gäbe es überhaupt keine Richtlinien und Standards.

Die Entscheidungen und Festlegungen werden vom Projektkernteam getroffen

Wer trifft die Festlegungen und Entscheidungen, die im Zusammenhang mit prozessbezogenen Vorhaben zu treffen sind? In Vorlesung 5 haben wir aufgezeigt, dass die Beschäftigung mit Prozessen in den meisten Fällen – sprich unabhängig von der Stoßrichtung – komplex und umfangreich genug ist, um die Kriterien einer Projektwürdigkeitsanalyse zu erfüllen. Als Konsequenz daraus werden Vorhaben in Zusammenhang mit Prozessen als Projekt geplant und eine für das Projekt adäquate Projektorganisation etabliert. Das Abschlussereignis solcher Prozessmanagementprojekte wird häufig rund um den Abschluss der Einführung aus dem Prozesslebenszyklus definiert (siehe Abb. 36). Bei Nichtvorhandensein einer entsprechenden Entscheidungskompetenz zum Prozessmanagement beziehungsweise beim Neuaufbau werden die Entscheidungen und Festlegungen im Rahmen der Konzeption somit vom Projektkernteam unter der Leitung des Projektmanagers in Abstimmung mit dem Projektauftraggeber getroffen.

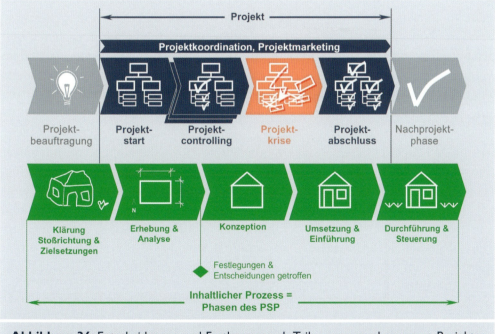

Abbildung 36: Entscheidungen und Festlegungen als Teil von prozessbezogenen Projekten

IT-Tools müssen zu den Anforderungen der Prozessdokumentation passen

Am Softwaremarkt ist mittlerweile eine Vielzahl von IT-Tools zum Prozessmanagement erhältlich. Wir wollen zum Abschluss dieser Vorlesung daher die wesentlichsten Fragestellungen formulieren, deren Beantwortung es ermöglicht, ein an die organisationsspezifischen Anforderungen angepasstes EDV-Instrument auszuwählen.

Zunächst einmal ist davon auszugehen, dass spezifische Softwareunterstützung keine unabdingbare Voraussetzung für erfolgreiches Prozessmanagement ist. In einer Minimalversion könnten daher schon die Microsoft-Standardtools MS-Word, MS-Excel und MS-PowerPoint ausreichend sein, um Prozessmanagement IT-mäßig zu unterstützen. Aktuelle Studien von Fettke und Loos belegen in diesem Zusammenhang, dass knapp 50 Prozent der Unternehmen in Deutschland für die IT-technische Unterstützung von Prozessmanagement einfache Instrumente wie MS-Visio einsetzen.

In vielen Fällen wird jedoch die Unterstützung von Prozessmanagement mit eigens dafür vorgesehener Software zweckmäßig und sinnvoll sein. Neben den „Ferraris" zum Prozessmanagement, die eine Komplettlösung im Sinne einer integrierten und dynamischen, sprich simulationsfähigen, Prozessmanagementlösung darstellen, werden auch IT-Tools angeboten, die spezifische Bereiche des Prozessmanagements unterstützen, wie zum Beispiel die Darstellung von Prozessabläufen in MS-Visio, und die mit Standardsoftwaretools kombiniert werden können.

Das auf MS-Excel basierende, makrounterstützte Prozesshandbuch von next level consulting ist eine Lösung, die einerseits eine Integration von Prozessbeschreibung, Prozessdarstellung und Prozesssteuerung für einzelne Prozesse ermöglicht, andererseits hilft es, Nachteile integrierter Prozessmanagement-Software wie teure Lizenzgebühren und hohen Implementierungs- und Schulungsaufwand, zu vermeiden. (Die Integration aller Prozesse über Schnittstellen sowie Simulationen werden allerdings nicht unterstützt.) Wir werden das Prozesshandbuch der next level consulting im Tutorium 2 ausführlicher beschreiben.

Was sind nun relevante Fragestellungen, um passende Software für Prozessmanagement auswählen zu können?

ENTSCHEIDUNGEN UND FESTLEGUNGEN IM PROZESSMANAGEMENT

1. Wie prozessorientiert ist die Organisation?

Wie in Vorlesung 2 ausgeführt, ist das Ausmaß der Prozessorientierung von Organisation zu Organisation unterschiedlich. Von einer rein funktionalen Organisation ohne jegliche Prozessorientierung bis hin zur reinen Prozessorientierung sind alle Varianten denkbar. Sollte die Prozessorientierung einer Organisation gering ausgeprägt sein, ist es wenig sinnvoll, sich eine integrierte, dynamische (und teure) Prozessmanagement-Software anzuschaffen. Eine Unterstützung durch MS-Standardanwendungen wird möglicherweise ausreichen.

2. Was ist die Stoßrichtung des Prozessmanagementvorhabens und somit der Anforderungsfokus für die Software?

Die Anforderungen an die Software lassen sich aus der grundlegenden Stoßrichtung von Prozessmanagement in einem Unternehmen ableiten. Zwei wesentliche Aspekte im Sinne des Anforderungsfokus sind zum Beispiel die Notwendigkeit zur Prozesssimulation (Dynamik) und die Notwendigkeit zur Abbildung eines integrierten Prozesssystems auf mehreren Prozesshierarchieebenen (Integration). In Abbildung 37 spannen wir beispielhaft ein Portfolio dieser beiden Aspekte mit der dazu passenden Softwarelösung auf.

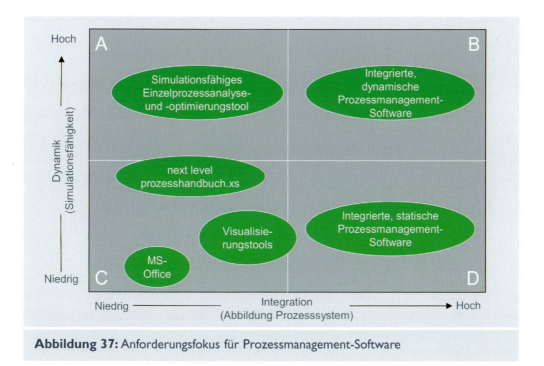

Abbildung 37: Anforderungsfokus für Prozessmanagement-Software

Sollte es bei einem Prozessmanagementvorhaben beispielsweise eher um die Optimierung einzelner Prozesse gehen als um die generelle Geschäftsoptimierung (Dynamik mittel bis hoch, Integration gering), so würden IT-Tools des Quadranten „A" sowie das Prozesshandbuch der next level consulting diese Anforderungen in jedem Fall erfüllen.

3. **Welche Dokumentationstiefe und Prozessdarstellungsform wurden als Teil der Festlegungen und Entscheidungen definiert?**
Wir sind bereits darauf eingegangen, dass vor Beginn der Konzeption feststehen muss, in welcher Form Prozesse dargestellt werden sollen beziehungsweise in welchem Detailgrad prozessbezogene Informationen erfasst werden müssen. Die gewählte Prozessmanagement-Software oder die Kombination mehrerer Softwareprodukte muss in jedem Fall diesen Ansprüchen genügen.

4. **Wie hoch ist das zur Verfügung stehende Budget?**
Der finanzielle Rahmen hat selbstverständlich einen wesentlichen Einfluss auf die Frage, welche Prozessmanagement-Software eingekauft und implementiert werden kann. Hier sind nicht nur die Anschaffungs- und Implementierungskosten, sondern auch Kosten für möglicherweise notwendige Schulungen sowie laufende Kosten für die Folgejahre (z.B. für Updates, Lizenzerweiterungen) zu berücksichtigen.

5. **Welche Kriterien können die Entscheidung noch beeinflussen?**
Geht man davon aus, dass Prozessmanagement nicht nur das Betätigungsfeld einiger weniger Auserwählter ist, sondern jeden Mitarbeiter einer Organisation betrifft, so ist die Anwenderfreundlichkeit mit ein Entscheidungskriterium für die Auswahl eines passenden Werkzeugs.

Mit der Anwenderfreundlichkeit ist stets auch der Administrations- sowie der Schulungsaufwand für ein IT-Tool verbunden, die in den Entscheidungskatalog mit aufgenommen werden sollten. Auch ist zu klären, inwiefern die Vergabe von Benutzerrechten erforderlich sein wird und für welche Art von Benutzern welche Lizenzen zu erwerben sind. Letztlich könnte auch die Intranetfähigkeit ein weiteres Entscheidungskriterium sein.

Aus all den genannten Punkten lässt sich ableiten, dass die Entscheidung über die IT-Unterstützung im Prozessmanagement nicht leichtfertig getroffen werden sollte. Wir empfehlen auch, sich Referenzen für infrage kommende Tools nennen zu lassen sowie kostenlose Pilotphasen für das Testen unterschiedlicher Werkzeuge zu vereinbaren, bevor die endgültige Entscheidung getroffen wird.

Tipps

- ✓ Definieren Sie, welche Entscheidungen/Festlegungen Sie unbedingt benötigen.
- ✓ Schaffen Sie durch Standards und Richtlinien einen Rahmen mit Flexibilität und Verbindlichkeit.
- ✓ Legen Sie das Zusammenspiel der Linien- und Prozessorganisation über Prozessrollen und deren Verantwortung fest.
- ✓ Spielregeln sind zum „Spielen" da, diese Regeln sind niemals „einbetoniert" (oder „in Stein gemeißelt").
- ✓ Kommunizieren Sie so intensiv wie möglich den praktischen Nutzen und die Vorteile dieses Rahmens (Spielregeln/Richtlinien).
- ✓ Etablieren Sie eine Prozessmanagement-Community.

VORLESUNG 8

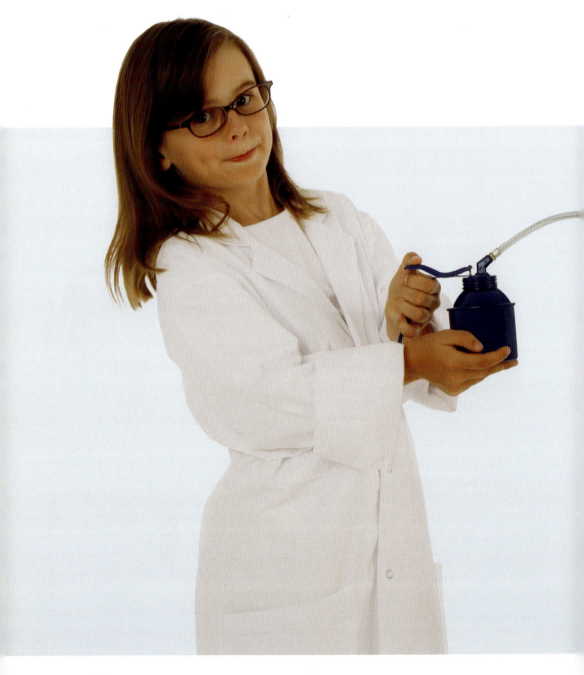

KONZEPTION UND OPTIMIERUNG

Welche Verbesserungen sind notwendig und was muss passieren, damit Ihr Prozess wie geschmiert läuft?

Vorgehensweise

Ausgehend von den Ergebnissen der Erhebung und Analyse gehen wir nun entlang des in Vorlesung 1 eingeführten Prozesslebenszyklus einen Schritt weiter.

Im Rahmen der Konzeption und Optimierung (siehe Abb. 38) geht es nun darum, die vom Prozesseigner über die freigegebenen Leitwerte bestimmte Stoßrichtung zur Optimierung zu konkretisieren. Der potenzielle Soll-Prozess wird durch den Einsatz unterschiedlicher Methoden zur Optimierung definiert und im Detail beschrieben.

Die Vorgehensweise zum Aufbau des Soll-Prozesses hängt sehr stark von der Unternehmenssituation beziehungsweise der Größe der geplanten Veränderung ab und wird daher von Fall zu Fall unterschiedlich sein. Das Spektrum reicht von einer schrittweisen Erweiterung oder Adaptierung des gelebten Ist-Prozesses bis zur Abkehr von der derzeitigen Situation und zum Aufbau des Soll-Prozesses auf der „grünen Wiese".

Abbildung 38: Prozesslebenszyklus

Zum Abschluss der Konzeption und Optimierung wird der erforderliche Anpassungsbedarf zur Umsetzung und zur Einführung des Prozesses festgestellt und entschieden. Ausgehend von einer Gap-Analyse (Soll-Ist-Vergleich) werden dabei Maßnahmen zur Umsetzung und Einführung des Prozesses abgeleitet und hinsichtlich ihrer Wirkung, aber auch hinsichtlich potenzieller Schwierigkeiten in der Umsetzung bewertet. Die notwendigen Anpassungen und Adaptierungen sämtlicher Hilfsmittel und Tools werden in Form von Spezifikationen beschrieben.

Ein entscheidender Faktor für die erfolgreiche Implementierung eines optimierten Prozesses ist, wie in Vorlesung 2 beschrieben, die Etablierung beziehungsweise Anpassung der Prozessorganisation sowie der Durchführungsorganisation auf der Einzelprozessebene. Im Rahmen der Konzeption und Optimierung werden die dafür notwendigen Rollen zur Gestaltung und Steuerung beziehungsweise zur operativen Durchführung des zukünftigen Soll-Prozesses beschrieben und bewertet.

Schon in dieser Phase ist es notwendig, den Umfang der potenziellen Änderung zu planen und im Auge zu behalten. Die erarbeiteten Ergebnisse – definierter Soll-Prozess, etablierte Organisation und die bewerteten Maßnahmen zur Umsetzung – werden am Ende der Konzeptions- und Optimierungsphase offiziell durch den Prozesseigner beziehungsweise gegebenenfalls durch den Prozessesteuerkreis freigegeben. Dies bildet den Startschuss für die Umsetzung des Prozesses.

Im zweiten Teil der Vorlesung werden entlang von sieben ausgewählten Ansatzpunkten zur Optimierung exemplarisch Methoden zur Optimierung vorgestellt. Zum Abschluss dieser Vorlesung gehen wir auf den Einsatz von Six Sigma in der Prozessoptimierung ein.

Das Optimum muss auch umsetzbar sein
Unter Prozessoptimierung verstehen wir die Diskussion und Entscheidung über den besten zu erreichenden, sprich den geeignetsten oder passendsten Soll-Prozess (lateinisch optimus = Bester, Hervorragendster). Dieser wird im Sinne eines Kompromisses oder eines Abwägens zwischen den mit dem Prozesseigner verabschiedeten Leitwerten (Zeit, Kosten, Durchsatz, Durchlaufzeit, Fehler …) aus verschiedenen passenden Optionen ausgewählt.

Optimierung wird oft mit dem Erreichen eines Ideals (griechisch-lateinisch ideal = das beste Denkbare) verwechselt. Prozessoptimierung ist aber eher das Streben nach einer optimalen Passung im Prozess, wobei die unterschiedlichen Leitwerte zumeist stark voneinander abhängig und gegensätzlich sein können (z.B. Steigerung der Qualität versus Reduktion der Kosten). Häufig kombiniert der optimale Soll-Prozess sowohl gute als auch weniger gute Lösungen zu einer Gesamtlösung, die im Gegensatz zu Ideallösungen auch umsetzbar ist.

Das Vorgehen zur Optimierung muss festgelegt werden

Ein wesentlicher Einflussfaktor für das Gelingen der Prozessoptimierung ist die Auswahl eines geeigneten Vorgehens. Dabei kann man sich am geplanten Änderungsumfang beziehungsweise der erwarteten Komplexität in der Durchführung der eigentlichen Optimierungsarbeit beziehungsweise Konzeption orientieren. Ein möglicher Ablauf ist in Abbildung 39 dargestellt.

Optimierung vorbereiten	Optimierung / Grobkonzeption durchführen	Detailkonzeption Soll-Prozess durchführen	Auswirkungen ableiten
Optimierung abgrenzen	Ausrichtung des Prozesses optimieren	Änderungsbedarfe identifizieren	Gap-Analyse (Soll–Ist) durchführen
Vorgehensmodell zur Optimierung auswählen	Prozessergebnis / Prozessleistung optimieren	Soll-Prozess im Detail spezifizieren	Maßnahmen zur Umsetzung ableiten
Team zur Optimierung benennen	Prozessqualität in der Durchführung optimieren	Prozessspezifische Rollen definieren	Maßnahmen zur Umsetzung bewerten
Erstansatz Vergleich Kosten / Nutzen erstellen	Wirtschaftlichkeit des Prozesses optimieren	Werkzeuge und Hilfsmittel definieren	Veränderungsumfang (Change) bewerten
Ansatzpunkte zur Optimierung festlegen	Prozessorganisation / Kommunikation optimieren	Prozessspezifische IT-Tools definieren	Umsetzung planen und Business-Case fertigstellen
	Prozesssteuerung optimieren	Prozesshandbuch Soll-Prozess finalisieren	Entscheidung und Freigabe zur Umsetzung
	Prozessakzeptanz optimieren		
	Grobkonzept Soll-Prozess erstellen und abstimmen		

Abbildung 39: Beispiel Vorgehensweise zur Optimierung

In einem ersten Schritt sind die notwendigen Schritte zur Vorbereitung der Optimierung zu setzen. Dabei geht es um die eigentliche Abgrenzung der Optimierung und um die Definition von Optimierungszielen, ein geeignetes Vorgehensmodell und erste Überlegungen zu Kosten und Nutzen. Im zweiten Schritt wird die eigentliche Optimierungsarbeit durchgeführt. Dabei werden entlang der sieben Ansatzpunkte zur Optimierung (siehe auch weiter unten) unterschiedliche Optimierungsmethoden eingesetzt. In den letzten beiden Schritten wird der Soll-Prozess detailliert und es werden Maßnahmen zur Umsetzung abgeleitet und bewertet. In der Folge werden die einzelnen Schritte im Detail beschrieben.

Die Abgrenzung des Optimierungsumfangs ist erfolgskritisch

Im Rahmen der Diskussion zu den Leitwerten aus der Analyse entstehen oft unterschiedliche Erwartungen in Bezug auf mögliche Optimierungspotenziale. In einem ersten Schritt muss daher der Handlungsspielraum für die Optimierung abgegrenzt werden, um dem Optimierungsteam Orientierung für seine Aufgabenstellung zu geben. Dabei müssen unter anderem folgende Fragen geklärt werden:

» Welche Optimierungsziele sind in der zur Verfügung stehenden Zeit mit dem zur Verfügung stehenden Budget realistisch?
» Welche Erwartungshaltungen und Befürchtungen gibt es im Unternehmen?
» Was wird durch die Optimierung im Unternehmen ausgelöst?
» Wie komplex ist die Optimierung? (sprich: Ist der Einsatz von Projektmanagementmethoden notwendig?)
» Wer sollte das Optimierungsvorhaben leiten?

Bei der Definition der Optimierungsziele durch den Prozessverantwortlichen und den Prozesseigner muss hinterfragt werden, was in der zur Verfügung stehenden Zeit überhaupt realistisch machbar ist. Die Formulierung sollte spezifisch und messbar sein, ihre Ausarbeitung im Verantwortungsbereich vor allem des Optimierungsteams liegen.

Ein zusätzlicher wichtiger Aspekt ist die Erwartungshaltung der Mitarbeiter des Unternehmens zum Start des Optimierungsvorhabens. Schon allein die Tatsache, dass über Schwachstellen und Optimierungspotenziale gesprochen wird, kann bei den möglicherweise Betroffenen Ängste erzeugen. Es ist daher entscheidend, die Vorgeschichte und den Grund zur Optimierung in Form eines Erklärungsmodells transparent zu machen.

Der Umfang der Veränderung beziehungsweise die Komplexität der Aufgabe ist im Fall von Optimierungsvorhaben im Unterschied zu Adaptierungen im Rahmen einer kontinuierlichen Verbesserung (siehe Vorlesung 10) meist größer. Dies kann dazu führen, dass die Kriterien der Projektwürdigkeit erfüllt werden und somit in der Konzeption und Optimierung die üblichen Methoden zur Planung und Steuerung von Projekten Anwendung finden.

Die unterschiedlichen Varianten zur Besetzung der Rollen Projektleiter und Projektauftraggeber für solche Prozessoptimierungs- und Prozessumsetzungsprojekte werden in Vorlesung 3 im Detail beschrieben. Eine Spezialform zur Abwicklung von

Prozessoptimierungsvorhaben ist der Six-Sigma-Ansatz, der detaillierter am Ende dieser Vorlesung ausgeführt wird.

Die Auswahl des Vorgehensmodells zur Optimierung soll bewusst erfolgen
Der klassische Fall einer Optimierung ist die Definition des Soll-Prozesses auf Basis der Erkenntnisse aus der Ist-Analyse. Das heißt, das Bewusstsein der existierenden Stärken im Prozess sowie zu berücksichtigende Limitationen und Schwachstellen können den Handlungsspielraum für die zukünftige Lösung beeinflussen.

Ein anderer Ansatz zum Vorgehen in der Optimierung wird vom Business Process Reengineering (BPR) nach Michael Hammer und James Champy verfolgt. Hier wird das Wissen über die Handlungsmöglichkeiten und Schwachstellen beziehungsweise über die bekannten Ressourcen aus der Ist-Situation ignoriert. Es wird stattdessen – quasi auf der „grünen Wiese" – ein möglicher Soll-Prozess definiert. Erst in einem zweiten Schritt wird der Weg dorthin inklusive der Schwierigkeiten zur Umsetzung betrachtet.

Der Vorteil dieses Ansatzes ist die Etablierung einer „optimalen" Lösung, ohne in Diskussionen über aktuelle Probleme zu versinken oder Hürden im Rahmen der Umsetzung zu berücksichtigen. Stattdessen werden bestehende und vielleicht auch schon akzeptierte Limitationen hinterfragt und diese können durch neue Denkweisen in Form eines Paradigmenwechsels aufgelöst oder umgangen werden.

Der Nachteil des sogenannten „Clean slate"-Ansatzes liegt darin, dass teilweise auch Stärken beziehungsweise Potenziale des Prozesses „weggeworfen" werden. Auch kann es passieren, dass sich die Betroffenen mit ihren aktuellen Schwierigkeiten zu wenig „gewürdigt" fühlen. Um dies zu vermeiden, wurde das Business Process Reengineering von Michael Hammer und James Champy in Richtung eines Business-Process-Design-(BPD)-Ansatzes weiterentwickelt, was so viel bedeutet, wie den Prozess unter Rücksichtnahme der bekannten Stärken und Potenziale zu adaptieren.

Eine inhomogene Zusammensetzung des Optimierungsteams unterstützt die Kreativarbeit
Der Wahl des Teams zur Konzeption und Optimierung kommt eine ganz besondere Bedeutung zu. Die Arbeit in Richtung des zukünftigen Soll-Prozesses ist Kreativarbeit, die durch ein Team mit einer gemeinsamen Zielsetzung unterstützt werden

kann. Leider wird der Auswahl des Optimierungsteams oft nicht genügend Beachtung geschenkt und es wird einfach das bestehende Prozessteam zum Optimierungsteam ernannt. Bei der Teamzusammensetzung wäre jedoch zur Unterstützung der Kreativarbeit eine inhomogene Mischung in Bezug auf Alter, Know-how und Zugehörigkeit zum Prozess von Vorteil.

Gleichzeitig sollte das Team aber homogen in Bezug auf die Einstufung in der Unternehmenshierarchie sein. Das Team sollte insgesamt relativ hoch oben in der Hierarchie angesiedelt sein, um Entscheidungen sofort treffen und umsetzen zu können. Das bedeutet, dass zu den vielleicht bereits bekannten Know-how-Trägern auch andere Personen aus dem Topmanagement oder andere relevante Stakeholder als Outsider ins Team integriert werden sollten, um die Optimierung zu unterstützen.

Ein Erstansatz der Kosten-Nutzen-Analyse macht die Gründe für die Optimierung transparent
Auch die Überprüfung des Verhältnisses von anfallenden Kosten zum erwarteten Nutzen ist ein Schritt in der Vorbereitung zur Optimierung. Diese Gegenüberstellung erfolgt über eine Wirtschaftlichkeitsbetrachtung oder einen Business Case. Klassischerweise werden im Rahmen von Business-Case-Rechnungen die einmaligen und laufenden Prozesskosten dem erwarteten, quantifizierten Nutzen des optimierten Prozesses gegenübergestellt, um damit eine monetäre Analyse des Ist- und Soll-Zustandes zu ermöglichen. Dafür werden im Normalfall potenzielle Lösungsszenarien inklusive Umsetzungsplanung entwickelt, die zur sinnvollen Bewertung von Nutzen, Kosten und Risken herangezogen werden.

Die Ist-Situation ist aus der Erhebung und der Analyse schon hinreichend bekannt. Der zukünftige Soll-Zustand ist im Gegensatz dazu zum Start des Optimierungsvorhabens noch nicht definiert. Daher wird zu diesem Zeitpunkt oft mit Annahmen gearbeitet.

Meist begründet sich aus den Business-Case-Überlegungen heraus auch das Erklärungsmodell für die Optimierung selbst. Im Zuge der Abwicklung des Optimierungsvorhabens können die getroffenen Annahmen über zum Beispiel den potenziellen Soll-Zustand konkretisiert werden. Das bedeutet, der Business Case stellt eine wesentliche Entscheidungsgrundlage für die Umsetzung und Einführung dar und wird bis zum Abschluss des Optimierungsvorhabens fortgeschrieben.

Ansatzpunkte zur Optimierung determinieren zu verwendende Optimierungsmethoden

In diesem Schritt geht es darum, die Ansatzpunkte zu Optimierung festzulegen und darauf aufbauend die zu verwendenden Optimierungsmethoden zur Erreichung der Optimierungsziele auszuwählen. Zur Darstellung möglicher Ansatzpunkte bedienen wir uns eines Ordnungsrahmens (siehe dazu die folgende Übersicht und den Abschnitt „Die sieben Ansatzpunkte zur Optimierung" weiter unten).

Sieben Ansatzpunkte	Mögliche Themen
1. Ausrichtung des Prozesses	» Stärkere Fokussierung auf Kunden-, Markt- und Ergebnisorientierung » Identifikation von Kundenerwartungen » Steigerung der Kundenzufriedenheit » Ausrichtung des Prozesses entlang der Unternehmensstrategie » Definition/Adaptierung der Prozessziele
2. Prozessergebnis/ Prozessleistung	» Verbesserung des Prozessergebnisses (Produkt oder Dienstleistung) » Reduzieren der Ergebnisbandbreite für Produkte und Dienstleistungen » Identifikation von Potenzialen bzw. Zusatznutzen für den Kunden
3. Prozessstruktur in der Durchführung	» Durchführen eine Aktivitätenanalyse » Optimieren des Prozessablaufes durch Auflösen, Integration, Eliminieren, Hinzufügen oder Ändern der Reihenfolge von Arbeitsschritten » Zentralisieren/Dezentralisieren von Schritten » Sicherstellen der erforderlichen Werkzeuge und Hilfsmittel im Prozess » Sicherstellen einer adäquaten Prozessdokumentation » Identifikation und Nutzung von Potenzialen im Prozess

4. Wirtschaftlichkeit des Prozesses	» Identifikation von Kostentreibern » Identifikation von nicht wertschöpfenden Arbeitsanteilen » Reduktion von Zusatzaufwänden zur Fehlersuche und Fehlerbeseitigung » Verringerung des Ressourcen- und Kosteneinsatzes bei gleichbleibender Qualität » Verkürzen des Prozessablaufes durch Automatisieren, Beschleunigen, Verschmelzen oder Parallelisieren von Schritten
5. Prozessorganisation/ Kommunikation	» Klärung der Verantwortlichkeiten im Prozess » Etablierung einer Prozessorganisation zur Gestaltung und Steuerung des Prozesses » Verbesserung der Kommunikation im Prozess » Teambildung » Motivation zur Erfüllung der Prozessaufgaben » Klarstellen der Verantwortung zwischen Prozess und Linie
6. Prozesssteuerung	» Etablierung einer zyklischen Prozesssteuerung » Verbesserung der Messung und Bewertung von Kennzahlen » Etablierung eines Prozessreportings
7. Prozessakzeptanz	» Verbesserung des Stakeholdermanagements » Etablierung eines Prozessmarketings » Sicherung des Bekanntheitsgrads des Prozesses

Die angeführten Themen zur Optimierung erheben keinen Anspruch auf Vollständigkeit. Es soll lediglich ein Gefühl dafür vermittelt werden, welche Ansatzpunkte im Rahmen der Optimierung möglich wären. Wie schon zur Erhebung und Analyse beschrieben, können sich die unterschiedlichen Ansatzpunkte wechselseitig beeinflussen. Daher ist die Priorisierung über die Leitwerte durch den Prozesseigner unabdingbar.

Die Optimierung/Grobkonzeption erfolgt vor der Klärung von Detailaspekten
In diesem Schritt findet die eigentliche Optimierungsarbeit statt. Dazu werden entlang der vorher beschriebenen Ansatzpunkte spezielle Optimierungsmethoden eingesetzt (siehe dazu auch die Methodensteckbriefe in Tutorium 1 bzw. „Ansatzpunkte zur Optimierung" weiter unten).

Es gibt eine Vielzahl unterschiedlicher Methoden, die teilweise aufeinander aufbauen. Bei der Auswahl der passenden Methode ist relevant, ob das Unternehmen über das entsprechende Know-how zur Anwendung der jeweiligen Methoden verfügt. Die Anzahl der einzusetzenden Optimierungsmethoden ist für das Gelingen der Optimierung nicht entscheidend. Eine Abstimmung mit dem Prozessmanagement-Office oder den Know-how-Trägern zum Prozessmanagement im Unternehmen ist auf jeden Fall ratsam.

In manchen Organisationen sind Hinweise auf die im Unternehmen bevorzugt einzusetzenden Optimierungsmethoden schon im Prozessmanagementhandbuch enthalten. Für den Fall, dass neue Methoden und Tools eingesetzt werden, sollte dies auf jeden Fall durch interne oder externe Beratung beziehungsweise durch Coaching begleitet werden, damit sich das Optimierungsteam vorrangig auf die inhaltliche Arbeit statt auf die korrekte Anwendung der Methodik konzentriert.

Am Ende dieses Schritts wird ein Grobansatz zum Soll-Prozess erstellt. Das heißt, der veränderte Prozessablauf wird modelliert und der Anpassungsbedarf hinsichtlich Abgrenzung, Organisation, Hilfsmitteln und Tools identifiziert. Dieser Grobansatz zum Soll-Prozess wird vorerst, auch wenn er noch recht vage ist, mit den relevanten Stakeholdern abgestimmt. So können noch vor der eigentlichen Detailkonzeption Hinweise und Verbesserungspotenziale identifiziert und berücksichtigt werden.

Hinsichtlich der Frage nach dem passenden Zeitpunkt beziehungsweise der Häufigkeit der Einbindung zukünftiger Prozessnutzer in den Konzeptionsprozess existieren unterschiedliche Herangehensweisen. So unterscheidet man den konventionellen Prozessverbesserungsansatz von einer iterativen Prozessverbesserung (siehe Abb. 40).

In der konventionellen Prozessverbesserung werden die eigentlichen Nutzer beziehungsweise Betroffenen relativ spät im Rahmen der Umsetzung und Einführung

KONZEPTION UND OPTIMIERUNG

eingebunden. Dies kann dazu führen, dass der erarbeitete Ansatz zum Soll-Prozess am Ende der Grobkonzeption noch einmal vollkommen umgestoßen und neu „designed" werden muss.

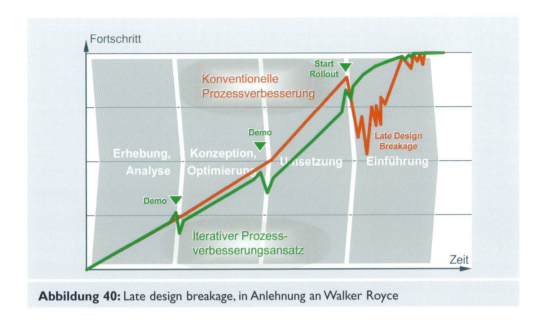

Abbildung 40: Late design breakage, in Anlehnung an Walker Royce

Einem iterativen Prozessverbesserungsansatz folgend werden die zukünftigen Nutzer in der Analysephase, der Optimierungsphase und der Umsetzungsphase frühzeitig – beispielsweise über „Demoversionen" – eingebunden. Im Rahmen dieser Demoversionen wird der Arbeitsstand zur Prozessverbesserung vorgestellt, und es kann schon in dieser frühen Phase Feedback eingeholt werden, das in die weitere Prozessoptimierung einfließt. Natürlich ist das eine große Herausforderung sowohl für das Optimierungsteam als auch für die zukünftigen Prozessnutzer. Die Erfahrung zeigt jedoch, dass ein frühes Einbinden der potenziellen Nutzer Einführungsrisiken minimieren kann.

Die Detailkonzeption endet im Prozesshandbuch
Nach der Abstimmung der Vision zum Soll-Prozess mit relevanten Stakeholdern geht es in diesem Schritt um die Ausgestaltung des Soll-Prozesses im Detail. Die Änderungsbedarfe, die aus der eigentlichen Optimierungsarbeit und dem Feedback durch die Nutzer entstanden sind, werden eingearbeitet. Der neue Soll-Prozess wird modelliert und dokumentiert.

Die Vorgehensweise zum Aufbau des neuen Prozesses ist wieder vom Umfang der Veränderung abhängig. Wie in Vorlesung 6 beschrieben, empfiehlt sich bei umfassenden Änderungen an der Prozessstruktur der Einsatz von einfachen Methoden zur Visualisierung über Flipchart und Post-its bis hin zu Bildkarten (siehe auch Tutorium 1). Erst wenn die Struktur im Optimierungsteam abgestimmt ist, wird der Prozess im Prozesshandbuch beziehungsweise mit einem elektronischen Modellierungswerkzeug dokumentiert.

Bezogen auf die sieben Ansatzpunkte zur Prozessoptimierung empfiehlt es sich, bei einer Änderung der Ausrichtung des Prozesses die Abgrenzung und Kontextanalyse zu wiederholen. Auch hier ist es ratsam, die Adaptierungen nicht direkt im Prozesshandbuch vorzunehmen, sondern am Flipchart zu beginnen. Erst wenn die Abgrenzung und Kontextbetrachtung der unterschiedlichen Dimensionen (zeitlich, sachlich, räumlich und sozial) zueinander stimmig sind, werden die unterschiedlichen Pläne des Prozesshandbuchs aktualisiert.

Ein wesentlicher Schritt ist die Ausgestaltung der Prozessdurchführungs- und Prozessorganisation mithilfe eines Funktionendiagramms oder des Prozessorganigramms. Die Durchführungsrollen werden ja schon bei der Modellierung der Prozessstruktur betrachtet. Nun muss die Verantwortlichkeit zur Durchführung, Mitarbeit, Entscheidung und Information im Detail spezifiziert beziehungsweise festgelegt werden.

Der Aufwand zur Adaptierung der Prozessorganisation ist davon abhängig, welche Regelungen und Standards zu Prozessrollen im Einzelprozessmanagement in der Organisation schon etabliert sind. Hier ist das Optimierungsteam möglicherweise auf die Zuarbeit des Prozessmanagement-Office zur Ausgestaltung und Festlegung dieser Rollen angewiesen. Findet eine Veränderung der Verantwortlichkeit zwischen Prozess- und Linienorganisation nur für einen einzelnen Prozess statt, reicht es aus, die neu definierten Aufgaben, Kompetenzen und Verantwortungen nur im Prozesshandbuch des adaptierten Prozesses festzuhalten.

Die Spezifikation von IT-Tools ist Teil der Prozessoptimierung
Ist für die Prozessoptimierung die Einführung oder Anpassung prozessspezifischer IT-Tools (z.B. SAP oder unternehmensinterne Individuallösungen) erforderlich, so ist eine Trennung der Spezifikation in Lasten- und Pflichtenheft zu empfehlen. Im

Rahmen des Lastenhefts oder Fachkonzepts werden die fachlichen Anforderungen gesammelt, identifiziert und aus einer fachlichen Sicht konkretisiert. Die Anforderungen sollten lösungsorientiert (Was brauche ich?), zielorientiert (Was soll möglich sein?) und messbar beziehungsweise überprüfbar formuliert werden. Nicht nachvollziehbare Aussagen oder schwammige Ausdrucke wie „schnell", „schön", „performant" oder „state of the art" sollten vermieden werden. Die Verwendung von einfachen und konkreten Formulierungen wie „muss", „hat" oder „ist" sowie die Vollständigkeit können den Kommunikationsaufwand bei der Realisierung des IT-Tools reduzieren.

Die fachlichen Anforderungen werden im Pflichtenheft durch den technischen Umsetzer in ein technisches Konzept umgelegt. Hier stehen das Design (Wie setze ich die fachlichen Anforderungen um? Welche technischen Anforderungen gibt es?) und das Ergebnis (Was liegt am Ende vor?) mit den dazugehörigen Randbedingungen (Was wird nicht möglich sein?) im Vordergrund.

Zur Abstimmung des Lasten- und Pflichtenhefts empfiehlt sich ebenfalls ein iterativer Abstimmungsprozess (siehe Abb. 41).

Abbildung 41: Iterativer Abstimmungsprozess

Die spezifizierte Lösung wird in einem ersten Schritt Punkt für Punkt durch den Umsetzer erklärt. Überlegungen beziehungsweise Fragen der fachlichen Anforderer werden direkt beantwortet und das Konzept wird gegebenenfalls adaptiert. In einem zweiten Schritt wird die adaptierte Lösung und Schritt für Schritt durchgesprochen. Visualisierungen des zu unterstützenden Prozesses können dabei hilfreich sein. Zum Abschluss wird die spezifizierte Lösung im Sinne eines Cockpit-Checks abgenommen. Hier zeigt sich üblicherweise der Vorteil der prozessorientierten Vorgehensweise: Geschäftsfälle werden so wie beabsichtigt Schritt für Schritt durchgespielt werden. Dadurch wird vermieden, dass einzelne Aspekte des Prozesses übersehen oder vernachlässigt werden.

Auswirkungen und Maßnahmen werden zum Abschluss der Optimierung abgeleitet

Nach der Fertigstellung der Detailkonzeption wird eine Gap-Analyse zwischen Soll- und Ist-Prozess durchgeführt. Der erforderliche Veränderungsumfang (Change) wird bewertet. Die Auswirkungen beziehungsweise die erforderlichen Maßnahmen zur Umsetzung werden im Team identifiziert. Teilweise sind die Maßnahmen schon über die Spezifikation des Soll-Prozesses direkt ableitbar. Es kann jedoch vorkommen, dass unterschiedliche Maßnahmen oder unterschiedliche Strategien zur Erreichung des Soll-Prozesses möglich sind. In diesem Fall ist die Bewertung der Maßnahmen hinsichtlich der Schwierigkeit in der Umsetzung und deren Wirkung zu bewerten (siehe Tab. 4).

Gap (oder Ansatzpunkt zur Optimierung)	Maßnahme	Schwierigkeit bei der Umsetzung	Wirkung

Tabelle 4: Barrieren-Portfolio zur Bewertung von Maßnahmen

Die Bewertung kann zum Beispiel über eine Skala (1 – gering bis 10 – hoch) erfolgen. Das Ergebnis wird in Form eines Barrieren-Portfolios (siehe Abb. 42) dargestellt. Maßnahmen mit hoher Wirkung und geringer Schwierigkeit in der Umsetzung sind zu priorisieren. Diese Maßnahmen werden auch als „Low Hanging Fruits" oder „Quick Wins" bezeichnet. In der Praxis finden sich jedoch die meisten Maßnahmen im Feld rechts oben – das heißt hohe Wirkung, jedoch auch große Schwierigkeit beziehungsweise großer Aufwand in der Umsetzung.

Zum Abschluss der Optimierung und Konzeption wird ein Erstansatz zu einer Umsetzungsplanung durchgeführt. Der schon zum Start des Optimierungsvorhabens erstellte Business-Case wird adaptiert, da die auf Basis des im Detail beschriebenen Soll-Prozesses und der bewerteten Maßnahmen zur Umsetzung gebildeten Kosten-, Nutzen- und Risikoaussagen konkretisiert werden. Zum Abschluss der Konzeption und Optimierung findet eine Freigabesitzung mit dem Prozesseigner statt.

KONZEPTION UND OPTIMIERUNG

Abbildung 42: Barrieren-Portfolio zur Bewertung von Maßnahmen

Phänomene bei der Optimierung

Der Erfolg eines Optimierungsvorhabens hängt von einer Vielzahl von Einzelheiten ab. Eine Grundvoraussetzung für eine zielgerichtete Prozessoptimierung ist, wie schon bei der Vorbereitung zur Optimierung beschrieben, das Erklärungsmodell zum Optimierungsvorhaben durch die Unternehmensführung. Ein weiterer Einflussfaktor ist die Grundhaltung, die im Unternehmen in Bezug auf Optimierung beziehungsweise Verbesserung etabliert ist. Es gibt Unternehmenswerte und Normen, die den Optimierungs- und Veränderungsgedanken fördern können oder die diesen eher erschweren. Teilweise ist in Unternehmen eine Grundspannung in Form einer „Unternehmenshektik" beziehungsweise eines permanenten Drucks spürbar. Tom DeMarco hat ein solches Phänomen in seinem Buch Spielräume als „Gib-Gas-Botschaft" bezeichnet (siehe Abb. 43).

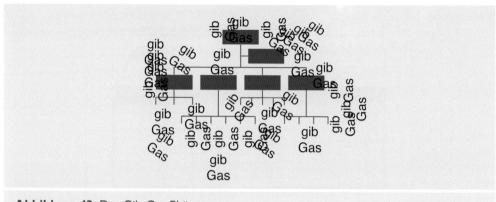

Abbildung 43: Das Gib-Gas-Phänomen

Dieser Druck zur Geschwindigkeit scheint auf den ersten Blick im Sinne einer Ergebnisorientierung gut zu sein. Man könnte auch sagen, dass diese Organisationseinheit ein Optimierungskriterium bereits verinnerlicht hat. Bei näherer Betrachtung erkennt man jedoch, dass dieser permanente Druck zur Geschwindigkeit auch negative Einflüsse haben kann. Gerade in der Vorbereitung von Optimierungsvorhaben sollten die Abgrenzung zur Optimierung, die Auswahl des Vorgehensmodells, die Teambildung sowie die Identifikation von Ansatzpunkten zur Optimierung wohl überlegt sein. Auch in der Phase der eigentlichen Optimierung, sprich der Konzeption des Soll-Prozesses, kann ein zu hoher Ergebnisdruck dazu führen, dass nicht das volle Optimierungspotenzial ausgeschöpft oder dass der neue Soll-Prozess vielleicht nicht optimal gestaltet wird. Frühere Ergebnisse auf Kosten reduzierter Qualität in dieser Phase können im Rahmen der Umsetzung und Einführung zu hohen Folgekosten führen.

Wie weiter oben in der Vorlesung beschrieben, empfehlen wir daher einen iterativen (zyklisch wiederholenden), inkrementellen (in kleinen Einheiten fortschreitenden) Prozessoptimierungsansatz. Die mögliche Geschwindigkeit für die Optimierung sollte unter Rücksichtnahme der betroffenen Organisation wohl überlegt sein.

Ein zweites Phänomen ist der Drang zur vollständigen Ausnutzung von Ressourcen. Auch hier wollen wir uns ein Bild aus dem Buch „Spielräume" von Tom DeMarco leihen (siehe Abb. 44).

Abbildung 44: „Spielräume"

Das linke Bild zeigt ein Zahlenschiebespiel, wie es wahrscheinlich jeder in der Kindheit gespielt hat. Die Idee dieses Spiels ist es, die Zahlen in die richtige Reihenfolge zu bringen. Zum Gelingen benötigt man zumindest ein freies Feld, damit die Spielsteine bewegt werden können.

In Organisationseinheiten gibt es ähnliche Situationen. Teilweise benötigen wir zur Durchführung unserer Arbeit Spielräume. Diese Spielräume können von Organisationseinheit zu Organisationseinheit unterschiedlich groß sein (siehe Vorlesung 4). So gibt es in „einfachen Systemen" – wie beispielsweise einer Fließbandfertigung für Autos – relativ wenig tolerierte Spielräume. Es wird erwartet, dass eine Schraubenmutter genau mit dem vorgeschriebenen Drehmoment angezogen wird und nicht einmal mehr oder ein anderes Mal weniger. In komplexen Systemen – wie beispielsweise in Marketing- oder PR-Abteilungen – ist der tolerierte Spielraum zur Ausführung der Arbeit im Vergleich zum ersten Beispiel wesentlich größer.

Teilweise existiert jedoch in Unternehmen ein gnadenloser Effizienzwahn. So könnte man nun auf die Idee kommen, einen neunten Spielstein zu erfinden (siehe rechtes Bild). Schon erwarten wir uns Beifall, da wir eine scheinbar nutzlos verschwendete Ressource – das leere Feld – genutzt haben. Mit Entsetzen müssen wir jedoch feststellen, dass unser Spiel nicht mehr funktioniert.

Die sieben Ansatzpunkte zur Optimierung

Ein Prozess kann nach unterschiedlichen Gesichtspunkten untersucht und optimiert werden. Zur Vereinfachung beziehungsweise Einordnung definieren wir sieben Ansatzpunkte zur Optimierung (siehe Abb. 45):

Abbildung 45: Sieben Ansatzpunkte zur Optimierung

Eine eindeutige Trennung zwischen den unterschiedlichen Ansatzpunkten ist nicht immer möglich, da die Optimierungsarbeit in einem Bereich immer auch Auswirkungen auf andere Bereiche haben kann. Beispielsweise kann die Verbesserung der Prozessqualität in der Durchführung auch die Produktqualität und damit das Prozessergebnis beziehungsweise die Prozessleistung beeinflussen.

Die Reihenfolge der unterschiedlichen Ansatzpunkte im Sinne einer schrittweisen Herangehensweise ist ebenfalls nicht relevant. Vielmehr wird der Ablauf der eigentlichen Optimierungsarbeit durch die Entscheidungen zu den Leitwerten aus der Analyse beeinflusst. Wir verstehen daher diese Übersicht zu den Ansatzpunkten der Optimierung und die folgende Beschreibung möglicher Inhalte in erster Linie als einen Ordnungsrahmen. Die angeführten Ansatzpunkte sind rein exemplarisch.

1. Ausrichtung des Prozesses
Die Frage der Effektivität im Prozess und der prinzipiellen Ausrichtung des Prozesses durch den Prozesseigner steht im Mittelpunkt dieses Ansatzpunktes „Tun wir

die richtigen Dinge?" und „Wonach richten wir unseren Prozess aus: Kunden/ Markt, Ergebnisse usw.?" Angestoßen wird dieser Wunsch nach Veränderung meist durch das strategische Prozessmanagement. Der Prozessesteuerkreis legt die in der Unternehmensstrategie enthaltene Prozessstrategie auf die Prozesslandkarte um. Die Aufgabe des Prozesseigners ist es nun, durch Adaptierung beziehungsweise Neuformulierung der Prozessziele eine Transformation der Prozessstrategie auf die Einzelprozessebene durchzuführen und damit gemeinsam mit dem Prozessverantwortlichen und dem Prozessteam einen Beitrag zur Erreichung der Unternehmensstrategie zu liefern.

Entscheidend für die Ausrichtung des Prozesses ist eine funktionierende Kommunikationsschiene zwischen Multi- und Einzelprozessmanagement in der nachfolgend beschriebenen Art und Weise.

Die strategische Stoßrichtung des Unternehmens muss durch die Unternehmensführung regelmäßig überprüft und hinterfragt werden. Prozesseigner müssen als Teil dieser Strategieüberprüfung auch die aktuelle Ausrichtung des Prozesses zum Thema machen. Dies erfolgt über ihren Prozessreport an den Prozessesteuerkreis. Es muss ein kontinuierlicher Verbesserungs- und Optimierungsprozess auf der Metaebene (siehe Vorlesung 2) etabliert sein. Das heißt, der Prozessesteuerkreis muss seine Aufgaben zur strategischen Steuerung wahrnehmen und auch bestehende Regelungen zyklisch beziehungsweise periodisch hinterfragen.

Im Rahmen der Geschäftsoptimierung und der Arbeit an der Unternehmensstrategie wird oft der Kunde oder die Marktanforderung in den Mittelpunkt der Betrachtung gerückt. Die Kundenzufriedenheit ist in diesen Fällen ein wichtiger Faktor zur Bewertung der Ausrichtung eines Prozesses. Im Rahmen der Konzeptions- und Optimierungsarbeit auf Einzelprozessebene gilt es daher, die Einflussfaktoren zur Veränderung der Kundenzufriedenheit zu identifizieren, zu bewerten und gegebenenfalls zu adaptieren.

Eine wesentliche Voraussetzung ist das Wissen über die Kundenerwartungen im Unternehmen beziehungsweise im Prozess. Erst wenn der Bedarf, die Wünsche beziehungsweise die Anforderungen des Kunden analysiert und verstanden werden, kann die Ausrichtung des Prozesses in Richtung Kundenbedarf erfolgen. Die Messung der Kundenorientierung beziehungsweise der Kundenzufriedenheit kann entweder direkt über periodische oder über ereignisbezogene Befragungen der Kunden erfolgen. Dies ist nicht immer leicht, da beispielsweise bei Produkten im

Massenmarktbereich wie zum Beispiel Mobiltelefonie der Kunde für die Mitarbeiter des Unternehmens nicht direkt ansprechbar ist. Daher kann in diesem Fall die Kundenorientierung nur indirekt über eine Befragung der Mitarbeiter mit Kundenkontakt (z.B. Vertrieb oder Marketingabteilung) erfolgen.

Eine Spezialform der Kundenbefragung ist die Methode „Voice of the Customer". Mit dieser Methode werden die internen und externen Kunden ermittelt und generelle Kundenerwartungen beziehungsweise Schlüsselfaktoren zur Steigerung der Kundenzufriedenheit und des Kundennutzens erfragt. Anhand der Bewertung des aktuellen Erfüllungsgrads der Kundenerwartungen an das Produkt beziehungsweise die Leistung werden Maßnahmen abgeleitet.

Eine ähnliche Methode ist das Aufzeigen der „Momente der Wahrheit". Als Teil dieser Methode werden die direkten Berührungspunkte des Prozesses mit dem Kunden näher betrachtet und hinsichtlich der Erfüllung von Qualitätskriterien aus einer Kundensicht bewertet. Auf Basis dieser speziellen Form des Soll-Ist-Vergleichs werden ebenfalls Maßnahmen zur Steigerung der Kundenzufriedenheit abgeleitet.

Eine weitere Möglichkeit zur Identifikation von Optimierungspotenzialen in Bezug auf die Ausrichtung des Prozesses ist der „House of Quality"-Ansatz als Bestandteil des Quality Function Deployment (QFD) von Yoji Akao (siehe Abb. 46). Dieser Ansatz beleuchtet die Korrelation zwischen Kundenforderungen (Was?) und Qualitätsmerkmalen (Wie?) sowie die Entwicklung beziehungsweise Ausrichtung der bestehenden Produkte und Dienstleistungen in Richtung Kunden- und Marktbedürfnisse.

Auf Basis der Erfassung und Bewertung von Kundenanforderungen wird eine Wettbewerbsanalyse zur Erfüllung der Anforderungen aus Kundensicht durchgeführt (Was wird gefordert bzw. benötigt?). Auf der anderen Seite werden technische Merkmale des Produkts und deren Abhängigkeiten identifiziert und in Form einer technischen Spezifikation aus Herstellersicht über eine Wettbewerbsanalyse bewertet (Wie wird die Kundenanforderung erfüllt?). Zum Abschluss wird der Erfüllungsgrad der Kundenanforderung durch die unterschiedlichen Produktcharakteristika in Form eines Korrelationsdiagramms bewertet (gar nicht, schwach, mittel und stark) und daraus werden Maßnahmen abgeleitet.

KONZEPTION UND OPTIMIERUNG

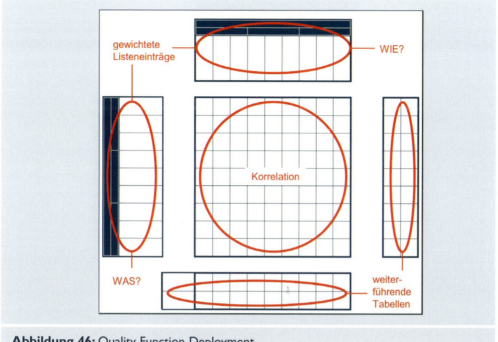

Abbildung 46: Quality Function Deployment

2. Prozessergebnisse/Prozessleistungen optimieren

Auch bezogen auf diesen Ansatzpunkt zur Prozessoptimierung spielt die Erwartung des Kunden eine große Rolle. Der Kunde als Abnehmer des Prozessergebnisses beziehungsweise der Prozessleistung definiert über seine Erwartung die Merkmale und Qualitätsanforderungen an das Produkt beziehungsweise die Dienstleistung. Im Rahmen dieser Optimierungsstoßrichtung geht es darum, die bestehenden Produkte/Dienstleistungen zu verbessern und mögliche Potenziale in Richtung zusätzlicher Ergebnisse und Leistungen zu identifizieren und dem Kunden anzubieten.

Die Qualität des Prozessergebnisses beziehungsweise der Prozessleistung (Produkt oder Dienstleistung) wird laut Norm EN ISO als Erfüllungsgrad von inhärenten Merkmalen beziehungsweise Anforderungen definiert. Inhärent bedeutet, dass diese Merkmale und Anforderungen objektiv messbar sind, wie zum Beispiel Länge, Breite, Gewicht, Materialspezifikationen. Die Anforderungen an die Qualität der Prozessergebnisse beziehungsweise Leistungen nimmt mit der zunehmenden Vergleichbarkeit der Produkte durch Standardisierung, ähnliche Konkurrenzprodukte beziehungsweise Regulierung zu. Die Arbeit an der Verbesserung des Prozessergebnisses beziehungsweise der Prozessleistung ist daher ein wesentlicher Erfolgsfaktor im Wettstreit mit den Mitbewerbern.

Durch Vorwärts- beziehungsweise Rückwärtsintegration von Leistungen entlang der Prozesskette kann Zusatznutzen für den Prozesskunden generiert werden. So kann zum Beispiel ein klassisches Eisenbahnverkehrsunternehmen mit dem Fokus auf die reine Transportleistung (Güterwagen von Ort A nach B) durch Anbieten von Dienstleistungen für das Be- und Entladen der Güterwagen einen Zusatznutzen für den Kunden generieren. Der Kunde muss kein eigenes Know-how aufbauen, um diese für ihn nicht zum Kerngeschäft gehörenden Arbeiten des Be- und Entladens von Güterwagen zu erfüllen. Die IT-Unterstützung beziehungsweise das Internet bringen heutzutage im Zusammenhang mit der Prozesserweiterung eine Vielzahl von Möglichkeiten mit sich, Vorteile für den Kunden in Form von Business-to-Business-Lösungen, elektronischer Rechnungslegung, Auftragsverfolgung über Web und so weiter zu generieren.

3. Prozessstruktur in der Durchführung optimieren
Sehr viele Optimierungsvorhaben beschäftigen sich mit der Struktur beziehungsweise dem Ablauf des Prozesses (siehe Abb. 47).

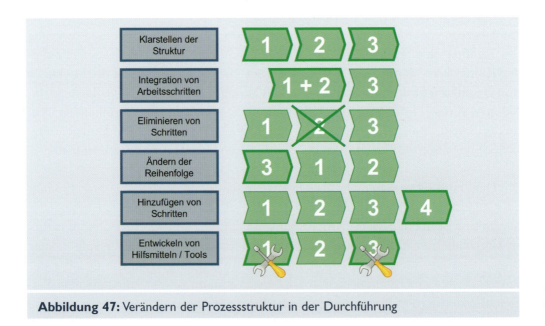

Abbildung 47: Verändern der Prozessstruktur in der Durchführung

Einer der wichtigsten Punkte ist das Klarstellen beziehungsweise Sichern des Prozessablaufes beziehungsweise der Prozessstruktur in der Prozessdokumentation. Teilweise ist beobachtbar, dass die Mitarbeiter im Prozess nur ihren Arbeitsbereich sehen (linke und rechte Kante des Arbeitstischs) und die unmittelbar vor- oder nachgelagerten Prozessschritte oder Tätigkeiten nicht im Detail kennen. Daher ist teilweise nicht klar, was der nächste Prozessschritt wirklich benötigt.

Eine Möglichkeit ist die Visualisierung des Gesamtprozesses mit den beteiligten Durchführungsverantwortlichen und Mitarbeitern im Team und das Abklären von wechselseitigen Erwartungen. Oft ist die Weitergabe von notwendigen Informationen, Daten, Dokumenten eine häufige Fehlerquelle. Die Input-Output-Analyse kann dabei helfen, diese Fehlerquellen aufzufinden und zu analysieren. Dabei wird geprüft, welcher Input für die nachgelagerten Schritte relevant ist und welche Tätigkeiten daher im aktuellen Prozessschritt durchgeführt werden müssen, um diesen Output/Input des nachgelagerten Prozesses zu produzieren.

Eines der häufigsten Analyseergebnisse im Zusammenhang mit der Prozessstruktur ist die zu starke Fragmentierung von Arbeitsabläufen in einzelne Detailschritte, die zur Abwicklung und Steuerung des Prozesses gar nicht relevant sind. Die Ursachen dafür können vielfältig sein. Einerseits gibt es bei der Gestaltung von neuen Prozessen eine große Unsicherheit über die eigentliche Abwicklung. Die Mitarbeiter verfügen noch nicht über genügend Know-how und daher werden die Schritte bis ins Detail dokumentiert und festgehalten.

Eine andere Ursache kann der dahinterliegende Führungs- und Steuerungsansatz im Unternehmen sein. Oft wird versucht, die Kontrolle des Prozesses über die Kontrolle der einzelnen Funktionen und Teilschritte zu gewinnen. Daher ist es manchmal nicht verwunderlich, dass Mitarbeiter über eine Unmenge an Detaildaten beziehungsweise statistisches Material verfügen, ohne Aussagen über die Leistung des Prozesses erstellen zu können.

Der Führungsansatz in den Unternehmen hat sich in den letzten Jahrzehnten verändert. Während früher die tayloristische Arbeitsteilung mit dem Anspruch „Einfache Jobs für einfache Leute" dominiert hat, sprechen wir heute von „job enlargement" oder „job enrichment", wobei Mitarbeiter mehr Verantwortung für die Steuerung von Abläufen übernehmen. Die Integration von Arbeitsschritten kann daher ein erster Schritt in Richtung Gestaltung und Steuerung des Prozesses sein.

Weitere strukturverändernde Maßnahmen wie Eliminieren von Schritten, Ändern der Reihenfolge, Hinzufügen von Schritten, Entwickeln von Hilfsmitteln oder Tools können aufgrund von Veränderungen in der Umwelt notwendig sein. Teilweise waren vielleicht bei der Erstdefinition des Prozesses Prozessschritte erforderlich, die heute in dieser Form oder in dieser Reihenfolge nicht mehr notwendig sind. So kann zum Beispiel die Bestellmöglichkeit über das Internet oder direkte Business-zu-Business-Integrationen zur Bestellung von Waren direkt beim Lieferanten und Einkippen in die Produktion zu einer Veränderung des früher üblichen Bestell- und Auftragabwicklungsprozesses führen.

Hinzufügen von Schritten kann teilweise zur Sicherstellung der Produkt- oder Prozessqualität erforderlich sein. So fordert zum Beispiel der Sarbanes-Oxley Act als US-Bundesgesetz die Sicherstellung von unternehmerischen Prozessen durch Implementierung von Kontrollpunkten für die an amerikanischen Börsen notierten Unternehmen.

Zur Sicherung einer stabilen Prozessabwicklung kann, vor allem bei sehr oft durchgeführten Prozessen und Prozessen mit einem hohen Anteil an Informationsbearbeitung und -weiterleitung wie beispielsweise Aktenbearbeitung, die Entwicklung von Hilfsmitteln oder Tools beziehungsweise die Implementierung von Workflow-Management-Systemen erforderlich sein. Ein wesentlicher Grundsatz dabei ist jedoch eine Vereinfachung der Struktur, bevor gegebenenfalls eine IT-Unterstützung erfolgt. Wie weiter oben beschrieben kann eine Komplexitätsreduktion nicht durch Fragmentierung und Steuerung über komplexe IT-Systeme gelöst werden.

4. Wirtschaftlichkeit des Prozesses

Der Ansatzpunkt zur Verbesserung der Wirtschaftlichkeit des Prozesses hängt sehr eng mit den beschriebenen Optimierungen beziehungsweise Adaptierungen der Prozessstruktur in der Durchführung zusammen. Der Schwerpunkt bei der Verbesserung der Wirtschaftlichkeit liegt in der effizienteren Gestaltung des Ablaufes durch Verbessern, Beschleunigen, Automatisieren und Parallelisieren von Schritten (siehe Abb. 48).

Ausgangslage bei der Verbesserung von Prozessschritten ist die Analyse des Ablaufes. Im Rahmen der Wertschöpfungsanalyse (siehe Tutorium 1) werden die Prozessschritte hinsichtlich ihres Wertschöpfungsanteils in wertschöpfende, unterstützende und nicht wertschöpfende Tätigkeiten klassifiziert. Wertschöpfende Tätigkeiten

(Nutzleistung) werden vom Kunden direkt wahrgenommen und sind zur Erfüllung der Kundenanforderungen unmittelbar notwendig (zum Beispiel Durchführen von Verhandlungen mit Lieferanten im Einkaufsprozess).

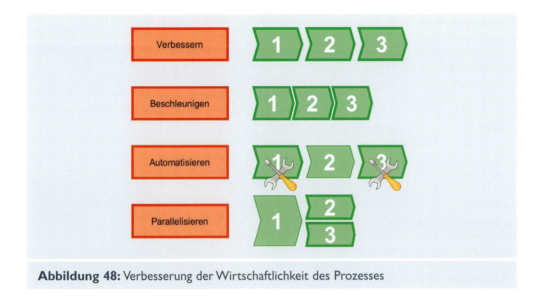

Abbildung 48: Verbesserung der Wirtschaftlichkeit des Prozesses

Unterstützende Tätigkeiten (Stützleistungen) sind geplante Tätigkeiten zur Unterstützung der wertschöpfenden Tätigkeiten (zum Beispiel Vorbereitung auf die Verhandlung). Nicht wertschöpfende Tätigkeiten sind nicht für die Erfüllung der Kundenanforderung notwendig (wie zum Beispiel Verzögerung, ungeplante Lagerung, Fehler). Das Ziel der Wertschöpfungsanalyse ist die Vermeidung von nicht wertschöpfenden Tätigkeiten und die Reduktion der unterstützenden Tätigkeiten.

Bei der Analyse der Prozesszeiten oder der Total Cycle Time liegt das Hauptaugenmerk in der Beschleunigung des Prozesses und der Verkürzung der Prozesszykluszeit. Es geht aber nicht um eine reine Geschwindigkeitserhöhung durch zum Beispiel Parallelisieren, sondern um eine gleichzeitige Senkung der Kosten sowie Erhöhung der Termintreue unter Beibehaltung der Prozessqualität. Dabei werden mögliche Barrieren, die den Prozessablauf behindern, identifiziert und beseitigt.

Ein weiterer Aspekt in der Verbesserung der Wirtschaftlichkeit ist die Reduktion der für den Prozess benötigten Ressourcen und Kosten. Über eine Analyse der Kostentreiber wird versucht, Maßnahmen zur Reduzierung der Prozessressourcen und

Kosten abzuleiten. Teilweise hängen diese Verbesserungsmaßnahmen zur Ressourcen- und Kostenoptimierung sehr eng mit den beschriebenen Optimierungsansätzen zusammen. Durch Visualisierung des Gesamtprozesses im Team oder eine Input-Output-Analyse (siehe Tutorium 1) wird versucht, unnötige Arbeitsschritte, unnötigen Aufwand oder nicht verwendete Inputs oder Ergebnisse zu eliminieren.

Bei personalintensiven Prozessen bilden die Personalkosten oft den Großteil der Gesamtprozesskosten. Daher wird sehr oft versucht, den Umfang der Personalkosten zu hinterfragen oder ganze Prozesse zu automatisieren. Wie weiter oben beschrieben sollte vor einer Automatisierung immer eine Komplexitätsreduktion durch Verbesserung der Prozessstruktur erfolgen.

5. Prozessorganisation/Kommunikation
Ein weiterer Ansatzpunkt ist die Verbesserung oder Adaptierung der Prozessdurchführungs- und Prozessmanagementorganisation beziehungsweise der Kommunikationsstrukturen im Prozess.

Im Rahmen der Verbesserung der Prozessdurchführungsorganisation geht es um die Klarstellung der Verantwortlichkeiten der Mitarbeiter im Prozess (siehe dazu auch Vorlesung 3). Teilweise sind die Rollen im Unternehmen nicht bis auf die operative Prozessdurchführungsebene heruntergebrochen oder nicht mehr aktuell. Nur in den seltensten Fällen wird bei einer Organisationsänderung auch die Auswirkung auf die operativen Prozesse überprüft. Dies ist daher eine der Aufgaben des Prozessverantwortlichen in der operativen Steuerung des Prozesses (siehe Vorlesung 10).

Weiters können die notwendigen Kompetenzen zur Durchführung des Prozesses in Form einer Kompetenzanalyse analysiert und bewertet werden. Je Aufgabe wird dabei festgelegt, welche Qualifikationen von der ausführenden Person benötigt werden. Diese werden dann in der entsprechenden Rollen- oder Stellenbeschreibung der Aufbauorganisation hinterlegt.

Bei der Optimierung oder Etablierung der Prozessorganisation geht es um die Etablierung der Rollen Prozesseigner, Prozessverantwortlicher und gegebenenfalls eines Prozessteams zur Gestaltung und Steuerung des Prozesses. Teilweise existieren diese Rollen bereits im Prozess, aber es sind die Aufgaben, Kompetenzen und Verantwortungen nicht klar. Wie in Vorlesung 2 beschrieben, ist die Klärung der Kompetenzen zwischen Prozessorganisation und funktionaler Organisation ein wesentlicher Erfolgsfaktor. Je Einbettungsform von der weichen Matrix über die ausgewogene Matrix bis zur harten Matrix beziehungsweise der reinen Prozessorganisation können sich die Rollen Prozesseigener, Prozessverantwortlicher und Prozessteam hinsichtlich der Aufgaben und Kompetenzen unterscheiden.

6. Prozesssteuerung
Der Ansatzpunkt der Verbesserung der Prozesssteuerung beschäftigt sich mit der Adaptierung beziehungsweise Verbesserung der Methoden und Instrumente zur Prozesssteuerung, wie zum Beispiel Messung, Bewertung und Interpretation von Kennzahlen, und des eigentlichen Prozesssteuerungsprozesses.

Ein wichtiger Aspekt ist dabei die Etablierung beziehungsweise Adaptierung von Kennzahlen. Teilweise passen die Kennzahlen nicht zu Ziel und Zweck des Prozesses. Daher geht es in diesem Punkt um die Auswahl einer geeigneten Kennzahl. Neben der Definition von Kennzahlen geht es aber auch um die Verbesserung der eigentlichen Messmethode, der Messdurchführung, der Interpretation und Bewertung der Daten und der eigentlichen Berechnung der Kennzahl.

Auch hier spielt Automatisierung eine wichtige Rolle. Gerade wenn Daten zur Prozesssteuerung in großen Mengen manuell erfasst werden müssen, sind Fehler in der Erfassung und Auswertung möglich. Im Rahmen der Ursache-Wirkung-Analyse (siehe Tutorium 1) werden daher zur Identifikation von möglichen Fehlerursachen neben Mensch, Maschine, Material und Mitwelt auch die Methode und die eigentliche Messung betrachtet.

Ein weiterer Punkt ist die Adaptierung beziehungsweise Etablierung eines zyklischen Prozesses zur Prozesssteuerung und der Aufbau eines geeigneten Reportingsystems (siehe Vorlesung 10).

7. Prozessakzeptanz
Der letzte Ansatzpunkt beschäftigt sich mit der Verbesserung der Prozessakzeptanz. Dabei geht es um die Steigerung beziehungsweise die Sicherstellung des Bekanntheitsgrads des Prozesses. Über eine Analyse der relevanten Stakeholder und deren Erwartungen an den Prozess werden Zielgruppen und Grundbotschaften identifiziert. Es geht um eine zielgruppenspezifische Informations- und Kommunikationspolitik, um die Festigung der Prozesskultur und um die Motivation der Mitarbeiter in Prozessen.

Auf Basis der Zielgruppenbewertung werden Prozessmarketingmaßnahmen wie zum Beispiel regelmäßige E-Mail-Newsletter, eine Prozess-Homepage oder ein Prozessschaukasten entwickelt. Diese Maßnahmen werden nicht nur in der Umsetzung des Prozesses, sondern auch in der Durchführung des Prozesses eingesetzt.

Six Sigma als Vorgehensmodell zur Optimierung

Six Sigma ist ein sehr weit verbreiteter Ansatz zur strukturierten Qualitätsverbesserung in Prozessen. Die Grundstruktur besteht in der Beschreibung, Analyse, Messung, Optimierung und Überwachung von Abläufen oder Prozessen unter Zuhilfenahme von statistischen Methoden. Diese Vorgehensweise wurde im japanischen Schiffbau und später in den USA in der Konsumgüterindustrie eingeführt. Ausgehend von den Kundenanforderungen wird versucht, sich an eine nahezu „perfekte" Qualität anzunähern.

Die Grundidee besteht in der Verringerung der Abweichung des Prozessergebnisses von der vom Kunden erwarteten Qualität. Um eine annähernde Nullfehlerquote zu erreichen, müssen die Toleranzgrenzen mindestens sechs Standardabweichungen vom Mittelwert des Prozessergebnisses entfernt liegen.

Zur Durchführung eines Six-Sigma-Vorhabens existiert eine größtenteils standardisierte Vorgehensweise, welche aus den Phasen Definieren, Messen, Analysieren, Verbessern und Steuern besteht (siehe Abb. 49). Der DMAIC-Zyklus wird auch als Six-Sigma-Projektvorgehensweise bezeichnet. Er wird dazu verwendet, bereits bestehende Prozesse messbar zu machen und sie nachhaltig zu verbessern.

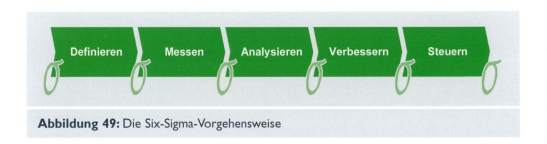

Abbildung 49: Die Six-Sigma-Vorgehensweise

Definieren (Define)

In diesem ersten Schritt (siehe Abb. 49.1) geht es um die Erfassung der Kundenerwartungen beziehungsweise Anforderungen an die Qualität des Produktes beziehungsweise Prozesses über Brainstorming oder Voice of Customer. Der zu untersuchende Prozess wird in Form einer High Level Process Map (SIPOC) dargestellt. Dazu werden die Prozesslieferanten (Supplier), die Inputs, Prozessschritte, Outputs und Prozesskunden (Customers) erfasst. In einem CTQ-Baum (Critical to Quality) werden die kritischen Parameter zur Erreichung der Qualität beschrieben. Zum Abschluss dieser Phase wird ein Projektauftrag mit den wichtigsten Punkten zur Abwicklung des Six-Sigma-Projekts freigegeben. Dieser beschreibt die Organisation, den gewünschten Zielzustand, die vermuteten Ursachen für die Abweichung vom Zielzustand, die Leistungs-, Termin- und die Ressourcenplanung sowie den erwarteten Nutzen in monetärer Form.

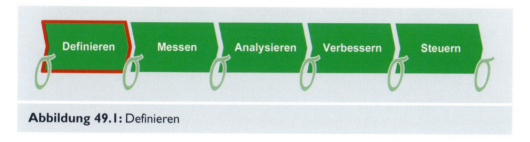

Abbildung 49.1: Definieren

Messen (Measure)

Im zweiten Schritt (siehe Abb. 49.2) geht es darum, die notwendigen Basisdaten zu dem zu untersuchenden Prozess zu sammeln und festzustellen, wie gut der Prozess die bestehenden Kundenanforderungen erfüllt. Auf Basis der im vorherigen Schritt erhobenen Anforderungen werden mögliche Zielwerte für den Prozess abgeleitet $Y=f(X)$. Die möglichen Prozesseingangsparameter (X) werden identifiziert und ein Plan zur Erhebung der Messwerte definiert und das Messsystem validiert. Danach wird die eigentliche Messung durchgeführt. Dazu werden unterschiedliche Methoden wie zum Beispiel Fehlersammelkarte, Histogramm, Regelkarte oder Paretodiagramm verwendet (siehe Tutorium 1).

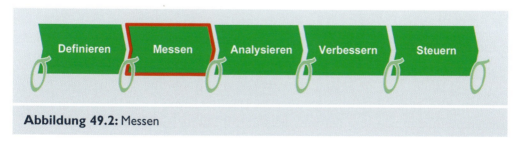

Abbildung 49.2: Messen

Analysieren (Analyse)

Im Rahmen der Analyse (siehe Abb. 49.3) wird versucht, die möglichen Ursachen herauszufinden, warum der Prozess die definierten Kundenanforderungen nicht erfüllt. Dazu werden Methoden wie zum Beispiel Wertschöpfungsanalyse, Analyse der Prozesszeiten, Ursache-Wirkung-Diagramm (Ishikawa), Paretodiagramm oder Fehlermöglichkeits- und Einflussanalyse (FMEA) verwendet (siehe Tutorium 1). Im Rahmen der Datenanalyse werden die im vorherigen Schritt erhobenen Daten unter Einsatz statistischer Verfahren ausgewertet. Es wird versucht, die Streuungsquellen zu identifizieren und Ursachen des Problems (sogenannte „Root Cause") zu erkennen.

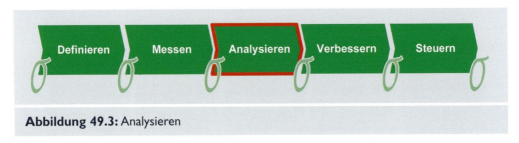

Abbildung 49.3: Analysieren

Verbessern (Improve)

Bei diesem Schritt wird versucht, Prozessverbesserungen durchzuführen (siehe Abb. 49.4). Über Benchmarks, Brainstorming oder andere Methoden zur Lösungsfindung werden Ideen zur Verbesserung identifiziert. Die Fehlermöglichkeits- und Einflussanalyse (FMEA) (siehe Tutorium 1) wird zum Beispiel dazu verwendet, Implementierungsrisiken zu identifizieren. Die im Team generierten Verbesserungsideen werden konzeptioniert und bei dem untersuchten Prozess eingeführt.

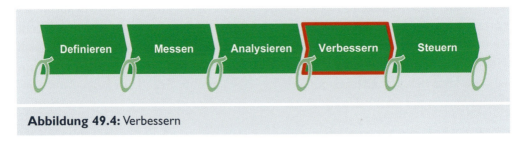

Abbildung 49.4: Verbessern

Steuern (Control)

In dieser Phase werden Methoden zur kontinuierlichen Verbesserung, zur Messung, Steuerung (siehe Abb. 49.5) beziehungsweise zum Reporting des Prozesses implementiert. Ziel ist die Aufrechterhaltung des Qualitätslevels unter Einsatz von statistischen Methoden wie zum Beispiel des Control Charts (siehe Tutorium 1).

KONZEPTION UND OPTIMIERUNG

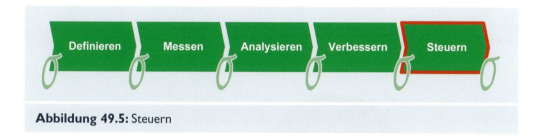

Abbildung 49.5: Steuern

Anmerkungen zum Ansatz

Der Six-Sigma-Ansatz zur Analyse und Optimierung von Prozessen ist nicht unumstritten. Er funktioniert überall dort sehr gut, wo Prozesse oder Abläufe in einer Funktion Y=f(X) dargestellt werden können, zum Beispiel bei Produktionsprozessen. Bei komplexeren Prozessen, die einen größeren Spielraum benötigen (siehe auch Ausführungen weiter oben in der Vorlesung), beziehungsweise bei Dienstleistungsprozessen kann eine Darstellung über eine Funktion Y=f(X) problematisch werden. Aus unserer Sicht ist Six Sigma prinzipiell eine Managementphilosophie und kann nicht eindeutig entweder dem Prozess- oder dem Projektmanagement zugeordnet werden. Teilweise findet aufgrund einer eher mechanistisch wirkenden Vorgehensweise der Change-Ansatz beziehungsweise die soziale Komponente in der Veränderung von Prozessen nicht genug Würdigung.

Tipps

✓ Wählen Sie ein für Ihr Unternehmen geeignetes Vorgehensmodell zur Optimierung aus.

✓ Die Besetzung des Optimierungsteams hinsichtlich Skills und Ressourcen ist ein entscheidender Erfolgsfaktor.

✓ Bleiben Sie so lange wie möglich kreativ und beenden Sie die Optimierung nicht nach der ersten Lösung.

✓ Es gibt unterschiedliche Ansatzpunkte zur Optimierung. Verabschieden Sie sich von Ihren persönlichen Lieblingen.

✓ Bewerten Sie die Konsequenzen der Änderungen.

✓ Bleiben Sie mit beiden Beinen auf dem Boden der Realität.

✓ Bauen Sie die kontinuierliche Weiterentwicklung fix mit in den Prozess ein.

VORLESUNG 9

UMSETZUNG UND EINFÜHRUNG

Der Prozess ist nun fertig und optimiert.

Was brauchen Sie jetzt für den Neustart?

Wie sieht eine reibungslose Übergabe aus?

Wo stehen wir?

In dieser Vorlesung werden besonders kritische Schritte im Prozesslebenszyklus behandelt: die Umsetzung und die Einführung der (konzipierten/optimierten) Prozesse. Prozessumsetzung und -einführung werden sinnvollerweise in Projektform organisiert, da Projektmanagement ein besonders geeignetes Vehikel ist, um mit der Komplexität der Aufgabenstellung und dem damit verbundenen Risiko professionell umzugehen. Basierend auf der ursprünglichen Stoßrichtung des Prozessmanagementvorhabens und der damit verbundenen Abgrenzung des dazugehörigen Prozessmanagementprojekts (siehe Vorlesung 5) werden die Umsetzung und die Einführung der Prozesse in unterschiedlicher Form projektmäßig organisiert sein. Umsetzung und Einführung könnten demnach beispielsweise einen Teil des Prozessmanagementprojekts in Form von Phasen des Projektstrukturplans bilden, eigene Projekte innerhalb eines Prozessmanagementprogramms darstellen oder aber als ein eigenes Umsetzungsprojekt im Anschluss an ein Konzeptionsprojekt abgegrenzt sein.

Abbildung 50: Prozesslebenszyklus

Die projektorientierte Gestaltung der Umsetzung und Einführung wird stark durch den Kontext der betroffenen Prozesse und die Einführungsstrategie bestimmt. Das bedeutet, dass die beiden Schritte nicht immer streng sequenziell ablaufen (siehe Abb. 50). Die Einführungsstrategie hängt damit in vielen Fällen von technischen und organisatorischen Rahmenbedingungen ab.

Leider werden Umsetzungsprojekte in der Praxis unserer Beobachtung nach oft auf ihre rein technischen Aspekte reduziert, also trivialisiert. Die Folge davon sind Phänomene wie „Widerstand", „Dienst nach Vorschrift", Konflikte, Kundenbeschwerden und Prozessprobleme jeglicher Art. Eine möglichst ganzheitliche Betrachtung der Situation und des Kontexts kann helfen, derartigen Phänomenen vorzubeugen.

Die Veränderung als eigenständiges Betrachtungsobjekt des Managements (= Change Management") ist schon lange nicht mehr neu. Allerdings verhindern immer raschere Änderungszyklen, dass die Organisation diese Transformationen vollständig und somit nachhaltig verdauen kann. Wir betrachten im zweiten Teil des Kapitels die möglichen Auswirkungen der Veränderung in unterschiedlichen Bereichen sowie unterschiedliche Stufen des Veränderungsausmaßes. Davon können wir ableiten, in welchem Umfang begleitende Maßnahmen geplant und durchgeführt werden.

Schon an dieser Stelle betonen wir, dass Kommunikation im Mittelpunkt der angepeilten Systemveränderungen (= Organisationsveränderungen) steht und dass jegliche Maßnahmen zur Unterstützung der Veränderung (= Interventionsversuche) auch Kommunikationsmaßnahmen sind. Anhand eines kleinen Veränderungsmodells werden wir Ansatzpunkte für diese Kommunikationsmaßnahmen identifizieren. Mithilfe des sogenannten Interventionsdesigns stellen wir die geplanten Interventionen auf den unterschiedlichen Ebenen samt deren Zusammenhängen dar und zeigen damit, wie unvorhersagbare Veränderungsreaktionen sozialer Systeme (= Organisationen) gesteuert werden können.

Zu guter Letzt wollen wir uns in dieser Vorlesung mit dem Vorurteil beschäftigen, dass eine systemische Vorgehensweise immer langsamer und aufwendiger ist als herkömmliche Zugänge.

Umsetzung

In der Phase der Konzeption wurden die Voraussetzungen für die Umsetzung geschaffen: der neue Soll-Prozess sowie die neue Prozessorganisation. Zusätzlich wurde der Anpassungsbedarf für den Sprung von Alt auf Neu identifiziert und festgelegt. Mit diesem Input kann gut in die Umsetzung gestartet werden, um den neuen Prozess und alles, was dazugehört, aufzubauen (siehe Abb. 51).

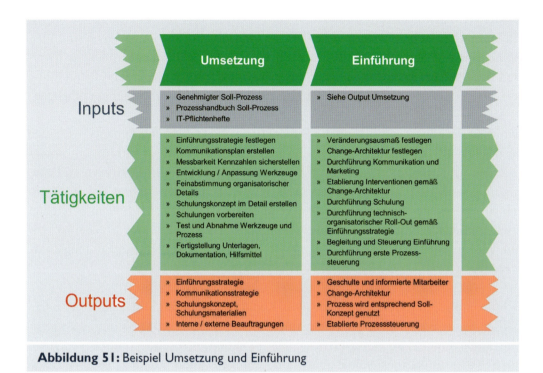

Abbildung 51: Beispiel Umsetzung und Einführung

Die Umsetzung erfolgt mithilfe von Projektmanagement

Wie wir in der ersten Vorlesung schon beleuchtet haben, stehen Prozesse und Projekte im Prozessmanagement in einem engen Zusammenhang. Spätestens zu Beginn der Umsetzung, meist allerdings schon weitaus früher (siehe dazu Vorlesung 4), wird dies in der Praxis bedeutsam. Prozesse sind hochkomplex, somit ist deren Veränderung ebenso komplex, und sie haben eine große strategische Bedeutung für das Unternehmen, was somit auch auf ihre Veränderung zutrifft.

Wenn das bis hier beschriebene Vorgehen von den ersten Schritten bis zur Konzeption umgesetzt wurde, sind mit hoher Wahrscheinlichkeit auch die wichtigsten Parameter bestimmt, die für die Planung und Steuerung des Umsetzungsprojekts notwendig sind. Das sind die klare Abgrenzung des Prozesses beziehungsweise der Prozesse und die Anpassungsmaßnahmen, die in der Konzeption erarbeitet wurden.

Die Zielsetzung des Umsetzungsprojekts wird durch die Leitwerte und die Ergebnisse der Soll-Konzeption bestimmt. Der Kontext des Projekts leitet sich vom Prozesskontext ab, die Projektorganisation aus der Prozessorganisation. Im Projektstart werden diese Parameter im Projektteam hinsichtlich der Abwicklung im Projekt konkretisiert und verfeinert. Zum Abschluss des Projektstarts werden diese vom Projektauftraggeber beziehungsweise dem Projektlenkungsausschuss freigegeben.

Im Umsetzungsprojekt wird die Einführungsstrategie festgelegt
Ein wichtiger Schritt im Rahmen der Projektplanung ist die inhaltliche Strukturierung des Projekts in plan- und steuerbare Arbeitspakete. Das Werkzeug, das den Projektleiter bei der Strukturierung unterstützt, ist der Projektstrukturplan (PSP). Für Projekte geringer beziehungsweise mittlerer Komplexität bewährt sich eine phasenorientierte (ablauforientierte) Gliederung des PSP. Mit wachsender Komplexität des Vorhabens (Programm) und wenn die Aufgaben unterschiedlich sind, kann diese zeitliche Orientierung durch eine inhaltliche (Objektorientierung) ersetzt werden. Abbildung 52 zeigt eine ablauforientierte Phasenstruktur für Projekte geringer Komplexität. Abbildung 53 zeigt hingegen eine mögliche inhaltliche beziehungsweise objektorientierte Phasenstruktur für ein komplexeres Projekt. Vor allem im zweiten Fall ist vom Projekt- beziehungsweise Programmleiter sicherzustellen, dass die bestehenden inhaltlichen Abhängigkeiten im Projekt identifiziert und durch Maßnahmen adressiert werden.

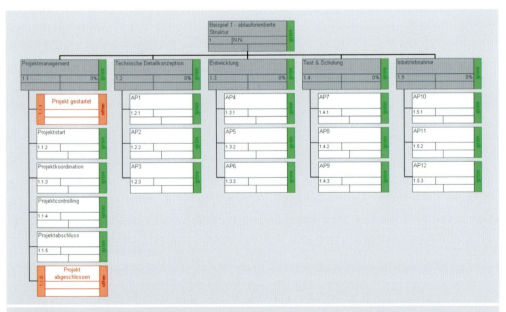

Abbildung 52: Beispiel ablauforientierte Struktur für das Umsetzungsprojekt

VORLESUNG 9

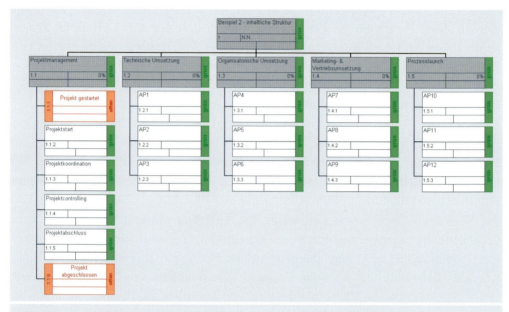

Abbildung 53: Beispiel inhaltliche Struktur für das Umsetzungsprojekt

Im Rahmen einer groben Strukturierung des Umsetzungsprojekts sollten auch bereits die möglichen Einführungsstrategien diskutiert und im besten Fall festgelegt werden. In komplexeren Situationen kann die Festlegung der Einführungsstrategie allerdings erst später erfolgen, da entsprechende Einflussfaktoren im Umsetzungsprojekt – wie beispielsweise das Änderungsausmaß der betroffenen IT-Anwendung – noch bestimmt werden müssen. Wir werden das Thema der Einführungsstrategie im zweiten Teil der Vorlesung noch genauer betrachten. Grundsätzlich können jedoch folgende Möglichkeiten unterschieden werden:

Die schnellste Variante ist eine Einführung mit **„Big Bang"**. Das bedeutet, bis zu einem definierten Stichtag wird noch vollständig mit dem alten Prozess und den dazugehörigen Werkzeugen gearbeitet, ab dem folgenden Arbeitstag vollständig mit dem neuen Prozess. Der herausstechendste Vorteil: Es geht rasch. Hintergrund dieser Einführungsstrategie sind sehr häufig organisatorische oder technische Einschränkungen hinsichtlich anderer Einführungsvarianten.

Eine weitere, fast noch beliebtere, Variante ist die **pilotierte Einführung.** In diesem Fall wird in einem Teilbereich der Organisation per Stichtag auf den neuen Prozess umgestellt und dieser dort pilotiert. Die restliche Organisation folgt erst später nach.

Der Vorteil dieser Variante liegt im geringeren Umstellungsrisiko und in der Möglichkeit, mit dem Piloten Erfahrungen zu sammeln, die in der Folge für das Gesamtrollout, also die Einführung im restlichen Unternehmen, genutzt werden können.

Das Prinzip der **„schrittweisen Einführung"** (Step by Step) wird manchmal genutzt, um einzelne Unternehmensbereiche (Organisationseinheiten) oder auch regionale Einheiten des Unternehmens hintereinander auf den neuen Prozess umzustellen. Der Hintergrund für diese Variante ist häufig, dass in den verschiedenen Bereichen auch unterschiedliche Prozessvarianten zum Einsatz kommen, die so auch schrittweise adaptiert werden können.

Die Variante **„iterativ"** bezieht sich vor allem auf die Umsetzung von laufenden und sehr kleinen Änderungen, die im Rahmen der Prozesssteuerung angestoßen werden. Das Änderungsausmaß ist bei dieser Variante am geringsten.

Die Einführungsstrategie – auch wenn sie nur grob festlegbar ist – beeinflusst das weitere Vorgehen im Projekt wesentlich. Daher sollte sie möglichst früh diskutiert und entschieden werden.

Das IT-Projekt allein ist nicht die Umsetzung
Seit es IT-Projekte gibt, trifft man auch auf das Problem, dass diese oft zu eng abgegrenzt beziehungsweise nur rein aus dem technischen Blickwinkel betrachtet werden. Das hat zum Teil auch sehr gute Gründe:

Heutzutage ist häufig zu beobachten, dass Änderungen, die für den Kunden vielleicht nur einen kleinen Unterschied bedeuten, gravierende Auswirkungen auf die dahinterliegende IT-Landschaft haben. Beispielsweise kann ein kleines zusätzliches Datenfeld bei der Kundenregistrierung bedeuten, dass diese Information im nachfolgenden gesamten Prozess in den verschiedenen IT-Systemen mitgeführt und verarbeitet werden muss. Das wiederum bedeutet, dass in mehreren komplexen und hochkritischen Anwendungen Änderungen vorgenommen werden müssen, was zu einer ganzen Kette von Folgeaktivitäten führt. Der Grund für dieses Phänomen ist, dass im Fall von komplexeren Prozessen nicht nur eine integrierte IT-Anwendung, sondern eine ganze Reihe von historisch gewachsenen, hoch komplexen IT-Systemen zur Prozessunterstützung benötigt wird, die von unterschiedlichen Unternehmensbereichen genutzt und von unterschiedlichen Bereichen innerhalb der IT gewartet und weiterentwickelt werden.

Somit haben wir es nicht nur mit einer technisch-inhaltlichen Komplexität, sondern auch mit einer organisatorisch-sozialen Komplexität zu tun.

Doch sind die IT-Anwendungen nicht der einzige Bereich, an dem Änderungen vorgenommen werden. Im Rahmen einer Detailbetrachtung der Ergebnisse der Soll-Konzeption werden zahlreiche abwicklungsrelevante Aspekte identifiziert, die im Prozessteam noch bearbeitet werden müssen. Neben der Erstellung der Prozessdokumentation, die auch für Schulungs- und Informationszwecke geeignet sein sollte, gibt es stets eine Reihe operativer Details, die in der Umsetzung noch geklärt und definiert werden. Diese Klärungen sind eine wichtige Voraussetzung für den Erfolg der Prozessveränderung, einerseits im Sinne der Effizienzsteigerung, andererseits im Sinne der Akzeptanzsteigerung bei den Betroffenen. Nur allzu schnell entsteht nämlich bei den nicht in das Prozessmanagement involvierten Mitarbeitern der Eindruck, dass ein geheimes Grüppchen von „Wichtigtuern und Obergescheiten" unter Einfluss von externen Beratern Lösungen im Elfenbeinturm entwickelt, die operativ nicht auf den Boden zu bringen sein werden.

So könnte eine organisatorische Änderung beispielsweise darin liegen, dass im neuen Prozess bestimmte Kundeninformationen bereits beim ersten Kundenkontakt durch den Vertrieb erfasst werden und nicht erst in einem zweiten Schritt durch die Vertragsverwaltung. Es genügt allerdings nicht, dass die Erfassungsmaske des Vertriebsmitarbeiters diese zusätzlichen Eingabefelder ausweist, wenn dieser die neuen Felder dann nicht ausfüllt. Der Effekt in der Praxis könnte daraufhin sein, dass der Vertragsverwaltungsmitarbeiter mit einem beträchtlichen Mehraufwand zur nachträglichen Erfassung dieser Informationen konfrontiert ist und möglicherweise sogar Verärgerung beim Kunden auslöst.

Weiters gilt es im Detail herauszuarbeiten, welche Hilfsmittel für die effiziente Abwicklung im neuen Prozess benötigt werden. Dazu zählen beispielsweise Checklisten, Hilfstabellen, Glossare, Prozessübersichten und Vorlagen. Diese können vor allem in der Eingewöhnungsphase sehr hilfreich sein, manchmal auch dauerhaft, sollte es sich um einen nur selten durchgeführten Prozess handeln.

In der Umsetzung wird die Steuerbarkeit des Prozesses ermöglicht
Prozessmanagement besteht nicht nur aus der Gestaltung eines Prozesses. Im Rahmen der Nutzung des Prozesses wird der Prozess sinnvollerweise regelmäßig einem Prozesssteuerungszyklus unterzogen. Wir werden in Vorlesung 10 näher darauf eingehen, wie dieser Prozess zur Prozesssteuerung im Detail aussieht.

Als Teil der Umsetzung werden somit neben den Voraussetzungen zur Prozessnutzung auch die technischen und organisatorischen Voraussetzungen für den Start der Prozesssteuerung geschaffen, sofern sie noch nicht bestehen. In der Umsetzung wird also dafür gesorgt, dass die in der Konzeption für den Prozess definierten Kennzahlen auch tatsächlich gemessen werden können.

Dies klingt in der Theorie recht einfach. Die in der Praxis oft existierenden, recht komplexen IT-Systemlandschaften, die nur teilweise integriert sind, erweisen sich jedoch häufig als kritischer Stolperstein für dieses Unterfangen. Beispielsweise wird es problematisch, durchgängige Kennzahlen zu berechnen, wenn die Schritte eines Prozesses in unterschiedlichen IT-Systemen abgebildet sind, aber keine durchgängige und eindeutige Geschäftsfallkennung existiert. Als Konsequenz davon kann nämlich im Nachhinein nicht festgestellt werden, wie welcher Geschäftsfall im gesamten Prozess gelaufen ist.

Weiters ist die Verwendung von einheitlichen Maßeinheiten für die gleichen Kennzahlen eine wichtige Voraussetzung für Kennzahlenerhebung in der Prozesssteuerung, die oft nicht sichergestellt ist. Ein Beispiel ist die Verwendung von Wochen als Messeinheit in einem System und die Messung in Monaten in einem anderen System. Im Rahmen der Konzeption sollte daher auch festgehalten worden sein, woher welche Werte für eine bestimmte Kennzahl in welcher Form kommen werden und wie sie an weitere Prozessschritte beziehungsweise nachfolgende IT-Systeme übergeben werden.

In der Umsetzung sollte nun noch einmal aus der Perspektive der Prozesssteuerung mit dem Prozesseigner Folgendes festgelegt werden:
1. Welche Kennzahlen werden
2. in welcher Häufigkeit
3. aus welchen Systemen bereitgestellt und
4. wie werden sie dann
5. von wem interpretiert?

Die Organisation kann durch Schulungen auf neue Prozesse vorbereitet werden
Viele Prozesseinführungen scheitern daran, dass die Hauptbetroffenen, also die Prozessnutzer, zu wenig oder gar nicht geschult wurden – oft mit den Argumenten, dass diese Schulungen zu teuer wären, dass man den operativen Betrieb damit lähmen würde oder auch, dass „die" das schon mitbekommen werden, wenn es soweit ist.

In diesem Zusammenhang gilt es zwei Ebenen zu beleuchten: die sachliche und die emotionale Ebene. Auf sachlicher Ebene werden folgende Fragen beantwortet:
» Wie viel wird sich tatsächlich inhaltlich für welche Mitarbeiter verändern?
» Was davon kann am effizientesten in welcher Form vermittelt werden?
» Welche der Informationen bezüglich Änderungen müssen möglichst schnell ankommen, welche haben nicht so hohe Priorität?
» In welchem Umfang soll geschult werden?

Auf emotionaler Ebene geht es um Fragestellungen wie:
» Welche Erwartung bezüglich Einbindung in die Prozessgestaltung habe ich?
» Wie sehr fühle ich mich eingebunden und informiert?
» Inwiefern fühle ich mich durch die Art der Schulungsmaßnahme in meiner Bedeutung im Prozess und meiner Arbeitsleistung wertgeschätzt?
» Was bedeutet diese Änderung für mich?

Schulungsmaßnahmen decken zwar primär die sachlich-inhaltliche Ebene ab, bei umfangreicheren Änderungen geht es jedoch immer auch um die emotionale Ebene. Im Umkehrschluss sind Schulungsmaßnahmen daher auch immer Teil der Maßnahmen zum Veränderungsmanagement. Den Betroffenen muss die Chance gegeben werden, zu verstehen, was sich mit welcher Zielsetzung und welchen (individuellen) Auswirkungen ändert.

So ist eine weitere wichtige Komponente der Umsetzung die Festlegung des Schulungskonzepts. Das Schulungskonzept umfasst im Minimum die Schulungstrategie, die Zusammensetzung der Teilnehmer und die Schulungsmethodik.

Die Schulungsstrategie beschreibt, wer beziehungsweise welche Mitarbeitergruppen geschult werden und in welcher Struktur dies erfolgt. Die Palette reicht von einfachen Informationsmails über Schulungen per Schneeballsystem bis hin zu umfangreichen Schulungen vor Ort.

Das Schneeball- oder auch Multiplikatorenprinzip ist eine beliebte Variante für den Fall, dass eine sehr große Anzahl von Mitarbeitern geschult wird. Die Multiplikatoren können während der Einführungsphase und auch später während der Prozessumsetzung eine zentrale Rolle in der Betreuung und Weiterentwicklung des Prozesses spielen. Im SAP-Umfeld gibt es beispielsweise sogenannte Key-User oder auch Super-User. Diese werden etwas umfangreicher als Normal-User ausgebildet, führen dann die Trainings für alle anderen Prozessbeteiligten durch und betreuen die Anwender. Zusätzlich sammeln die Key-User alle aufgetretenen Fehler und Wünsche und geben diese gut dokumentiert und vorqualifiziert an das Prozessteam weiter.

Ein anderer Aspekt des Schulungskonzepts ist die Frage der Zusammensetzung der Teilnehmer. Bei größeren Teilnehmerzahlen können die Seminare entsprechend den Prozessrollen besetzt werden, mit dem Vorteil, dass auf die Details und Spezifika der jeweiligen Prozessrolle eingegangen werden kann. Der Vorteil der Durchmischung des Teilnehmerkreises mit unterschiedlichen Prozessrollen liegt darin, dass ein gesamter Prozessablauf über die unterschiedlichsten Stationen der Aufbauorganisation hinweg durchgespielt werden kann und somit auch gleich Akzeptanz für die Schwierigkeiten an den Schnittstellen geschaffen wird. Möglicherweise werden für derartige Schwierigkeiten sogar neue Lösungsansätze identifiziert, die in die Prozessdefinition integriert werden können.

Bei einer größeren Anzahl von zu Schulenden ist eine zentrale Organisation unabdingbar, die die gesamte Logistik der Schulungen plant und überwacht. Details wie die Erhaltung des operativen Betriebs, die Berücksichtigung von Urlauben und sonstiger operativer Gepflogenheiten bei der Schulungsabwicklung (z.B. inhouse oder extern, Anreise, Unterbringung, Verpflegung, Dienstzeiten, Spesenabrechnung) dürfen nicht unterschätzt werden, da diese Aspekte schnell als Bestätigung dafür verstanden werden, dass sich im Unternehmen generell alles und im Prozess im Besonderen verschlechtern wird.

Ein weiterer wichtiger Aspekt für das Schulungskonzept ist die Methodik. Im Management sind heutzutage modernere Vorgehensweisen wie Blended Learning, E-Learning oder Video-Conferencing gerne gesehen. Für diese Schulungsmethodik gibt es unzählige Möglichkeiten, wie schlichte Dokumentationen in Form von entweder kompakten Beschreibungen der Änderungen oder von Anleitungen für den neuen Prozess, Lernfilme, die die Prozessabschnitte multimedial visualisieren, bis hin zu Lernprogrammen, deren Absolvierung freigestellt beziehungsweise in manchem Unternehmen sogar verpflichtend ist. Die mit dieser Lernmethodik verknüpfte Hoffnung ist, dass Schulungskosten gespart werden können.

Die Alternative zu den soeben beschriebenen Varianten stellen klassische Vor-Ort-Schulungen dar, die vorzuziehen sind, wenn es nicht allein um die Vermittlung einfacher, rational erfassbarer Inhalte geht, sondern eher um Behandlung komplexer Situationen, Vorgehens- und Verhaltensweisen. E-Learning-Systeme eignen sich somit gut für sehr klare und einheitliche Abläufe und lohnen sich zum Beispiel, wenn die betroffenen Mitarbeiter regional stark verteilt sind und somit hohe Reisekosten gespart werden können.

Entscheidend für die Auswahl der Lernmethodik ist jedenfalls der tatsächliche Lernerfolg. Lernbedarf und -typen unterscheiden sich von Fall zu Fall, und somit kann es auch keine Patentlösung für Schulungsmethodik geben. Es sind vielmehr im Rahmen der Umsetzung die angesprochenen Aspekte rund um das Schulungskonzept samt den damit verbundenen Kosten zu klären.

Zur Schulungsvorbereitung gehören dann die Ausarbeitung des Trainingsdesigns (Zielgruppen, Ziele, Inhalte, Ablauf, Dauer, Ort, Arbeitsformen, Ausstattung ...) und die Vorbereitung der Schulungsunterlagen sowie der Schulungsbeispiele (inklusive Daten). Im Zusammenhang mit dem Trainingsdesign und den Schulungsbeispielen sind klare Zielsetzungen einerseits und eine gewisse Flexibilität andererseits besonders wichtig, denn nicht alle Teilnehmergruppen sind gleich.

Die Schulungsbeispiele sollten den neuen Prozess möglichst repräsentativ abbilden, das bedeutet die Mehrzahl der Geschäftsfälle der Praxis. Auf Spezialfälle kann dann je nach Bedarf und Interesse der Teilnehmer eingegangen werden.

Apropos Bedarf: Die Entwicklung und Kommunikation eines klaren Trainingsdesigns kann dabei helfen, die Erwartungshaltung der Teilnehmer im Voraus zu steuern, indem klar ist, was geschult wird und wie geschult wird beziehungsweise was nicht geschult wird und welche Themen nicht behandelt werden. Der oder die Trainer sollten sich weiters darauf einstellen, dass besonders bei heiklen Themen heiße Diskussionen entstehen können, die manchmal mit der Schulung (oder dem Trainer) an sich nichts zu tun haben, aber für den Gesamtprozess der Prozessveränderung auf der individuellen, emotionalen Ebene relevant sind.

Schulungsunterlagen, die für die Unterstützung von Trainings optimiert sind, sind selten gute Nachschlagewerke. Daher ist zu überlegen, ob und welche Arten von Dokumentationen zusätzlich erforderlich sind. Dies hängt naturgemäß von der Zielgruppe und den Inhalten ab. So entsteht möglicherweise für die Mannschaft des technischen Betriebs ein Betriebshandbuch, für Mitarbeiter eines Callcenters eine

Supportanleitung mit typischen Fragen und entsprechenden Umgangsformen, für die Softwareentwickler eine Entwicklungsdokumentation und für die Enduser ein Anwenderhandbuch.

Einführung

In der Einführung des Prozesses entscheidet sich, ob die geleistete Arbeit nun in die Praxis umgesetzt werden kann. Dieser Schritt wird in den meisten Fällen unterschätzt. Soziale Systeme sind zwar einerseits permanente Veränderung gewohnt, ihre Mitglieder versuchen aber andererseits Gewohntes stabil zu halten. Daher werden Veränderungen nur dann angenommen, wenn „der Gewinn der Veränderung höher erscheint als der Gewinn der Nicht-Veränderung sowie die Kosten der Nicht-Veränderung höher als die Kosten der Veränderung" (Janes u. a. 2001). Wir wollen uns nun im zweiten Teil dieser Vorlesung schrittweise die einzelnen Veränderungsfaktoren ansehen, um die Einführung in ihrer Breite, Tiefe und Geschwindigkeit so dosieren zu können, dass die Organisation diese Veränderung von innen heraus annehmen kann und es so zu einer nachhaltigen Veränderung kommt statt zu einem „organisatorischen Strohfeuer".

Die Einführung von Prozessen bedeutet Veränderung
Prozessmanagement generell bedeutet die Arbeit an Prozessen. Und wenn an Prozessen gearbeitet wird, dann werden diese in irgendeiner Form verändert. Es ist dabei in jedem Fall sicherzustellen, dass die Arbeit an der Veränderung derart vollendet werden kann, dass die erwünschten Effekte tatsächlich eintreten. Veränderung ist allerdings nicht gleich Veränderung. Dieses Unterkapitel ist daher folgenden Parametern der Veränderung gewidmet: Wir betrachten zunächst, welche Bereiche der Organisation von der Veränderung betroffen sind. Dann wollen wir Faktoren identifizieren, die das Veränderungsausmaß beeinflussen. Daraus entwickeln wir ein Stufenmodell, anhand dessen man das Ausmaß der Veränderung und die damit verknüpften Organisationsformen sowie das Interventionsdesign ableiten kann.

Veränderung findet immer in vielen Bereichen gleichzeitig statt
Ausgehend von unserem Organisationsmodell Strategie – Struktur – Kultur (siehe Abb. 54) wollen wir uns mögliche Veränderungen ansehen, die mit Prozessmanagement-Aktivitäten im Zusammenhang stehen. Bezogen auf die Strategie können sich beispielsweise das Ausmaß und die Ausprägung der Kundenorientierung verän-

dern, was in weiterer Folge zu einer Veränderung der Prozessstrategie führt, also der Art, wie mit Prozessen Leistungen erbracht werden. Die Änderungen können sich wiederum generell auf die Art der Wertschöpfung – „Wie viel Eigenleistung erbringt das Unternehmen selbst, wie viel wird zugekauft?" – auswirken, sodass Out- oder Insourcing für gewisse Geschäftsbereiche relevant wird. Ebenso grundlegend wirkt sich eine Änderung bei Produkten – neue, weiterentwickelte oder eliminierte Produkte – und Dienstleistungen auf Prozesse aus. Weiters kann eine Neuorientierung auf neue Märkte oder Kundensegmente erfordern, bestimmte Kernprozesse auf diese neuen Rahmenbedingungen abzustimmen. Ein Beispiel dafür ist die Erweiterung von Privatkunden- auf Großkundengeschäft. Eine große Anzahl von privaten Kunden mit kleinen Aufträgen erfordert eine andere Form der Betreuung und damit unterschiedliche Prozesse als wenige Großkunden, die sehr große Aufträge vergeben.

Abbildung 54: Veränderungsbereiche in einer prozessorientierten Organisation

Änderungen im Bereich Strategie haben immer auch Auswirkungen auf die Bereiche Struktur und Kultur. Im Bereich Struktur sehen die beteiligten Änderungen der Prozessabläufe (z.B. geänderte Reihenfolge, neue oder eliminierte Schritte), der Verantwortlichkeiten und Aufgaben (z.B. Schritte werden von einer anderen Abteilung bzw. von anderen Prozessrollen erledigt) sowie der Werkzeuge (z.B. neue oder weiterentwickelte IT-Anwendungen) und Hilfsmittel (z.B. neue Vorlagen, Checklisten) im Prozess. Das Thema Struktur bekommt im Prozessmanagement in der Regel die meiste Aufmerksamkeit.

Nicht zu unterschätzen ist jedoch der Bereich Kultur. Denn nur wenn die Unternehmenskultur den Wandel annehmen kann, wird die Veränderung auch nachhaltig wirken. Prozesse beeinflussen das Verhalten, die Art, wie kommuniziert wird, wie Konflikte gelöst werden, aber auch, wie Entscheidungen fallen – zum Beispiel aufgrund geänderter Verantwortlichkeiten. Wichtig ist aber, dass oft auch Werte und Haltungen in beispielsweise sehr kundennahen Prozessen wie Customer-Care entsprechend adressiert werden und damit direkt in die Prozessgestaltung (siehe „Struktur") einfließen. Gerade die Aspekte der Unternehmenskultur werden allzu oft vernachlässigt, da die Beschäftigung damit auch immer Zeit und Aufmerksamkeit erfordert.

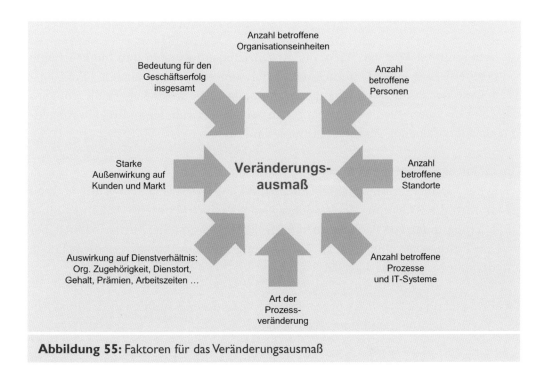

Abbildung 55: Faktoren für das Veränderungsausmaß

Das Ausmaß der Veränderung bestimmt den Einführungsprozess
In Abbildung 55 sind mögliche Faktoren, die das Ausmaß der Veränderung beeinflussen, abgebildet. Je mehr Organisationseinheiten beispielsweise von der Prozess-

änderung betroffen sind, desto mehr unterschiedliche Bereichsinteressen oder Abteilungsinteressen spielen mit. Selbst wenn nur ein Organisationsbereich betroffen sein sollte, dieser aber 800 Mitarbeiter an noch dazu unterschiedlichen Standorten hat, kann die erfolgreiche Prozesseinführung eine Herausforderung werden. Je mehr Prozesse und IT-Systeme betroffen sind, desto komplexer und aufwendiger werden die Schulungen. Naturgemäß beeinflusst auch die Art der inhaltlichen Änderung selbst den Schulungsaufwand. Handelt es sich um Detailkosmetik einzelner Bildschirmmasken oder um eine grundsätzlich neue Applikationslogik?

Ein weiterer Faktor, der das Veränderungsausmaß beeinflusst, leitet sich von einer Reihe indirekter Veränderungen für die Betroffenen ab, die in eine Kontextbetrachtung einzubeziehen sind. Wird beispielsweise das Dienstverhältnis in Form von einem oder mehreren Subfaktoren wie organisatorische Zugehörigkeit (z.B. Wechsel der Abteilung oder Zusammenlegung von Bereichen), Dienstort, Gehalt oder Arbeitszeiten angegriffen, so kann die Prozessveränderung auch eine arbeitsrechtliche Dimension annehmen.

Mit dem Einflussfaktor der Stärke der Auswirkung auf Kunden und Markt ist eine Neupositionierung eines Unternehmens oder seiner Produkte gemeint. Beispielsweise kann der Einsatz von Produkten, die nicht mehr selbst hergestellt, sondern zugekauft und vertrieben werden, zu genau den eben erwähnten indirekten Auswirkungen auf bestehende Dienstverhältnisse führen.

Ein wichtiger Faktor für das Ausmaß ist natürlich, wie sehr der Geschäftserfolg vom Erfolg der Veränderungsmaßnahme abhängt. Denn je größer der Erfolgsdruck, desto größer wird die Bedeutung der Änderung sein. Eine strukturierte Ableitung eines Veränderungsindex von Parametern, wie sie soeben vorgestellt wurden, sollte daher stets im Prozessteam und auch in Abstimmung mit dem Prozessverantwortlichen und dem Prozesseigner erfolgen.

Tabelle 5 gibt einen Überblick über mögliche Veränderungsstufen und dazu passende Umsetzungsformen und Interventionen.

Für alle in Tabelle 5 beschriebenen, generischen Modelle gilt, dass diese an Unternehmensgegebenheiten und deren Kontext anzupassen sind. Das erwähnte „Interventionsdesign" wird zum Abschluss der Vorlesung genauer beschrieben.

Stufe 1 **Gering**	» Detailoptimierung einzelner Prozesse und IT-Systeme » „Kosmetik" » Wenige Betroffene, geringer Umsetzungsaufwand » Wird in der Prozesssteuerung initiiert und koordiniert **Interventionen:** » Erforderliche Aktivitäten werden unmittelbar umgesetzt und vom Prozessverantwortlichern gesteuert
Stufe 2 **Mittel**	» Teilweise Veränderungen im Ablauf einzelner Prozesse » Werkzeugoptimierungen » Wenige betroffene Personen bzw. Organisationseinheiten » Kleine bis mittlere Außenwirkung **Interventionen:** » Umsetzung als Projekt » Projektmarketing
Stufe 3 **Stark**	» Starke Veränderungen im Ablauf einzelner Prozesse » Neue Werkzeuge (neu, Umstieg) » Große Anzahl betroffener Personen bzw. Organisationseinheiten » Starke persönliche/individuelle Auswirkungen auf Mitarbeiter (wie z.B. Dienstort, Dienstverhältnis, Gehalt) » Mittlere bis starke Außenwirkung » Große Bedeutung für das Unternehmen **Interventionen:** » Umsetzung als Projekt oder Programm » Projekt-/Programmmarketing » Interventionsdesign sinnvoll
Stufe 4 **Komplex**	» Starke Änderung in Strategie, Struktur und Kultur » Große Anzahl von Personen und gesamte Organisation betroffen » Große Außenwirkung » Unternehmenserfolg hängt von der Umsetzung ab **Interventionen:** » Umsetzung als Programm » Programmmarketing » Interventionsdesign notwendig

Tabelle 5: Veränderungsstufen

Einführungsbreite und -tempo bestimmen die Einführungsstrategie
Für die Festlegung der Einführungsstrategie gibt es keine Patentrezepte. Im ersten Teil der Vorlesung haben wir die vier Einführungsstrategien (siehe Abbildung 56) Big Bang, Pilotierung, Step by Step, Iterativ in ihren Grundzügen schon ansatzweise beschrieben.

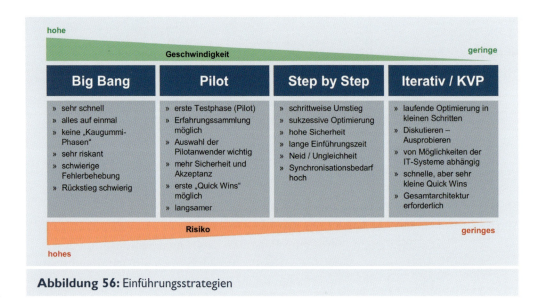

Abbildung 56: Einführungsstrategien

Der „Big Bang" wird sehr oft dann gewählt, wenn es organisatorisch oder technisch keine Alternativen gibt. Ein Beispiel dafür wäre der Umstieg von einem Buchhaltungssystem auf ein anderes. Da in diesem Fall so viele Detailaspekte voneinander abhängen, ist eine Aufteilung der Umstellung in einzelne Teilschritte de facto nicht möglich. Daraus resultiert wie in den allermeisten Big-Bang-Szenarien ein sehr großes technisches wie organisatorisches Risiko. Diesem Risiko kann man durch sehr gute Vorbereitung, umfangreiche Testphasen und Ausarbeitung von Contingency-Plänen (Alternativ- oder Notfallplan) begegnen.

Die risikoärmeren Varianten „Pilotierung", „Step by Step" und „Iterativ" haben in der Regel den Nachteil, dass die Einführungsphase länger dauert. Darüber hinaus entsteht für die Prozessdurchführenden oft beträchtlicher Mehraufwand durch zusätzliche Abstimmungsarbeiten und doppelte Bearbeitung in mehreren Systemen. Dieser Mehraufwand ist für manche Betroffene die erste und einzige wahrnehmbare

Auswirkung der Veränderung und somit ein offensichtlicher Nachweis für den Eintritt der befürchteten Verschlechterung.

Länger dauernde Einführungsphasen sind aber auch für die Projektauftraggeber der Umsetzung und Einführung, die, wie im bereits im ersten Teil dieser Vorlesung beschrieben, zumeist auch die Rolle des Prozesseigners innehaben, selten erfreulich. Erwartete Effizienzsteigerungen und zusätzliche Geschäftsmöglichkeiten wollen immer so rasch wie möglich realisiert werden. Die Hauptvorteile der langsameren Varianten sind neben geringerem inhaltlichen Risiko auch mehr Zeit für akzeptanzsteigernde Maßnahmen und somit auch eine höhere Wahrscheinlichkeit hinsichtlich erfolgreicher Annahme der Änderungen.

Veränderung von sozialen Systemen (Transformation) erfolgt durch Kommunikation
Soziale Systeme konstituieren sich auf Basis von Kommunikation und können somit auch nur durch diese verändert werden. Oder anders gesagt: „Veränderungsprozesse haben im Wesentlichen die Veränderung von Wirklichkeiten für die Beteiligten zum Inhalt. Wirklichkeiten entstehen über qualifizierten Diskurs. Das Verändern von Wirklichkeiten setzt daher Kommunikation voraus." (Sachs, Weidinger 2009)

Ein oft diskutierter Aspekt im Zusammenhang mit Management von Veränderungen ist Widerstand. Widerstand ist ein (subjektiv) negativ bewertetes Verhalten anderer mit abweichender bis zu entgegengesetzter Zielsetzung oder Interessenslage. Aus Sicht der „Veränderer" verhindert Widerstand die erfolgreiche Veränderung. Aus Sicht der „Widerständler" verhindert die Veränderung den Erfolg des Unternehmens. Aus einer wertschätzenden Perspektive betrachtet, kann man Widerstand aber auch als eine besondere Form von Feedback (Steve de Shazer: „Alles ist ein Angebot zur Kooperation") (siehe auch Vorlesung 4) interpretieren und damit positiv umdeuten. Was die von „Widerständlern" nun in „Feedbackgeber" umgewandelten Personen den „Veränderern" allerdings mitteilen wollen, ist leider oft – vor allem als direkt Involvierter – nur allzu schwer zu verstehen. Eine Hypothese könnte sein, dass uns die Feedbackgeber mitteilen wollen, dass ihre Wirklichkeiten mit den Wirklichkeiten der Veränderer nicht übereinstimmen. Das heißt, aus ihrer Perspek-tive wurden gewisse Fragen noch nicht kritisch genug beleuchtet oder gar nicht beantwortet und damit fehlt es ihnen an Orientierung.

Bei Veränderungen kann die Beantwortung der drei klassischen W-Fragen „Warum?", „Was?" und „Wie?" Orientierung geben. Die drei Fragen werden, wie in Abbildung 57 dargestellt, zusätzlich mit einer zeitlichen Komponente verbunden:
» Die Perspektive aus dem „Heute" (oder auch „Ist"): Warum?
» Aus der Umsetzung: Wie?
» Und aus der Zukunft (oder auch „Soll"): Was?

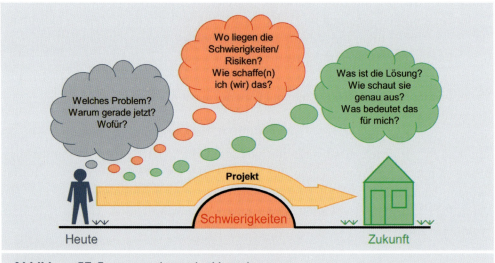

Abbildung 57: Frageperspektiven bei Veränderungen

Aus der Sicht des „Heute" – also vor der Veränderung – stellen sich beispielsweise folgende Fragen:
» Warum müssen wir überhaupt etwas verändern?
» Wofür brauchen wir das nun schon wieder?
» Geht es uns nicht ohnehin sehr gut?
» Wo haben wir Handlungs- bzw. Leidensdruck?
» Haben wir nicht erst letztes Jahr alles umgedreht?
» Sollten wir nicht noch ein wenig warten?

Diese Fragen zielen darauf ab, die Motivation für die Veränderung – das „Warum?" – zu verstehen. Es ist in der Tat oft so, dass, obwohl es in einzelnen Unternehmensbereichen sehr gut läuft, die bereichsübergreifende Zusammenarbeit durch die Prozessveränderung verbessert werden soll. Und das bedeutet aus der Sicht eines einzelnen Mitarbeiters eventuell, dass etwas verändert wird, ohne dass es aus seiner Sicht einen ersichtlichen Grund dafür gibt.

UMSETZUNG UND EINFÜHRUNG

Die zweite Gruppe von Fragen beschäftigt sich mit der Phase der Umsetzung:
» Wie machen wir das?
» Wie werden wir die zu erwartenden Schwierigkeiten meistern?
» Wie groß ist die Chance, dass wir erfolgreich sein werden?
» Wie hoch ist das Risiko, dass wir scheitern?
» Was bedeuten diese Schwierigkeiten (die aktuellen oder die zukünftigen) für uns?
» Werden wir dann andere Lösungswege finden?

Die Fragen zielen darauf ab, sich schon vorab darüber Gedanken zu machen, wie mit potenziellem Gegenwind während der Veränderung umgegangen wird – also dem „Wie?". Mancher Widerstand – oder besser: Veränderungsunwille oder Veränderungsskepsis – basiert auf negativen Erfahrungen aus früheren Projekten, bei denen die Umsetzung gescheitert ist oder so mancher wichtige Aspekt, eventuell sogar der eine oder andere Kollege auf der Strecke blieb. Solche Mitarbeiter werden besonders sensibel reagieren, wenn das Management zu Beginn des Projekts ausschließlich auf positive Stimmung, Optimismus und Begeisterung setzt. Schnell werden die Skeptiker dann als Bedenkenträger, Kritiker oder Verhinderer abgestempelt. Die Erfahrung zeigt, dass in komplexen Projekten immer Schwierigkeiten zu erwarten sind.

Die dritte Fragegruppe beschäftigt sich mit der möglichen geplanten Zukunft nach der Veränderung:
» Was ist die geplante Lösung für die Problemstellung?
» Was wird dann genau für mich oder andere anders sein?
» Was gewinnen oder verlieren wir?
» Was bedeutet das für mich persönlich?
» Was bedeutet das für meine Abteilung?
» Was passiert dann als Nächstes?

Aus unserer Beratungs- und Coachingpraxis lässt sich bestätigen, dass Menschen Veränderungen nur dann zulassen, wenn sie sich sicher sind, dass die Folgen der Veränderungen für sie mehr Vorteile bringen als die Nichtveränderung. Mit der Gruppe der Fragen zur Zukunft – also dem „Was?" – geht es darum, diese Veränderung etwas genauer zu beleuchten und die daraus resultierenden Zweifel und Sorgen zu adressieren. Das bedeutet aber nicht, dass immer sofort alle Sorgen ausgeräumt werden können.

Der Nutzen liegt vielmehr schon darin begründet, dass für betroffene Mitarbeiter klarer wird, wohin die Reise eigentlich geht, während sich das Prozessteam dessen bewusster wird, welche Zweifel und Sorgen überhaupt bestehen, um diese im Endeffekt auch bearbeitbar zu machen. Ein weiterer Nutzen der „Was"-Fragen aus der Zukunft liegt auf der symbolischen Ebene: Mitarbeiter können erkennen, dass ihre Bedenken jemanden interessieren. Und diese Form der „Würdigung" der Problematik kann schon ein wichtiger erster Schritt in der Deeskalation von Konflikten oder als Teil von Widerstandsszenarien sein.

Ausgehend von diesen Überlegungen lässt sich nun pro Zielgruppe überlegen, welche der Fragen für welche Zielgruppe am relevantesten sind. Und ausgehend von den entsprechenden Antworten können Kommunikationsmaßnahmen in Form von Projektmarketingmaßnahmen oder anderen Interventionen geplant und zur Umset-

Kreative Ansätze für die Einführung der Prozesse sind gefragt. Übrigens, ich habe dazu einen Buchtipp:
Sachs, Weidinger: Beobachten, Verstehen, Verändern. Konventionelle und analoge Interventionen.

zung gebracht werden. Bei umfangreichen Veränderungen in der Organisation (siehe Veränderungsstufe 3 oder 4 in Tabelle 5) ist es notwendig, dass diese Maßnahmen konsolidiert geplant und in der Umsetzung gesteuert werden.

Nicht determinierbare (komplexe) Veränderungen mittels Interventionsdesign steuern

Wir verstehen unter einem Interventionsdesign das Ergebnis der konzeptionellen Planung der begleitenden Interventionen während der Prozesseinführung mit dem Ziel einer möglichst effizienten, effektiven und nachhaltigen Einführung der Prozesse. Interventionen sind in diesem Zusammenhang zielgerichtete Kommunikationsmaßnahmen für ausgewählte Zielgruppen auf Basis von bestehenden oder neu zu schaffenden Kommunikationsstrukturen.

Interventionen sollen idealerweise folgende Wirkung erzielen: Orientierung geben, Identitätsbildung fördern und Sinn stiften. Da jedoch Ergebnisse von Interventionen in sozialen Systemen nicht voraussagbar beziehungsweise planbar sind (siehe Vorlesung 4), wollen wir Parameter für erfolgreiche Interventionen finden und den Prozess der Veränderung selbst in die Beobachtung mit einbeziehen.

Es bewährt sich für die Entwicklung von Interventionsdesigns, ähnlich wie bei anderen Systemen mehrere Dimensionen zu unterscheiden: eine soziale, sachliche, zeitliche, räumliche und symbolische Dimension. Die ersten vier Dimensionen sind uns aus der Methode der Abgrenzung und Kontextanalyse sehr gut bekannt. Die symbolische Ebene ist unserer Erfahrung nach nicht nur bei sehr umfangreichen und unternehmenswichtigen Veränderungsprozessen von großer Bedeutung. Schon bei den allerkleinsten Interventionen fragen sich unter Umständen die Mitarbeiter: Ist das notwendig? Geht das nicht einfacher oder billiger? Sollten wir nicht an einer anderen Stelle ansetzen?

Die soziale Ebene des Interventionsdesigns kann auch noch in drei weitere sogenannte Referenzebenen der Veränderung unterteilt werden: Individuum, Team oder Gruppe und Organisation (vgl. Tomaschek 2006). Die Ebene des Individuums betrachtet die persönliche Sicht des einzelnen Mitarbeiters auf die Veränderung. So kann eine Veränderung in Prozessen bedeuten, dass ein Mitarbeiter einen anderen Dienstort mit neuen Arbeitszeiten bekommt.

Was für die Organisation ein logischer und notwendiger Schritt ist, bedeutet für den Mitarbeiter einen wesentlichen Eingriff in seine persönliche Lebensgestaltung. Auf Team- und Gruppenebene geht es um den Zusammenhalt, um die Kommunikationsstrukturen, um die Entscheidungsprozesse und darum, wie Konflikte gelöst werden. Was in der „klassischen", funktionalen Aufbauorganisation schon schwierig genug ist, stellt sich im Zusammenhang mit übergreifenden Prozessen noch komplexer dar. Der gemeinsame Bezugspunkt „Prozess" wirkt für die Teammitglieder oft sehr abstrakt. Das führt dazu, dass sich viele mit den im Rahmen von Prozessmanagement festgelegten Zielsetzungen und Spielregeln schwertun. Darüber hinaus sind viele Mitarbeiter in mehrere Prozesse eingebunden, was die Orientierung für den Einzelnen noch weiter erschwert.

Wie und von wem wird nun ein Interventionsdesign erstellt? Je nach Organisationsform, die für die Umsetzung und Einführung gewählt wurde, wird das Interventionsdesign vom Projekt- oder Programmleiter gemeinsam mit den Auftraggebern im Rahmen des Projekt- oder Programmstarts erarbeitet und abgestimmt. Üblicherweise werden an dieser Stelle sehr gezielt auch externe Berater, als Interventionsexperten und spätere Moderatoren der Interventionen, hinzugezogen. Zusätzlich zu weit verbreiteten Projektmarketingmaßnahmen, wie zum Beispiel E-Mail-Newsletter oder Intranetplattformen, werden einführungsspezifisch weitere Kommunikationsstrukturen, wie zum Beispiel Informationsveranstaltungen, in den betroffenen Abteilungen etabliert.

Im Fall von umfangreichen Projekten oder Programmen wird das Interventionsdesign in der Praxis aus einem Mix von zueinander (zeitlich, inhaltlich, sozial, räumlich, symbolisch) abgestimmten, aber mitunter sehr unterschiedlichen Interventionen (digital und analog) für die relevanten Referenzebenen (Individuum, Team/Gruppe, Organisation) zusammengesetzt sein. Gerade analoge Interventionen, wie sie bei Sachs/Weidinger beschrieben werden, adressieren emotionale Aspekte wie Ängste, Ärger, Trauer oder Freude (vgl. Heitger, Doujak 2002) in einer annehmbaren und nutzbaren Weise.

Wir wollen aus der Unzahl an möglichen Elementen für Interventionsdesigns folgende näher beleuchten:
» Steuerungsteam
» Change-Team
» Reflexionsgruppen

» Sounding-Board
» Großgruppenveranstaltung
» Analoge Interventionen
» Coaching

Ein **Steuerungsteam** wird vom Topmanagement besetzt. Es stellt sicher, dass auf der inhaltlichen Ebene die erforderlichen grundsätzlichen Entscheidungen getroffen werden, damit die erzielten Ergebnisse den strategischen Erwartungen entsprechen. Das Team reflektiert aktuelle Entwicklungen und Stimmungen in der Organisation insgesamt und im Besonderen bezogen auf die Prozesseinführung, um das Interventionsdesign gegebenenfalls weiterzuentwickeln.

Detailentscheidungen aus technischer oder organisatorischer Sicht werden zumeist in **Change-Teams** getroffen oder zumindest vorbereitet. Die Besetzung des Change-Teams ist meistens hierarchisch nicht so prominent wie im Steuerungsteam. Allerdings wird in Change-Teams deutlich mehr fachliche Kompetenz benötigt.

Reflexionsgruppen bestehend aus Führungskräften der mittleren Hierarchieebenen oder auch betroffenen Mitarbeitern schaffen die Möglichkeit, innerhalb von Workshops Informationen zu transferieren sowie die geplante Vorgehensweise in der Gruppe im Vorfeld zu reflektieren. Somit wird klar, welchen Leidens- oder Handlungsdruck die Organisation hat beziehungsweise welche unterschiedlichen Interessen verschiedener Organisationseinheiten bestehen. In den Workshops wird darauf abgezielt, eine gemeinsame Wirklichkeit bezüglich Ausgangslage, Rahmenbedingungen und Zielsetzungen zu bilden.

Eine spezifische Variante der Reflexionsgruppen ist das **Sounding-Board**. Dieses setzt sich üblicherweise aus einer Gruppe von hochkarätigen (internen und/oder externen) Experten zusammen. Die Aufgabe des Sounding-Boards ist es, den aktuellen Stand der Projektergebnisse zu beleuchten, zu diskutieren und gegebenenfalls Anmerkungen bezüglich Machbarkeit, Plausibilität, Einsetzbarkeit, Vollständigkeit und anderer definierter Kriterien zu machen. In dieser Form erhält das Prozessteam Feedback zum Inhalt und kann auf dieser Basis inhaltlich mit Umsetzungs- oder Einführungstätigkeiten fortfahren. In der Regel hat das Sounding-Board keine Entscheidungskompetenz im Einführungsprozess, allerdings ist das Prozessteam stets gut beraten, kritische Empfehlungen zumindest in Erwägung zu ziehen.

Großgruppenveranstaltungen sind eine gute Möglichkeit, um eine große Anzahl von Mitarbeitern auf den „gleichen Stand zu bringen" und so eine Aufbruchsstimmung und ein Wir-Gefühl zu erzeugen – speziell durch die Kombination von konventionellen und analogen Interventionen. Die Vorbereitung und Moderation derartiger Veranstaltungen ist aber besonders aufwendig.

Beispiele für analoge Interventionen sind für den Anlassfall spezifisch vorbereitete und passende humoristische, theatralische, musikalische, bildnerisch-gestaltende, sportliche und kulinarische Beiträge oder Kommunikationsformen der ganz anderen Art. Zweck der analogen Intervention ist nicht die Irritation um ihrer selbst willen, sondern ein zielgerichtetes Verstören oder Auflockern. Dieses hilft möglicherweise, Unsicherheiten, Verhärtungen und Blockaden aufzulösen und auf dem Umweg der Analogie unangenehme oder schwierige Themen reflektierbar und damit begreifbar zu machen.

Ein weiteres wichtiges und beliebtes Element in Veränderungsprozessen ist das **Coaching**. Es wird in Form von Personal Coaching oder Team-Coaching eingesetzt (vgl. Hiller, Majer, Minar-Hödel, Zahradnik 2007). Dieses Element eines Interventionsdesigns wird genutzt, um entweder einzelnen Personen oder Teams eine Möglichkeit zu geben, mit einer systemneutralen Person auf freiwilliger Basis relevante Aspekte der Veränderung zu reflektieren und für sich individuell oder im Team Lösungsansätze zu finden. Letztlich geht es bei Coaching auch immer um die Erhöhung der Eigenreflexionsfähigkeit, die sich gerade in Veränderungssituationen als sehr nützlich erweist.

Systemisch bedeutet nicht automatisch langsam und mühsam
Zum Abschluss dieser Vorlesung sollen oft gestellte Fragen wie „Warum muss alles immer so kompliziert sein?", „Geht das nicht einfacher und überhaupt schneller?" beleuchtet werden.

Die Antwort lautet: Unterschiedliche Veränderungsstufen erfordern ein unterschiedliches Ausmaß an Interventionen. Kurzfristig betrachtet erscheint es zwar manchmal schneller, auf den systemischen Zugang – sprich die Begleitung der Prozesseinführung mithilfe eines Interventionsdesigns – zu verzichten, langfristig und nachhaltig betrachtet gilt aber in Anlehnung an das John-Wayne-Prinzip: „Es ist zu tun, was zu tun ist." Früher oder später.

UMSETZUNG UND EINFÜHRUNG

Das größte Risiko in Veränderungen liegt allerdings in der Trivialisierung von Problemstellungen. Trivialisierung bedeutet, dass das geschaffene Abbild der Realität in ein nicht passendes Modell gegossen wurde. Auf das Thema Prozessveränderung übertragen bedeutet das, dass beispielsweise der Aspekt der Akzeptanz bei den wichtigsten Stakeholdern vernachlässigt wird. Die Einführung nach dem Motto „Augen zu und durch" mündet daher nur allzu oft in folgendem Resultat: Der Prozess ist offiziell zwar schnell eingeführt, die Nachwehen dauern aber dann noch weitere sechs bis zwölf Monate.

Wir empfehlen daher: Nehmen Sie sich Zeit für jene Veränderungen, die Ihnen wirklich wichtig sind.

Tipps

- ✓ Betrachten Sie die Veränderungen immer aus unterschiedlichen Perspektiven inklusive Kontext.
- ✓ Neue Strukturen werden nur dann akzeptiert, wenn der Sinn dahinter verstanden wird und die entsprechende Kultur „ermöglicht" wird.
- ✓ Bereiten Sie die Prozesse in der Umsetzung sehr gut vor, aber nicht zu gut.
- ✓ Einführungen dauern „brutto" immer wesentlich länger als „netto".
- ✓ Im Rahmen der Einführung kann fast nicht zu viel kommuniziert werden.
- ✓ Prozessmanagement endet nicht mit der Prozesseinführung.

DURCHFÜHRUNG, STEUERUNG UND WEITERENTWICKLUNG

Wie kann Prozesssteuerung mithilfe von Kennzahlen funktionieren und eine kontinuierliche Weiterentwicklung garantiert werden?

Wo stehen wir?

Auf Basis des umgesetzten und eingeführten Prozesses befinden wir uns nun entlang des Prozesslebenszyklus (siehe Abb. 58) in der Durchführung beziehungsweise Nutzung des Prozesses.

Abbildung 58: Prozesslebenszyklus

Im Rahmen der Einführung und Freigabe ist der neue Soll-Prozess zum neuen Ist-Prozess geworden. Abhängig von der Implementierungsstrategie hat die Übergangsphase unterschiedlich lange gedauert, und der neue Ist-Prozess läuft nach den in der Konzeption definierten Vorgaben beziehungsweise Regelungen. Neue beziehungsweise adaptierte Rollen erwachen zum Leben. Das sind vor allem Rollen der Prozessdurchführungsorganisation (inhaltliche Rollen, z.B. Einkäufer) und Rollen der Prozessmanagementorganisation (z.B. Prozesseigner, Prozessverantwortlicher und ggf. Prozessteam). Die im Rahmen der Konzeption definierten Aufgaben, Kompetenzen und Verantwortungen müssen sich ab jetzt in der Praxis bewähren.

In der Durchführung verändern sich sowohl der Fokus auf das Prozessmanagement sowie seine Intensität. Die teilweise recht intensive und hektische Zeit der Erhebung, Konzeption, Umsetzung und der Einführung ist vorbei, und die Routinetätigkeit beziehungsweise Regelmäßigkeit der Prozessarbeit gewinnt an Bedeutung.

In den vorangegangenen Phasen lag der Hauptfokus auf der „Arbeit am Prozess", das heißt in der Ausgestaltung des zukünftigen Prozesses. Im Rahmen der Durchführung liegt das Augenmerk nun vor allem auf der „Arbeit im Prozess", das heißt auf der eigentlichen Durchführung und Nutzung des Prozesses (siehe Abb. 59).

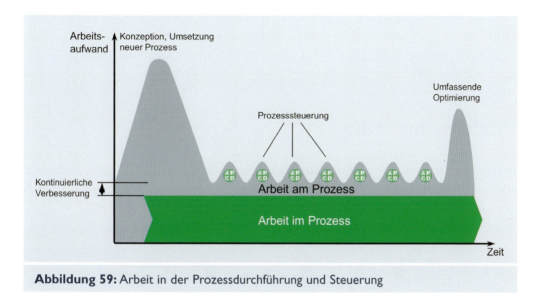

Abbildung 59: Arbeit in der Prozessdurchführung und Steuerung

Der Aufwand für das Prozessmanagement („Arbeit am Prozess") sinkt jedoch während der eigentlichen Durchführung nicht auf null. Damit der Prozess auf dem Ergebnisniveau und der in der Konzeption geplanten Prozessqualität bleiben oder sie überhaupt erreichen kann, sind eine zyklische Prozesssteuerung sowie die Etablierung eines kontinuierlichen Verbesserungsprozesses notwendig. Im Rahmen der zyklischen Prozesssteuerung führt der Prozessverantwortliche gemeinsam mit dem Prozessteam Prozesssteuerungsworkshops zur Bewertung des Prozesses anhand von Kennzahlen durch und leitet gegebenenfalls Steuerungsmaßnahmen ab. Dabei sind neben den Hard Facts in Form von Kennzahlen auch Soft Facts wie Stimmung beziehungsweise Zusammenarbeit im Team und die Bewertung von Einflussfaktoren anhand der Analyse der Stakeholder relevant. Die Ergebnisse werden in einem Prozessstatusbericht zusammengefasst und dem Prozesseigner und über diesen auch dem Prozessesteuerkreis berichtet.

Über den Prozessstatusbericht schließt sich auch wieder der Regelkreis zur strategischen Steuerung auf der Makroebene (siehe Vorlesung 2). Die Kennzahlen der einzelnen Prozesse werden auf der Multiprozessmanagementebene in Form eines Kennzahlensystem beziehungsweise einer Balanced Scorecard verdichtet und der

Beitrag des einzelnen Prozesses zur Umsetzung der Unternehmens- beziehungsweise Prozessstrategie bewertet. Die aus der Prozesssteuerung heraus entstehenden Ideen zur Weiterentwicklung werden in vielen Fällen direkt in den kontinuierlichen Verbesserungsprozess eingekippt. Sollte es sich jedoch um größere Änderungen handeln, wird eine umfassende Optimierung angestoßen, die als Projekt aufgesetzt wird und die Optimierung im Sinne einer neuerlichen Soll-Konzeption des infrage stehenden Prozesses beinhaltet (siehe Vorlesung 8).

Prozesssteuerung

Neben der eigentlichen Prozessdurchführung ist eine zyklische Prozesssteuerung zur Aufrechterhaltung des Ergebnisniveaus beziehungsweise der in der Konzeption geplanten Prozessqualität notwendig (siehe Abb. 60).

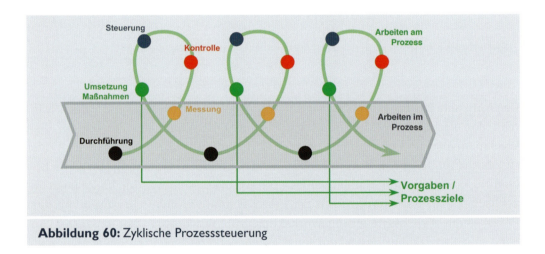

Abbildung 60: Zyklische Prozesssteuerung

Die Prozesssteuerung ist ähnlich der kontinuierlichen Verbesserung ein Begleitprozess zum eigentlichen Durchführungsprozess, der allerdings nicht kontinuierlich, sondern zyklisch verläuft. Dabei werden die Prozessergebnisse beziehungsweise relevante Prozesseingangsparameter aus der Durchführung gemessen und regelmäßig zu Prozesskennzahlen verdichtet. Nach einem Soll-Ist-Vergleich (Kontrolle) und der Feststellung der Abweichungen wird eine Evaluierung mit den Vorgaben beziehungsweise Zielen des Prozesses durchgeführt. Das Prozessteam leitet auf Basis dieser Ergebnisse im Prozesssteuerungsworkshop Maßnahmen ab, die vom Prozesseigner freigegeben und in der Folge umgesetzt werden.

Die Voraussetzungen für die Prozesssteuerung sind im Vorfeld zu schaffen

Damit Prozesssteuerung im Einzelprozess durchgeführt werden kann, mussten in den vorhergehenden Phasen des Prozesslebenszyklus einige Voraussetzungen geschaffen werden:

» Der Prozess ist abgegrenzt, definiert, konzeptioniert und dokumentiert.
» Es existiert eine Prozessmanagementorganisation mit Rollenträgern, die ihre Aufgabe kennen und wahrnehmen.
» Die Kennzahlen und Eskalationsregeln sind definiert.
» Die Methoden zur Messung und Erhebung von Messwerten sind implementiert.
» Der Prozess ist operativ eingeführt.

Nur für einen abgegrenzten, definierten und dokumentierten Prozess ist eine Bewertung der Zielerreichung möglich und sinnvoll, denn wie im Projektmanagement hat auch im Prozessmanagement der Spruch „Nur was abgegrenzt ist, ist auch plan- und steuerbar" seine Berechtigung. Auch die Existenz einer dem Prozess angemessenen Prozessmanagementorganisation mit den Rollen Prozesseigner, Prozessverantwortlicher und bei größeren Prozessen gegebenenfalls einem Prozessteam ist eine wichtige Voraussetzung für die Prozesssteuerung. Es reicht dabei nicht, dass diese Rollen nur definiert sind. Die Aufgaben, Kompetenzen und Verantwortungen müssen von den Rollenträgern auch entsprechend wahrgenommen werden.

Ein wichtiger Faktor dabei ist das Ausmaß der Prozessorientierung im Unternehmen. Je nachdem, welche Einbettungsform zwischen Prozessorganisation und funktionaler Organisation im Unternehmen etabliert ist (weiche Matrix, ausgewogene Matrix, harte Matrix oder sogar reine Prozessorganisation), kann die Prozesssteuerung einfacher oder schwieriger sein (siehe dazu auch Vorlesung 2).

Wie wir später noch zeigen werden, sind Prozesserhebungsmethoden sowie etablierte Verfahren zur Bewertung der Messwerte und Berechnung der Kennzahlen eine wichtige Basis für die eigentliche Steuerungsarbeit.

Als letzte Voraussetzung muss auf jeden Fall sichergestellt werden, dass der Prozess nicht nur auf dem Papier existiert, sondern auch operativ eingeführt wurde und dem Soll-Konzept entsprechend gelebt wird.

Der Prozesssteuerungsprozess muss definiert werden
Die Häufigkeit von Prozesssteuerungszyklen richtet sich nach den Bedürfnissen des infrage stehenden Prozesses. Für häufig durchgeführte Kern- oder Schlüsselprozesse und eine starke Ausrichtung der Organisation in Richtung Prozessorientierung wird die Prozesssteuerung (siehe Abb. 61) in kürzeren Intervallen, zum Beispiel alle vier bis sechs Wochen, durchzuführen sein. Bei weniger oft durchgeführten Prozessen beziehungsweise einer weniger starken Ausrichtung der Organisation in Richtung Prozessorientierung kann eine geringere Häufigkeit der Prozesssteuerung mit nur drei bis vier Mal im Jahr ausreichend sein.

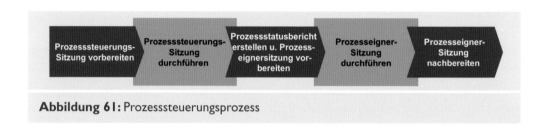

Abbildung 61: Prozesssteuerungsprozess

In der Konzeption der Prozesssteuerung (siehe Vorlesung 8) muss eine Balance zwischen „zu oft" und „zu selten" individuell für jeden Prozess gefunden werden. Als Maßstab dafür können Faktoren wie der notwendige Steuerungsbedarf, die Tragweite von potenziell auftretenden Problemen beziehungsweise die Notwendigkeit, Abweichung rechtzeitig feststellen zu können, sowie die zur Verfügung stehenden Ressourcen herangezogen werden. Weiters kann zu Beginn der Nutzung eine höhere Frequenz (z.B. alle zwei bis drei Wochen) sinnvoll sein, um die Stabilisierung des Prozesses zu unterstützen. Später kann diese Häufigkeit schrittweise reduziert und dem Bedarf angepasst werden.

Die Detailschritte des Steuerungsprozesses, die Inhalte der vorgesehenen Meetings, die Teilnehmer und die Häufigkeit der Durchführung sind als grobe Rahmenvorgaben im Kommunikationsplan des Prozesshandbuchs des betrachteten Prozesses dokumentiert.

Der Start des Prozesssteuerungszyklus muss definiert werden
Die vereinbarte Häufigkeit zur Durchführung von Prozesssteuerungszyklen ist im Prozesshandbuch definiert. Es kann jedoch notwendig sein, dass bei Problemen der Prozesssteuerungsprozess durch den Prozessverantwortlichen angestoßen wird. Vor dem eigentlichen Start der Prozesssteuerung sollte der Prozessverantwortliche

sicherstellen, dass der konkrete Ablauf des Prozesssteuerungsprozesses an die aktuelle Situation anpasst ist. Das heißt, der Zeitpunkt, die Dauer beziehungsweise die zu verwendenden Kommunikationsstrukturen sind gegebenenfalls zu adaptieren.

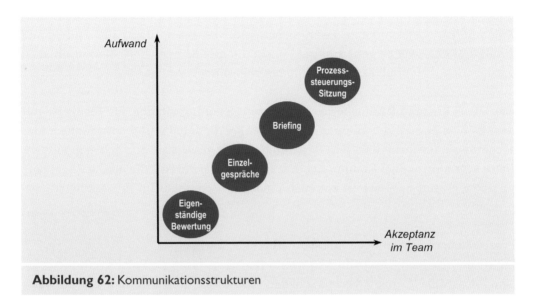

Abbildung 62: Kommunikationsstrukturen

Abbildung 62 zeigt eine Bewertung der unterschiedlichen Kommunikationsstrukturen bezüglich Aufwand und Akzeptanz im Team. Jede dieser Kommunikationsstrukturen hat Vorteile und Nachteile und kann im Rahmen der Prozesssteuerung eingesetzt werden.

Die eigenständige Bewertung der Situation im Prozess als eine erste Option ist zwar relativ rasch durchführbar. Bei dieser Variante werden jedoch weder Akzeptanz noch ein gemeinsames Verständnis im Team hergestellt. Dennoch findet diese Kommunikationsform ihre Anwendung in der Aufbereitung der Messwerte beziehungsweise in der Vorbereitung zur Prozesssteuerungssitzung.

Teilweise finden in der Vorbereitung zur Prozesssteuerungssitzung Einzelgespräche zwischen dem Prozessverantwortlichen und den Prozessteammitgliedern oder Durchführungsverantwortlichen statt. Der Aufwand hält sich zwar auch bei dieser Option in Grenzen, jedoch kann auch in diesem Fall noch kein gemeinsames Verständnis im Team generiert werden. Das heißt, es muss im Rahmen des Prozesssteuerungszyklus eine andere Kommunikationsstruktur nachgelagert werden, die diese gemeinsame Sichtweise sicherstellen kann.

Das Briefing als erste Option ist eine Kommunikationsform, die auch mit einer großen Anzahl von Teilnehmern gut durchgeführt werden kann. Dabei werden vor allem Informationen durch einen Vortragenden im Sinne einer Einwegkommunikation, beispielsweise in Form von Präsentationen, vorgestellt. Rückfragen beziehungsweise eine offene Diskussion sind dabei nur bedingt möglich. Durch diese Kommunikationsform kann zwar sichergestellt werden, dass alle Teilnehmer zumindest das Gleiche gehört haben, ob sie die Inhalte oder Entscheidungen auch verstehen und letztlich akzeptieren, bleibt aber offen.

Die letzte Kommunikationsform, die Prozesssteuerungssitzung im Team, ist mit dem größten Aufwand verbunden. Dabei werden die Inhalte und notwendigen Entscheidungen im Team diskutiert und durch den Prozessverantwortlichen moderiert. Diese sehr aufwendige Kommunikationsform kann natürlich die größte Akzeptanz im Team erzeugen, daher ist sie auch einer der Fixpunkte im Prozesssteuerungsprozess.

Prozesssteuerungssitzungen müssen vorbereitet werden
Im ersten Schritt müssen die Messwerte (Ist-Werte, zum Beispiel 20 Stunden zu einer Messgröße „Dauer") des betrachteten Prozesses erhoben werden. Erst auf Basis dieser erhobenen Messwerte zu den Prozessergebnissen beziehungsweise relevanten Prozesseingangsparametern des Prozesses können die Kennzahlen zur Bewertung der Zielerreichung, entweder direkt aus den Messwerten oder aus einem Verhältnis (Formel) von Messwerten (siehe dazu auch Kennzahlen weiter unten), berechnet werden. Neben der Erhebung von Messwerten zur Berechnung von spezifischen Kennzahlen für den Prozess werden auch die Basiskennzahlen zum Prozess (durchschnittliche Durchlaufzeit, Ressourcenverzehr, Kosten usw.) erhoben. Die Vorgehensweise zur Messung beziehungsweise die Messmethode wird im Rahmen der Konzeption festgelegt und über die Umsetzung eingeführt beziehungsweise validiert.

Die Messung selbst ist Bestandteil der Prozessdurchführung und bedeutet natürlich auch Aufwand für den Prozess. Die eigentliche Messung kann automatisiert oder manuell erfolgen. Bei der automatisierten Messung werden im Rahmen der Umsetzung Systeme etabliert, die während der Prozessausführung Messwerte erfassen (zum Beispiel ein Trouble-Ticketsystem zur Erfassung von Zeitstempeln bei der Ticketeröffnung und -schließung).

Die Messwerte aus den aufzeichnenden Systemen werden im Rahmen der Vorbereitung der Prozesssteuerungssitzung durch einen Mitarbeiter ausgelesen und auf Konsistenz überprüft. Die Erhebung von manuell erfassten Messwerten in der Prozessdurchführung kann jedoch einen enormen Aufwand zur Generierung einer repräsentativen und konsistenten Datenbasis erzeugen (zum Beispiel Übertragen von handschriftlich festgehaltenen Daten in ein Excel-Sheet). Eine manuelle Erfassung von Messwerten ist dazu oft auch fehleranfällig und zudem sehr teuer. Bei der Entwicklung und Einführung von Kennzahlen sollte daher darauf geachtet werden, dass die Messwerte im Rahmen der Durchführung einfach, ressourcenschonend und, wenn geht, automatisiert erhoben werden können. Eine anlassbezogene Erhebung von Messwerten im Rahmen der Prozesssteuerung ist aufgrund des relativ hohen Ressourcenaufwands und der eventuell ungenügenden Anzahl der erhobenen Messwerte zu vermeiden.

Im nächsten Schritt werden die erhobenen Daten interpretiert. Dabei geht es vor allem um die Identifikation von Ausreißern beziehungsweise um die Feststellung von Trends mit grafischen Methoden wie zum Beispiel Histogramm, Regelkarte (Control Chart) und Korrelationsdiagramm (siehe Tutorium 1). Teilweise sind zu dem betrachteten Prozess vielleicht auch schon Fehlerkategorien definiert worden, und es werden auch in der Prozessdurchführung Fehler gesondert erfasst. In diesem Fall ist eine Auswertung der Häufigkeit über die Fehlersammelkarte oder auch über ein Paretodiagramm möglich (siehe Tutorium 1).

Neben der inhaltlichen Vorbereitung ist auch die organisatorische Vorbereitung wie Termin, Ort, Dauer, Ablauf und Einladung der erforderlichen Teilnehmer für die Prozesssteuerungssitzung wichtig. Meist sind eine grobe inhaltliche Beschreibung der Prozesssteuerungssitzung sowie ein grober Rahmen für die Dauer und die mindestens erforderlichen Teilnehmer im Prozesskommunikationsplan als Teil des Prozesshandbuchs definiert. Die Anpassung der Einladung und der Agenda für die Prozesssteuerungssitzung erfolgt durch den Prozessverantwortlichen. Dabei werden der Detailablauf beziehungsweise anlassbezogene Schwerpunkte für die Prozesssteuerungssitzung im Rahmen eines Designs (Was? Wer? Wie lange? Mit welchem Medium? Ist Vorbereitung notwendig?) festgelegt. Die adaptierte Einladung beziehungsweise Agenda sollte zur Vorbereitung mindestens eine Woche vor der eigentlichen Prozesssteuerungssitzung an das Prozessteam beziehungsweise die Teilnehmer der Prozesssteuerungssitzung versendet werden.

Im Rahmen dieser individuellen Vorbereitungszeit des Prozessteams werden Erfahrungen oder Probleme aus der Prozessdurchführung und Ideen zur Verbesserung eingeholt. Gegebenenfalls gibt es schon aus vorherigen Prozesssteuerungssitzungen zur Umsetzung freigegebene Maßnahmen, die im Rahmen des kontinuierlichen Verbesserungsprozesses oder in einem eigenen Optimierungsvorhaben umgesetzt werden. Zu diesen in Umsetzung befindlichen Maßnahmen ist der aktuelle Status beziehungsweise der erforderliche Handlungsbedarf von den Prozessteammitgliedern einzuholen.

Die Erfahrungen, Erkenntnisse beziehungsweise Probleme aus der Prozessdurchführung beziehungsweise der Status zu den Maßnahmen sind zwei bis drei Tage vor der eigentlichen Prozesssteuerungssitzung an den Prozessverantwortlichen beziehungsweise an ein eventuell vorhandenes Prozessoffice zu senden. Im letzten Teil der Vorbereitung werden die vorliegenden Daten, zusätzlich zu den schon vorhandenen Daten aus der Kennzahlenanalyse, konsolidiert und so weit wie möglich grafisch aufbereitet. Bei Abweichungen zum Prozess beziehungsweise bei aktuellen Problemen werden individuelle Unterlagen wie zum Beispiel ein Erstansatz zu einem Ursache-Wirkung-Diagramm (siehe auch Tutorium 1) oder eigene Entscheidungsvorlagen (mit Ausgangslage, Problemstellung, erforderlichem Entscheidungsbedarf und ersten Ideen) vorbereitet und vor der Prozesssteuerungssitzung nochmals an die Teilnehmer versendet.

Die Prozesssteuerungssitzung ist Teamarbeit
Die eigentliche Prozesssteuerungssitzung dauert in der Regel zwischen zwei und vier Stunden und wird durch den Prozessverantwortlichen geleitet. Die Vorbereitung bestimmt in einem hohen Ausmaß die Qualität der Sitzung. Eine Agenda zu einem Prozesssteuerungsworkshop könnte wie folgt aussehen:
» Einstieg, Ziele, Ablauf
» Blitzlicht/Stimmungsbarometer/soziale Prozesssteuerung
» Präsentation des Status quo durch den Prozessverantwortlichen
» Gemeinsame Detailanalyse der Basisdaten bzw. der Kennzahlen
» Analyse der Aussagekraft aktueller Kennzahlen
» Diskussion von Trends, Prognosen und Ursachen
» Bericht aus aktuell laufenden Maßnahmen
» Stakeholderanalyse, Risikobetrachtung zum Prozess
» Identifikation der Handlungsbedarfe und Ableiten von Maßnahmen
» Beschlüsse – Verabschiedung der Inhalte des Statusberichts

» Reflexion des Prozesssteuerungsworkshops
» Abschluss und weitere Vorgehensweise

Im Rahmen des Einstiegs werden die Ziele und der Ablauf des Prozesssteuerungsworkshops durch den Prozessverantwortlichen vorgestellt. Zu diesem Zeitpunkt ist festzuhalten, wer für das Ergebnisprotokoll verantwortlich ist – häufig der Prozessverantwortliche selbst. Sollte dieser die Sitzung jedoch moderieren und auch an inhaltlichen Diskussionen teilnehmen, kann es sinnvoll sein, dass eine Prozessassistenz die Mitschrift und auch die Erstellung eines Erstansatzes für das Ergebnisprotokoll übernimmt.

Zum Start des Workshops sollte, ähnlich einem Projektcontrolling-Workshop (wie bei next level consulting 2006 beschrieben), ein Blitzlicht oder Stimmungsbarometer durchgeführt werden. Die Methoden „Blitzlicht" und „Stimmungsbarometer" gehören zur sozialen Prozesssteuerung und dienen dazu, die Arbeitsfähigkeit im Team festzustellen, Feedback aus der „Arbeit am" als auch der „Arbeit im" Prozess einzuholen, Raum zu schaffen, Unklarheiten zu beseitigen und im Sinne eines Frühwarnsystems Tendenzen zu erkennen. Anschließend erfolgt ein kurzer Überblick über den Status quo zum Prozess beziehungsweise zum Prozessmanagement durch den Prozessverantwortlichen.

Im nächsten Punkt wird eine Detailanalyse zu den Basiskennzahlen des Prozesses (durchschnittliche Durchlaufzeit, Ressourcenverzehr, Kosten usw.), zu den eigentlichen Prozesskennzahlen und die Bewertung der Berichte zu aktuell laufenden Maßnahmen im Team durchgeführt. Da es sich hierbei um eine Fülle an Informationen und Detailwerten handeln kann, sollte, wie schon weiter oben beschrieben, eine Konsolidierung beziehungsweise Aufbereitung vorzugsweise in grafischer Form vorbereitet sein. Der Schwerpunkt liegt anschließend in der Interpretation beziehungsweise Diskussion zu Trends, Prognosen und Verbesserungspotenzialen beziehungsweise zur Aussagekraft aktueller Kennzahlen durch das Prozessteam.

Die bereits vorliegenden Analysen beziehungsweise die Entscheidungsvorlagen werden im Team adaptiert und Handlungsbedarfe identifiziert beziehungsweise Maßnahmen abgeleitet. Neben der Diskussion über die Kennzahlen sind aber auch die Identifikation von Ideen und Maßnahmen zur Weiterentwicklung des Prozesses ein Thema. Gegebenenfalls kann auch das Prozessmanagement insgesamt beziehungsweise die Adaptierung von Regelungen zum Prozess ein weiteres Thema sein.

Das heißt, im Rahmen der Prozesssteuerung darf der gesamte Prozess infrage gestellt werden. Daher muss der Moderator der Prozesssteuerungssitzung darauf achten, dass die Diskussion zwar in einer für die Entscheidungen notwendigen Tiefe geführt wird, aber nicht zu stark in die Tiefe – sprich in inhaltliche Details – abgleitet. Es müssen auch nicht alle Punkte direkt im Prozesssteuerungsworkshop geklärt werden, vor allem, wenn ein Thema nicht jedes Prozessteammitglied betrifft. Es sollte jedoch zumindest die weitere Vorgehensweise zu allen besprochenen Punkten vereinbart werden.

Weiters werden die Eckpunkte des Prozessstatusberichts im Team geklärt. Dabei wird der Gesamtstatus zum Prozess oft in Form eines Ampelstatus (grün, gelb und rot) festgehalten, und die wichtigsten Punkte werden in Form eines Management-Summary zusammengefasst.

Der Entscheidungsbedarf für die Sitzung mit dem Prozesseigner wird gemeinsam mit dem Team identifiziert. Die Beschlüsse und vereinbarten Maßnahmen aus der Prozesssteuerungssitzung werden im Ergebnisprotokoll festgehalten. Zum Abschluss der Prozesssteuerungssitzung findet eine Reflexion zur Prozesssteuerungssitzung selbst statt, und es werden Vereinbarungen über die weitere Vorgehensweise getroffen.

In der Prozesseignersitzung wird der Prozessstatus freigegeben
In der Nachbereitung zum Prozesssteuerungsworkshop wird das Ergebnisprotokoll durch den Prozessverantwortlichen finalisiert und an die Teammitglieder versendet. Das Prozesshandbuch wird aktualisiert und der Erstansatz des Prozessstatusberichts wird als Vorbereitung für die Prozesseignersitzung erstellt (siehe Abb. 63).

Notwendige Entscheidungen werden gegebenenfalls in Form von eigenen Entscheidungsvorlagen (Ausgangssituation, Probleme, Ideen zur Lösung, Vorteile/Nachteile und die Empfehlung des Teams) für die Prozesseignersitzung aufbereitet. Zusätzlich ist für die Prozesseignersitzung eine Detailplanung in Form eines Detaildesigns (Was? Wer? Wie lange? Mit welchem Medium? Ist Vorbereitung notwendig?) mit zugehöriger Einladung samt Agenda vorzubereiten. Die Einladung mit Agenda wird gemeinsam mit dem Prozessstatusbericht und eventuell vorhandenen Entscheidungsvorlagen vorab an den Prozesseigner verschickt, damit dieser sich auf die Prozesseignersitzung vorbereiten kann.

DURCHFÜHRUNG, STEUERUNG UND WEITERENTWICKLUNG

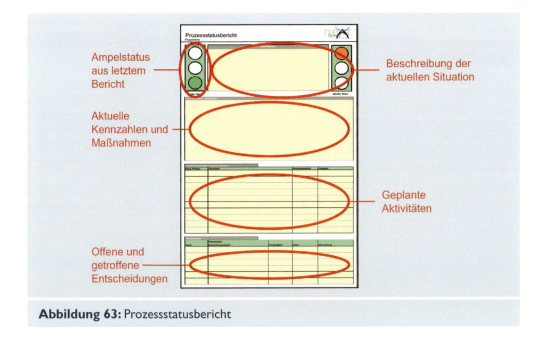

Abbildung 63: Prozessstatusbericht

In jedem Prozesssteuerungsprozess gibt es eine Abstimmung mit dem Prozesseigner

Die Prozesseignersitzung erfolgt meist nur zwischen dem Prozessverantwortlichen und dem Prozesseigner beziehungsweise dem Prozesseignergremium (= Prozesslenkungsausschuss). Ist der Prozess so komplex, dass sogar ein Prozesslenkungsausschuss etabliert ist, so ist zu entscheiden, ob eine eigene Sitzung im Vorfeld mit dem Prozesseigner durchgeführt wird oder unmittelbar eine gemeinsame Sitzung mit dem Prozesslenkungsausschuss.

In der Regel wird die Prozesseignersitzung zwei bis vier Tage nach der Prozesssteuerungssitzung stattfinden. Als Alternative kann die Prozesseignersitzung gleich im Anschluss an die Prozesssteuerungssitzung durchgeführt und das Prozessteam ganz oder auch nur teilweise eingebunden werden. Wie schon weiter oben beschrieben ist der übliche Ablauf des Prozesssteuerungsprozesses im Kommunikationsplan des Prozesshandbuchs des betroffenen Prozesses beschrieben. Eine Agenda zu einer Prozesseignersitzung könnte wie folgt aussehen:

» Einstieg, Ziele, Ablauf
» Blitzlicht
» Präsentation des Prozessstatus
» Diskussion anstehender Entscheidungen und steuernder Handlungen

» Entscheidung zum Gesamtprozessstatus
» Klärung der weiteren Vorgehensweise

Im Gegensatz zur Prozesssteuerungssitzung, die vom Prozessverantwortlichen gestartet wird, wird die Prozesseignersitzung vom Prozesseigner eröffnet. Auch sollte noch vor dem inhaltlichen Einstieg in die Diskussion zum Prozessstatus ein Blitzlicht durchgeführt werden, wie es bereits bei der Prozesssteuerungssitzung beschrieben wurde. Anschließend werden der Prozessstatus und die Ergebnisse aus der Prozesssteuerungssitzung durch den Prozessverantwortlichen präsentiert. Eine zu detaillierte Diskussion über inhaltliche Fragestellungen ist auch in dieser Sitzung nicht zielführend. Es geht vielmehr darum, die Erkenntnisse beziehungsweise aktuellen Probleme mit dem Prozesseigner anhand des Prozessstatusberichts durchzusprechen. Teilweise kann es jedoch auch notwendig sein, Probleme und Auswirkungen direkt an ausgewählten Darstellungen beziehungsweise Plänen des Prozesshandbuchs zu diskutieren (zum Beispiel Darstellung von Auswirkungen im Prozessablauf oder im Schnittstellenplan).

Bei komplexeren Prozessen oder für eine zusammenhängende Gruppe von Prozessen ist die Visualisierung der Kennzahlen in Form eines Prozesscockpits (Zusammenstellung des Kennzahlenstatus in grafischer Form) sinnvoll. Teilweise werden die unterschiedlichen Kennzahlen gar nicht mehr mit ihren Absolutwerten, sondern nur mehr über einen Ampelstatus und eine Trendbewertung in Form einer Kennzahlenübersicht dargestellt (siehe Abb. 64).

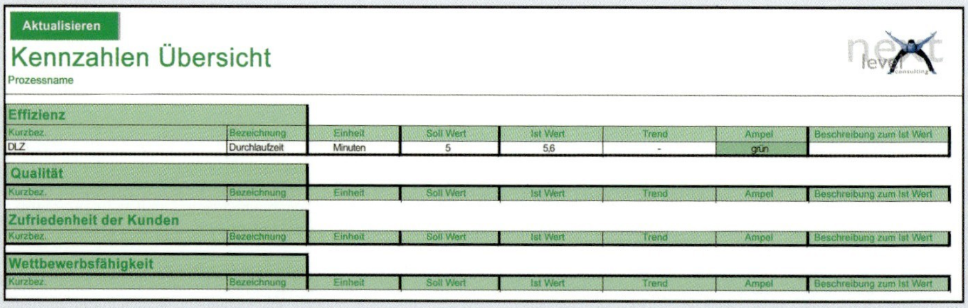
Aktualisieren

Kennzahlen Übersicht
Prozessname

Kurzbez.	Bezeichnung	Einheit	Soll Wert	Ist Wert	Trend	Ampel	Beschreibung zum Ist Wert
Effizienz							
DLZ	Durchlaufzeit	Minuten	5	5,6	-	grün	
Qualität							
Kurzbez.	Bezeichnung	Einheit	Soll Wert	Ist Wert	Trend	Ampel	Beschreibung zum Ist Wert
Zufriedenheit der Kunden							
Kurzbez.	Bezeichnung	Einheit	Soll Wert	Ist Wert	Trend	Ampel	Beschreibung zum Ist Wert
Wettbewerbsfähigkeit							
Kurzbez.	Bezeichnung	Einheit	Soll Wert	Ist Wert	Trend	Ampel	Beschreibung zum Ist Wert

Abbildung 64: Kennzahlenübersicht

Dabei können Kennzahlen Gruppen wie zum Beispiel Kundenzufriedenheit, Effizienz, Qualität oder Wettbewerbsfähigkeit zugeordnet werden. Die in der Prozesssteuerungssitzung definierten Maßnahmen werden durch den Prozessverantwortlichen vorgestellt und durch den Prozesseigner freigegeben. Wurden in der Prozesssteuerungssitzung offene Fragen oder notwendige Entscheidungen identifiziert, so werden auch diese durch den Prozessverantwortlichen vorgestellt und durch den Prozesseigner beantwortet beziehungsweise entschieden. Der Gesamtstatus zum Prozess wird zum Abschluss der Sitzung besprochen und in Form einer „Letztentscheidung" durch den Prozesseigner festgelegt. Wie auch in der Prozesssteuerungssitzung werden die getroffenen Entscheidungen in einem Protokoll durch den Prozessverantwortlichen festgehalten.

Die Änderungen werden im Prozesshandbuch festgehalten
Zum Abschluss des Prozesssteuerungsprozesses wird das Ergebnisprotokoll aus der Prozesseignersitzung finalisiert. Haben sich aus der Sitzung Änderungen am Prozessstatusbericht oder an anderen Plänen oder Darstellungen ergeben, so werden diese im Prozesshandbuch aktualisiert. Der freigegebene Prozessstatusbericht sowie das Protokoll der Prozesseignersitzung werden durch den Prozessverantwortlichen an den Prozesseigner und das Prozessteam ausgeschickt und auf der Prozessablage gespeichert. Der freigegebene Prozessstatusbericht wird dann entweder vom Prozesseigner selbst oder durch den Prozessverantwortlichen im Namen des Prozesseigners an das Prozessmanagement-Office versendet.

Tipps und Tricks für die Prozesssteuerung

- ✓ Führen Sie die Prozesssteuerung immer im Team durch und nehmen Sie als Prozessverantwortlicher oder Prozesseigner das Prozessteam mit in die Steuerungsverantwortung.
- ✓ Reduzieren Sie Prozesssteuerung nicht nur auf Hard Facts (Durchlaufzeit, Kosten usw.), sondern führen Sie eine ganzheitliche Steuerung unter Einbeziehung von Soft Facts (Kontextanalysen, Zusammenarbeit im Team usw.) durch.
- ✓ Überprüfen Sie, ob der Prozessverantwortliche auf Basis der Einbettungsform der Prozessorganisation in die funktionale Organisation (siehe dazu auch Vorlesung 2) überhaupt über die notwendige Kompetenz zur Durchführung der Steuerungsaufgabe verfügt.
- ✓ Etablieren Sie zyklische Prozesssteuerung als „Ritual einer Prozessmanagementkultur" im Prozessteam.
- ✓ Sehen Sie den Prozessstatusbericht nicht als reinen Formalismus, sondern nutzen Sie diesen als Kommunikationsinstrument zum Prozesseigner bzw. zum Multiprozessmanagement des Unternehmens.

Kennzahlen

Prozessmanagement ohne Kennzahlen ist heute gar nicht mehr denkbar. Die Grundidee könnte man am besten mit dem Grundsatz „You can't manage what you can't measure" des Qualitätsmanagementpioniers William Edwards Deming beschreiben. Das heißt, die Kennzahlen sind eine wesentliche Voraussetzung zur Prozesssteuerung.

Der Kennzahlenbegriff wird in der Literatur recht unterschiedlich verwendet, wobei eine Definition zu diesem Begriff in Anlehnung an Wöhe wie folgt lauten könnte:

Kennzahlen sind Daten, die quantitativ messbare Sachverhalte in aussagekräftiger, komprimierter Form wiedergeben. Sie sind das „Werkzeug", um Prozessziele quantifizierbar zu machen.

Auf Basis der Art und Weise, wie diese Daten dargestellt werden, lassen sich Kennzahlen in absolute Kennzahlen und relative Kennzahlen (Verhältniskennzahlen) unterscheiden. Absolute Kennzahlen bestehen direkt aus einem einzelnen Messwert oder werden über eine Summe oder Differenz ermittelt, wie zum Beispiel die Zahl der Mitarbeiter im Prozess oder die Durchlaufzeit, die sich aus der Berechnung der Zeitdauer zwischen Start und Ende des Prozessdurchlaufes ergibt. Demgegenüber beziehen sich relative Kennzahlen immer auf ein Verhältnis von unterschiedlichen Messwerten.

Es gibt unterschiedliche Arten von Kennzahlen:
» **Gliederungszahlen** beschreiben das Verhältnis einer Teilgröße zu einer Grundgröße, zum Beispiel Bearbeitungszeit in Prozent der Gesamtzeit.
» **Beziehungszahlen** zeigen das Verhältnis zwischen zwei unabhängigen Größen, zum Beispiel Anzahl der erledigten Bestellungen durch die Anzahl der Mitarbeiter.
» **Indexzahlen** beschreiben den gleichen Sachverhalt zu unterschiedlichen Zeitpunkten, zum Beispiel die Anzahl der fehlerhaften Auslieferungen in unterschiedlichen Monaten.
» **Statistische Verhältniszahlen** stellen aus mehreren Werten zum Beispiel das arithmetische Mittel der Durchlaufzeit im Prozess oder die Varianz (Streuung) der Durchlaufzeiten dar.

Kennzahlen sind aber nicht nur Daten, sie können auch folgende Funktion haben:
» Information über bestimmte Sachverhalte zusammenfassen
» Zielwerte, Eingriffs- und Toleranzgrenzen vorgeben
» Soll-Ist-Vergleiche ermöglichen
» Verbesserungen anregen

Die Messwerte allein können schon eine Aussagekraft haben, aber erst die Kombination zu einer Kennzahl bringt üblicherweise eine für den Prozess verarbeitbare Information.

Wie in Vorlesung 6 beschrieben, erwarten wir von einer Kennzahl einen Bezug zu Ziel und Zweck des Prozesses. Allein durch die Berechnung der Kennzahl erhalten wir schon eine wesentliche Information über die Zielerreichung im Prozess. Daher können Kennzahlen auch dazu benutzt werden, Zielwerte und mögliche Eingriffs- und Toleranzgrenzen vorzugeben (siehe Abb. 65).

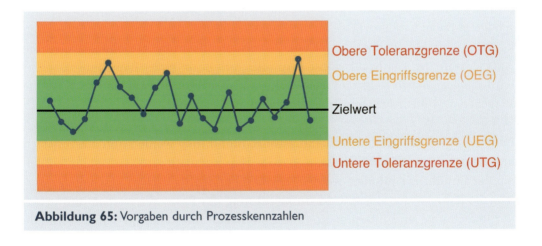

Abbildung 65: Vorgaben durch Prozesskennzahlen

Über die Erfassung der Ist-Werte und deren Zusammenfassung zu Kennzahlen ist ein erster Soll-Ist-Vergleich möglich. Zusätzlich können Anregungen zu Verbesserungen im Team entwickelt werden.

Die Definition von Kennzahlen erfolgt schrittweise

Der Aufbau von Kennzahlen erfolgt wie die Entwicklung des Prozesses in den Phasen des Prozesslebenszyklus. In der Erhebung und Analyse wird die Situation zur strategischen Ausrichtung des Prozesses beziehungsweise zu den Prozesszielen inklusive der vorhandenen Kennzahlen erhoben. Vor der Definition der neuen Kennzahl ist zu überlegen, welche Rahmenbedingungen im Unternehmen durch ein vorhandenes Kennzahlensystem oder eine existierende Balanced Scorecard gegeben sind und wie die neue Kennzahl in diese Bedingungen eingebunden werden muss.

Gemeinsam mit dem Prozesseigner und relevanten Stakeholdern werden in der Phase von Erhebung und Analyse die Anforderungen an die neue Kennzahl ermittelt. In der anschließenden Konzeption werden im Team unterschiedliche Kennzahlenvarianten identifiziert. Es wird jedoch nicht nur die Kennzahl selbst, sondern auch die Vorgehensweise zur Erhebung der Messwerte analysiert und in den unterschiedlichen Kennzahlenvarianten verglichen.

Im Anschluss erfolgt eine Bewertung im Team, um sich für eine Variante zu entscheiden. Dabei werden vor allem die Zielorientierung, die Klarheit, der Schwierigkeitsgrad der Messbarkeit, der Grad der Automatisierung beziehungsweise die Aussagekraft der Kennzahl selbst beurteilt. Auf Basis eines Bewertungskatalogs wird die geeignetste Kennzahl ausgewählt und die Kennzahl beziehungsweise die Vorgehensweise zur Erhebung der Messwerte beschrieben.

Im Rahmen der Umsetzung beziehungsweise Einführung werden nun die Vorgaben beziehungsweise Arbeitsanweisungen zum Prozess adaptiert. Kennzahlen sollten bei der Einführung pilotiert werden, bevor sie endgültig „scharf geschalten" werden. Im Rahmen der eigentlichen Durchführung des Prozesses werden nun neben der Berechnung und Interpretation der Daten auch die Kennzahl selbst sowie die Vorgehensweise zur Erhebung und Darstellung der Messwerte bewertet. Auf Basis dieser Erkenntnisse können gegebenenfalls Änderungen beziehungsweise Verbesserungen zu den Kennzahlen beziehungsweise der Vorgehensweise abgeleitet werden.

Die Kennzahlen werden im Prozesshandbuch dokumentiert

Bei der Dokumentation von Kennzahlen geht es um die Definition der Berechnungsregeln, die Festlegung der Soll-Werte und der Eingriffs- beziehungsweise Toleranzgrenzen für die Kennzahl, die Dokumentation der Vorgehensweise zur Erhebung der Messwerte für die Prozessdurchführung und um die Klärung der Dokumentation

DURCHFÜHRUNG, STEUERUNG UND WEITERENTWICKLUNG

beziehungsweise Speicherung der Ist-Werte zu Kennzahlen. Die Festlegungen zur Berechnung der Kennzahl erfolgt im Prozesshandbuch (siehe Abb. 66).

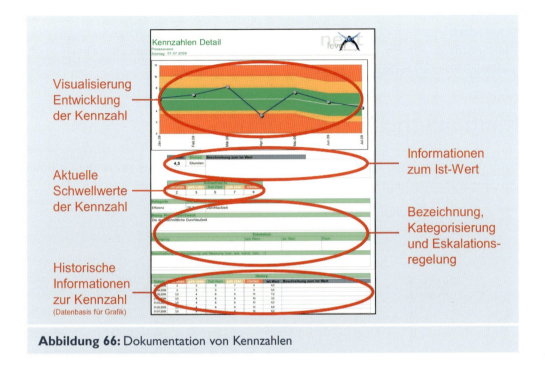

Abbildung 66: Dokumentation von Kennzahlen

Dabei werden die Kennzahlenkategorie, der Bezug zu Ziel und Zweck und die Beschreibung zur Messung beziehungsweise zur Berechnung der Kennzahl festgehalten. Weiters werden der Zielwert und die oberen und unteren Eingriffs- und Toleranzgrenzen festgelegt. Neben der eigentlichen Beschreibung der Kennzahl werden die Bedingungen und die Vorgehensweise für eine Eskalation (von wem, an wen und in welcher Form), zum Beispiel eine Warnmeldung beim Überschreiten eines Eingriffs- oder Toleranzwertes an den Prozessverantwortlichen, festgelegt. Bei komplexeren Kennzahlen beziehungsweise Verfahren zur Messung von Messwerten können auch eigene Dokumente wie zum Beispiel ein Kennzahlensteckbrief oder eine Verfahrensanweisung zur Erhebung von Messwerten notwendig sein.

Die Messung ist Teil der Prozessdurchführung und sollte größtenteils automatisiert erfolgen, um den Ressourcenaufwand zur Erhebung in Grenzen zu halten. Die Messwerte werden dabei automatisch während der Prozessdurchführung aufgezeichnet

(Beispiel: Durch ein Trouble-Ticketsystem wird bei der Ticketeröffnung und Ticketschließung ein Zeitstempel erfasst).

Bei der automatisierten Erhebung von Messwerten oder der Weiterverarbeitung von Kennzahlen in einem IT-System ist für die Sicherung der Daten Sorge zu tragen. Bei einer geringen Anzahl von Messwerten und Kennzahlen können die Daten auch direkt im Prozesshandbuch gespeichert werden (siehe Abb. 66).

Kontinuierliche Verbesserung

Nach der erfolgreichen Umsetzung und Einführung des Prozesses muss ein kontinuierlicher Stabilisierungs- und Verbesserungsprozess gestartet werden (siehe Abb. 67).

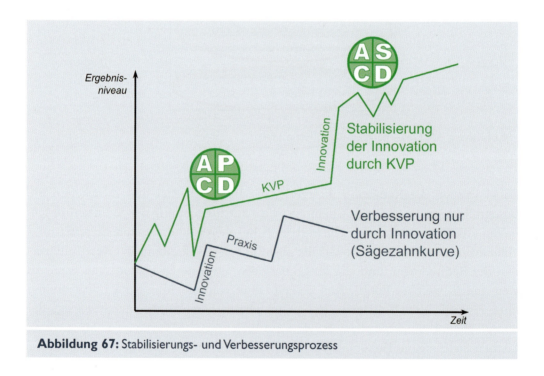

Abbildung 67: Stabilisierungs- und Verbesserungsprozess

Bei einer reinen Verbesserung durch Innovation in Form der dargestellten Sägezahnkurve kann das Ergebnisniveau beziehungsweise die in der Konzeption geplante Prozessqualität in der Regel über die Zeit nicht gehalten werden. Das heißt, der

Prozessverantwortliche wird direkt nach der Einführung die „Einschwingphase des Prozesses" mit Maßnahmen zur Stabilisierung unterstützen. Dabei geht es um stetige, kleine Verbesserungsschritte im Gegensatz zu eher großen, sprunghaften, einschneidenden Veränderungen. Im Rahmen des kontinuierlichen Stabilisierungs- und Verbesserungsprozesses bedient man sich des vierphasigen Problemlösungszyklus nach Deming (siehe Abb. 68).

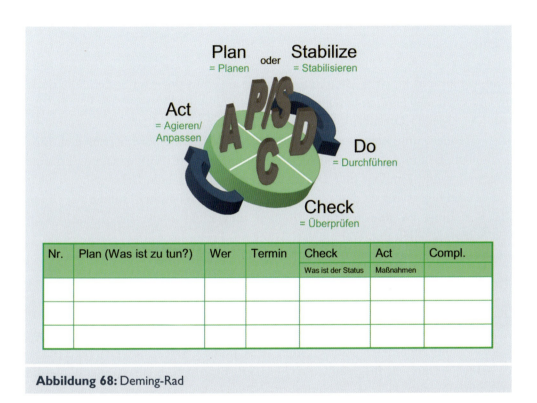

Abbildung 68: Deming-Rad

In einem ersten Schritt wird festgelegt, was zur Verbesserung beziehungsweise Stabilisierung des Prozesses zu tun ist („Plan" oder „Stabilize"). Diese Maßnahmen werden im Rahmen einer Prozesssteuerungssitzung freigegeben und im Punkt „Do" umgesetzt beziehungsweise zyklisch über „Check" überprüft. Im letzten Schritt werden über den Punkt „Act" Anpassungen beziehungsweise Verbesserungen an den bestehenden Regelungen vorgenommen.

Der Kontinuierliche Verbesserungsprozess, kurz KVP (engl.: Continuous Improvement Process, CIP), entspricht der japanischen Lebens- und Arbeitsphilosophie

Kaizen und ist mehr als nur eine Vorgehensweise. Er ist vielmehr eine innere Haltung aller Beteiligten und bedeutet eine stetige und nachhaltige Verbesserung im Team. Kaizen bedeutet „Das Gute verbessern" und wird in der Praxis mit dem KVP synonym verwendet. KVP beziehungsweise Kaizen bauen auf folgenden Grundsätzen auf:
» Mitarbeiterorientierung
» Qualitätsorientierung
» Prozess- und Ergebnisorientierung
» Daten

Kompetente und kreative Mitarbeiter werden als eines der wichtigsten Potenziale im Unternehmen gesehen und stehen im Mittelpunkt der Verbesserung von Prozessen. Die gesamte Organisation und somit jeder einzelne Mitarbeiter verpflichtet sich, zu einem unternehmensweit definierten Qualitätsstandard beizutragen. Eine größtmögliche Prozess- und Ergebnisorientierung wird als Voraussetzung für eine funktionierende Kunden- und Lieferantenbeziehung gesehen. Dabei geht es nicht nur um die Beziehung zu den externen Kunden und Lieferanten, sondern auch um die Beziehung zu den internen Kunden und Lieferanten. Zur Identifikation von Schwachstellen und Weiterentwicklung des Prozesses werden Daten als zwingend notwendig angesehen und die Mitarbeiter werden aufgefordert, in Daten „zu sprechen".

Der Bedarf zur kontinuierlichen Verbesserung wird im Rahmen der Prozesssteuerung identifiziert beziehungsweise angestoßen. Dadurch wird verhindert, dass jeder einzelne Mitarbeiter seine eigenen Teil-Optima herstellt und sich der Prozess im schlechtesten Fall insgesamt verschlechtert. Bei einem größeren identifizierten Veränderungsausmaß (z.B. Änderung des Prozessdesigns) kann eine neuerliche Analyse und Konzeption erforderlich sein, um der Komplexität des Prozesses und den geänderten Anforderungen gerecht zu werden.

Tipps

- ✓ Führen Sie zyklische Prozesssteuerungssitzungen zur Aufrechterhaltung des Prozessergebnisniveaus durch.
- ✓ Etablieren Sie das Arbeiten am Prozess im Team, im Sinne eines „Rituals", im Prozesssteuerungsprozess.
- ✓ Steuern Sie nur das, was Sie steuern müssen, dafür konsequent, konsistent und kritisch.
- ✓ Hinterfragen Sie regelmäßig die bestehenden Kennzahlen.
- ✓ Kontinuierliche Verbesserung kann nicht ausgelagert werden, sondern ist integrierter Bestandteil der Steuerung.
- ✓ Versuchen Sie in Zahlen zu sprechen und halten Sie den Status und die Entscheidungen in Form eines Prozessstatusberichts fest.

VORLESUNG 11

AUFLÖSUNG VON PROZESSEN

Wie werden Prozesse „wirklich" aufgelöst und welche Konsequenzen hat das, wenn nicht?

VORLESUNG 11

Wo stehen wir?

In dieser Vorlesung werden wir uns mit einem Aspekt des Prozesslebenszyklus beschäftigen, der in der einschlägigen Literatur kaum eigenständig betrachtet wird: der Auflösung von Prozessen. Wir werden hierbei in zwei Schritten vorgehen. Zuerst wollen wir den Bedarf einer expliziten Auflösung eines Prozesses darstellen. Hier werden wir auf zwei Teilaspekte – die Wirtschaftlichkeit und das Management der Systemerwartungen – eingehen. Danach wollen wir uns die einzelnen Schritte einer Prozessauflösung ansehen.

Prozesse werden explizit aufgelöst
Viele Unternehmen lassen Prozesse „auslaufen", führen neue oder andere Prozesse ein und befassen sich dann wieder mit dem operativen Alltagsgeschäft. Sehr oft wird in dieser Situation angenommen, dass ohnehin allen klar ist, welcher Prozess nun gültig ist und welcher nicht mehr. Und schon hat das „Eh-klar-Syndrom" zugeschlagen. Denn nur, weil man etwas annimmt („... die wissen eh, dass der Prozess nicht mehr gültig ist"), bedeutet das noch lange nicht, dass dies andere ebenfalls so sehen. Vor allem in größeren Organisationen kann man sich nicht darauf verlassen, dass jeder alles weiß, was er eventuell wissen sollte.

Es gibt unserer Erfahrung nach mehrere Gründe, Prozesse explizit aufzulösen. Diese beziehen sich im Wesentlichen auf die Aspekte Wirtschaftlichkeit und das Management der Erwartungen.

Zunächst zum wirtschaftlichen Aspekt: Prozesse, die nicht abgeschlossen werden, verbrauchen beziehungsweise binden in der Regel Ressourcen und führen zu Kosten, selbst wenn sie nicht mehr durchgeführt werden. So wird zum Beispiel für Produkte, die nicht mehr angeboten und vertrieben werden, trotzdem Lagerplatz für das Produkt selbst oder für das Vertriebsmaterial wie Produktfolder reserviert. Kalkulationstabellen und Preislisten werden weitergeführt und gewartet, produktspezifische Homepages werden betrieben und gewartet, IT-Anwendungen laufend weitergepflegt (Support, Einspielen von Software-Aktualisierungen), Datenbestände werden weiterhin belegt und regelmäßig gesichert und so weiter.

In der Abwicklung kann es bedeuten, dass Vertriebsmitarbeiter Anfragen zu nicht mehr existierenden Produkten beantworten und sich teilweise rechtfertigen müssen, wieso es diese Produkte nicht mehr gibt.

Je weniger zum Prozess beziehungsweise zum Produkt dokumentiert ist, desto höher wird der diesbezügliche Rechercheaufwand der Mitarbeiter. Jahre später kann dann vielleicht gar nicht mehr nachvollzogen werden, für welchen Zweck bestimmte Systemressourcen überhaupt noch bereitgestellt werden. So werden diese dann lange Zeit am Leben erhalten, weil sich niemand dafür zuständig fühlt, diese Angelegenheit zu bereinigen, beziehungsweise niemand riskieren möchte, einen doch noch laufenden Prozess zu gefährden.

Der zweite Aspekt ist das Management der Systemerwartungen. Dieser ergibt sich aus dem systemischen Prozessverständnis. Soziale Systeme – also auch Prozesse – verhalten sich im Allgemeinen selbsterhaltend. Das bedeutet, sobald sie etabliert sind, existieren sie für die relevanten Umwelten. Das soziale System „Prozess" wird als solches dafür sorgen, dass es erhalten bleibt, nach dem Motto: „Das war schon immer so" oder „Wer weiß, wofür wir das noch brauchen können".

Beispielsweise stellte in einer Bank ein neuer Mitarbeiter im Controlling nach einem Monat fest, dass die mehrere hundert Seiten umfassenden Auswertungen, die das Rechenzentrum seit Jahren monatlich bereitstellte, zu mehr als der Hälfte redundante Informationen enthielten. Das bedeutet monatlich anfallende Kosten für 200 bis 300 Seiten Ausdrucke ohne Mehrwert. Die Rechenzentrumsmitarbeiter fühlten sich sicherlich nicht verantwortlich für die inhaltlichen Entscheidungen, wofür welche Auswertungen mit welchen Informationen erstellt werden. Im Controlling gab es offenbar keine eindeutig definierte verantwortliche Person, die die Erstellung der Auswertungen koordinierte. Somit wurden immer neue Auswertungen bestellt, die alten aber nie abbestellt.

Wie kann man nun damit umgehen, dass sich etablierte soziale Systeme wie Prozesse so schwer auflösen lassen? Indem man sie durch entsprechende Kommunikationsmaßnahmen beziehungsweise durch Entziehung der Existenzgrundlage auflöst. Ein Beispiel dafür wäre, dass der Sinn und Zweck des Prozesses im Prozessteam gänzlich infrage gestellt wird oder dass der Handlungs- oder Leidensdruck bezüglich eines Prozesses vollständig wegfällt. Ein anderer Ansatzpunkt sind die dafür benötigten Ressourcen wie Mitarbeiter, Werkzeuge, Budgets, Zeit, Raum und so weiter.

Solange also der Prozess nicht explizit aufgelöst wird, besteht das Risiko, dass es aus sachlichen wie emotionalen Gründen weiterhin Erwartungen und Interessen gibt, die das System als solches weiter am Leben erhalten und die weiterhin für „Zombieprozesse" Ressourcen und Kosten binden.

Explizit auflösen bedeutet in einem systemischen Verständnis: Alle relevanten Umwelten des Prozesses haben gleichermaßen Klarheit, dass der Prozess nicht mehr weiter existieren wird (und soll). Dies bedeutet für die betroffenen Umwelten natürlich eine Veränderung des Status quo. Hier liegt auch die Gemeinsamkeit mit den in Vorlesung 9 behandelten Veränderungen in der Phase der Einführung von Prozessen. Eine Veränderung ist nur dann eine Veränderung, wenn sie von den relevanten Umwelten als solche gleichermaßen verstanden und akzeptiert wird.

> Die Auflösung eines Prozesses ist genauso wichtig wie die Einführung!

Prozessauflösung erfordert ein strukturiertes Vorgehen

Viele Aspekte einer Prozessauflösung decken sich mit den in Vorlesung 9 beschriebenen Aspekten in der Umsetzung, Veränderungen und Einführung von Prozessen. Folgende Fragen sollten als Voraussetzung für eine saubere, sprich möglichst vollständige Auflösung geklärt werden:

» Um welchen Prozess handelt es sich genau?
» Was ist die (strategische) Motivation für die Auflösung?
» Welche Auswirkungen hat die Auflösung auf andere Prozesse?
» Welche Umwelten sind von der Auflösung betroffen?
» Welche Werkzeuge, IT-Systeme oder Hilfsmittel sind betroffen? Insbesondere: Welche Schnittstellen sind zu adaptieren?
» Welche Ressourcen können freigegeben werden?
» Welche Systemrahmenbedingungen (technisch, rechtlich) sind dabei zu beachten?
» Wie viel Nachvollziehbarkeit (z.B. Archiv) wird wie lange benötigt?
» Inwieweit ist das Reportingsystem des Unternehmens (Kennzahlensystem) zu adaptieren?

Die Frage nach dem betroffenen Prozess mag trivial wirken. Wenn jedoch die Ist-Situation im Prozess nicht mit der Soll-Situation übereinstimmt, kann es logischerweise auch bei der Auflösung zu Missverständnissen und Unklarheiten kommen.

Speziell bei Themen wie Schnittstellen oder Auswirkungen auf andere Prozesse entstehen schnell unterschiedliche Vorstellungen und Erwartungen. In einem Unternehmen mit einem sehr weit entwickelten Prozessmanagement können die meisten der Fragen leicht mittels verfügbarer Prozessdokumentation (z.B. in einem Prozesshandbuch) beantwortet werden. Andernfalls wären Elemente einer Konzeption oder sogar auch einer Prozesserhebung nachzuholen, um Sicherheit zu bekommen, die Auflösung in einer möglichst geordneten Form durchführen zu können.

Die Frage nach der strategischen Motivation, den Prozess aufzulösen, ist eine Frage, die üblicherweise durch den Prozesseigner oder auf der Makroebene in einem Prozessesteuerkreis beantwortet wird.

Die Antworten auf die angeführten Fragen sind ein grundlegender Input für die Festlegung der Organisationsform zur Prozessauflösung im Sinne der Projektwürdigkeit: Projekt oder Maßnahme?

In vielen Fällen wird eine Auflösung gemeinsam mit anderen Prozessaktivitäten durchgeführt, somit kann die Auflösung des Prozesses mit den anderen Aktivitäten in ein zusammenhängendes Projekt oder Programm integriert werden. Seltener kommt es vor, dass die Auflösung des Prozesses selbst eine sehr komplexe Aufgabenstellung ist und so als ein eigenständiges Projekt geführt wird.

In Vorlesung 9 haben wir dargestellt, welche Einführungsstrategien es gibt (Big Bang, Pilotierte Einführung, Step by Step, Iterativ). In Anlehnung an diese Möglichkeiten gilt es auch für die Prozessauflösung, zu bestimmen, wie rasch beziehungsweise mit welcher Vorgehensweise der Prozess aufgelöst wird. Die Umsetzung der Maßnahmen beziehungsweise des Projekts zur Auflösung eines Prozesses wird folgende Aspekte beinhalten:
» Intensive explizite Kommunikation der Zielsetzungen, Maßnahmen und Ergebnisse und deren Konsequenzen an die relevanten Umwelten
» Aktualisierung (Gültigkeitsbereiche) bzw. Auflösung der Einzel-Prozessdokumentation
» Sicherstellen der erforderlichen Nachvollziehbarkeit
» Rückbau der Werkzeuge, Hilfsmittel und deren Schnittstellen
» Auflösen der sozialen, organisatorischen und vertraglichen Beziehungen
» Freigabe der im Prozess gebundenen Ressourcen

Die Kommunikation an die relevanten Umwelten hat wie bei allen Prozessveränderungen einen sehr hohen Stellenwert. Hier gilt: Man kann kaum zu viel kommunizieren. Auch begleitende analoge Interventionen, wie sie bei Sachs/Weidinger beschrieben sind, stellen eine gute Möglichkeit dar, nicht nur rein sachliche, sondern auch emotionale Aspekte anzusprechen wie beispielsweise: Werden wir ohne diesen Prozess oder ohne dieses Produkt immer noch erfolgreich sein können? Werde ich weiterhin im Unternehmen wichtig sein, auch wenn ich keine Prozessverantwortung mehr habe? Was sind die individuellen Auswirkungen für mich als Mitarbeiter?

Je aktueller und vollständiger eine Prozessdokumentation ist, desto einfacher kann entweder der Geltungsbereich der Dokumentation angepasst (siehe Abb. 69) oder die gesamte Dokumentation offiziell durch den Prozesseigner beziehungsweise durch den Prozesssesteuerkreis außer Kraft gesetzt werden.

GELTUNGSBEREICH PROZESSHANDBUCH

Bereich	Abgrenzung	Anmerkung
Gültig ab	01.10.2005	
Gültig bis	28.09.2009	
Gültig für	Niederlassungen DE, AT und CH	
	Name / Organisationseinheit	Datum / Unterschrift
Geprüft	Mag. Frank Huber	
Freigegeben	Dr. Mag. Karl Oberer	

Abbildung 69: Geltungsbereich Prozesshandbuch

Mit Sicherstellen der Nachvollziehbarkeit ist die Archivierung oder Ablage von Informationen oder Dokumentationen für spätere Zwecke gemeint. Hier kann es um die rechtliche, kommerzielle, technische wie organisatorische Nachvollziehbarkeit der Abwicklung von Geschäftsfällen oder auch um Entscheidungen im Prozessmanagement selbst gehen. In den Unternehmen sind die interne Revision (Finanzdienstleister) oder eigene Regulatory oder Compliance Departments dafür verantwortlich, den Umfang und die Fristen der Nachvollziehbarkeit festzulegen. So kann es beispielsweise für eine interne Nachvollziehbarkeit genügen, auf die in den Datenbanken gespeicherten Informationen zugreifen zu können.

Für steuerliche Zwecke gibt es in vielen Fällen die Anforderung, dass relevante Dokumente mehrere Jahre lang (in Österreich sieben) einsehbar sind. So wird man prozessspezifisch entscheiden, welche Daten oder Dokumente überhaupt und mit welchem Aufwand rekonstruierbar sein sollen.

Um die im ersten Teil der Vorlesung erwähnten wirtschaftlichen Aspekte zu adressieren, geht es vielen Fällen bei der Prozessauflösung auch um den Rückbau einer nicht mehr benötigten technischen Infrastruktur und der dazugehörigen Support- und Betriebsprozesse. Da in den meisten Unternehmen bereits eher komplexere Systemarchitekturen existieren, ist das Herausnehmen oder Abschalten eines Teilsystems nicht immer trivial. Allein die damit verbundenen Aufgabenstellungen können in manchen Fällen aufgrund des damit verbundenen Risikos ein eigenständiges IT-Projekt rechtfertigen. Hier liegt auch wieder der Fokus auf den Systemgrenzen, also den Schnittstellen. Mangels vollständiger Dokumentation und ausführlicher Tests zeigt sich im operativen Betrieb oft erst Tage oder Wochen nach der Umstellung, dass manche Schnittstellen nicht mitbedacht und nicht entsprechend adaptiert wurden.

Mit der Auflösung der Werkzeuge und Systeme stehen immer auch Personen in Verbindung, die dem Prozess in internen oder externen Supporteinheiten zuarbeiten. Hier gilt es, die soziale Beziehung sachlich wie emotional beispielsweise in einem kleinen Verabschiedungsworkshop zu beenden. Bei externen Vertragspartnern kann rückblickend neben der Abwicklung der rein rechtlichen Aspekte noch einmal die Zusammenarbeit im Sinne einer gemeinsamen Reflexion gewürdigt werden.

Etwaige Lessons Learned, die im Zusammenhang mit der Auflösung des Prozesses identifiziert werden, also Fragen wie: Was hat im Prozess gut funktioniert?, Was sollten wir für andere Prozesse berücksichtigen?, Was sollte in anderen Prozessen nicht passieren?, Was haben wir generell zum Prozessmanagement gelernt? werden an den Prozesseigner beziehungsweise den Prozessesteuerkreis weitergegeben.

Der Letzte dreht das Licht ab
Wenn auf der Einzelprozessebene alles bereinigt ist, bleibt noch die Multiprozessebene. Hier sind die wesentlichen Werkzeuge die Prozesslandkarte, ein Kennzahlensystem und gegebenenfalls eine Balanced Scorecard, die im Zusammenhang mit der Auflösung des Prozesses stehen können. All diese Werkzeuge sind von der verantwortlichen Stelle (Prozessmanagement-Office) zu bereinigen und dann vom Prozessesteuerkreis offiziell freizugeben.

Beim Kennzahlensystem ist zu beachten, dass durch das Auflösen einzelner Prozesse auch einzelne Kennzahlen wegfallen können, die selbst wiederum ein Bestandteil einer zusammengesetzten Kennzahl sein könnten. Dies könnte Auswirkungen bis in die Balanced Scorecard haben, welche von den entsprechenden Gremien zu diskutieren sind und deren eventuelle Anpassungen von diesen auch freizugeben sind. Der Anstoß wird in der Regel aus der Prozessmanagementorganisation (Prozessmanagement-Office, Chief Process Officer oder Prozessesteuerkreis) kommen und an den Vorstand oder die Bereichsleitung gehen.

Leider wird die Auflösung von Prozessen selten so systematisch und vollständig betrachtet und durchgeführt. Im Sinne der Etablierung einer Prozessmanagementkultur im Unternehmen wäre daher die erste gelungene systematische Auflösung eines Prozesses sicherlich eine Feier wert …

Tipps

- ✓ Hinterfragen Sie im Prozessmanagementsystem regelmäßig, welche Prozesse veraltet bzw. unnötig sind.
- ✓ Überprüfen Sie die bestehenden Prozessvorgaben auf Konsistenz bzw. Gültigkeit. Verhindern Sie durch vorzeitiges „Ausmisten" Zombieprozesse.
- ✓ Wer regelmäßig aufräumt, hat mehr Platz für neue „Spiele".
- ✓ Reduzieren Sie durch Entfernen von unnötigen Prozessen bzw. Ressourcen Ihre Kosten und die Komplexität in der Prozesslandschaft.
- ✓ Auch die Prozessauflösung erfordert ein strukturiertes Vorgehen.

VORLESUNG 12

PROZESSBERATUNG UND PROZESSCOACHING

Wie kann der gesamte Prozess unterstützt werden und welche Unterschiede ergeben interne und externe Sichtweisen?

Prozessberater und Prozesscoaches liefern wertvollen Zusatznutzen

Die in der Praxis weit verbreitete Unterstützung von Prozessmanagementvorhaben durch Prozessberater – und in etwas jüngerer Vergangenheit auch Projektcoaches – lässt vermuten, dass der Einsatz dieser beiden Rollen eine Notwendigkeit für den Erfolg von Prozessmanagement darstellt. Wir wollen in dieser Vorlesung der Frage nachgehen, ob und wann Prozessberater und/oder Prozesscoaches tatsächlich benötigt werden.

Prozessmanagement auf Einzelprozessebene ist primär vom Prozessverantwortlichen und seinem Prozessteam getrieben. Eine Voraussetzung für das Funktionieren dieser Strukturen ist eine zur Organisation passende, etablierte Prozessrahmenorganisation (siehe Vorlesung 2). Prozessberater und Prozesscoaches können daher im Rahmen von Prozessmanagementvorhaben unter bestimmten Voraussetzungen wertvollen Zusatznutzen liefern, sind allerdings keineswegs unentbehrlicher Bestandteil von Prozessmanagementaktivitäten. Anders ausgedrückt: Prozessmanagement kann und sollte auch ohne Prozessberater und/oder Prozesscoaches funktionieren können. Der primäre Beitrag der Prozessberater liegt in diesem Zusammenhang auf der Beisteuerung von Prozessmanagementexpertise im Prozessteam und der Übernahme von prozessmanagementbezogenen Arbeitsschritten wie beispielsweise der Erstellung der elektronischen Prozessdokumentation oder der Moderation von Prozessworkshops. Der Prozesscoach kann dem Prozessverantwortlichen und dem Prozessteam hauptsächlich im Sinne eines Reflexionspartners Nutzen stiften, bezogen auf Themen wie beispielsweise Konfliktbearbeitung oder die Begleitung der mit Prozessmanagement verbundenen Transformationsprozesse.

Der Prozessberater unterscheidet sich vom Prozesscoach

Häufig wird in der Praxis mit Titeln wie Prozessberater und Prozesscoach verschwenderisch und unsauber umgegangen, was zu einer Vielzahl von Missverständnissen und unerfüllten Erwartungen führen kann.

Als wesentlichstes Differenzierungsmerkmal zwischen Prozessberater und Prozesscoach erteilt der Prozessberater (praktische) Anleitungen und Ratschläge bis hin zu klaren Anweisungen auf Basis seiner fundierten Prozessmanagementexpertise im Prozessteam. Dies wird dadurch ermöglicht, dass der Prozessberater Mitglied des Prozessteams ist und als dieses bezogen auf sein Fachgebiet – Prozessmanagement – dieses Expertenwissen direktiv positionieren kann. Der Prozessberater arbeitet damit üblicherweise im Prozessteam als Experte zum Prozessmanagement.

Der Prozesscoach hingegen arbeitet auf Basis bereits vorhandener Kompetenz daran, gemeinsam mit dem Coachee maßgeschneiderte Lösungen für prozessbezogene Anliegen zu entwickeln. Der Prozesscoach ist dabei nicht Teil des Prozessteams, sondern eines gesonderten, intermediären Prozesscoachingsystems (siehe Abb. 70). Intermediär bedeutet in diesem Zusammenhang, dass ein Coachingsystem aus dem Kundensystem (des Prozessverantwortlichen) und dem Beratersystem (des Prozesscoaches) als dazwischen liegendes, vermittelndes und eigenständiges Kommunikationssystem etabliert wird. Das bedeutet, der Prozesscoach arbeitet nicht im Prozessteam an eigenen Aufgaben, sondern agiert mit dem Prozessverantwortlichen auf einer Metaebene zum Prozessmanagement, von wo aus nur indirekter Einfluss auf das eigentliche Handlungssystem – den Prozess – genommen werden kann. Möglicherweise vorhandenes Expertenwissen und Erfahrung zum Prozessmanagement aufseiten des Prozesscoaches bietet dieser dem Coachee maximal in Möglichkeitsform an. Die Entscheidung über den konkreten Einsatz dieser Angebote trifft stets der Coachee, also in der überwiegenden Zahl der Fälle der Prozessverantwortliche.

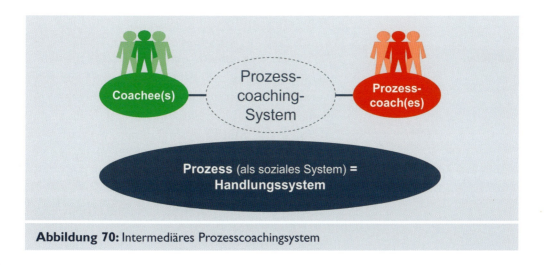

Abbildung 70: Intermediäres Prozesscoachingsystem

Der Prozessberater hat Verantwortung im Prozessteam

Als Mitglied des Prozessteams übernimmt der Prozessberater rollenspezifische Aufgaben im Team und trägt Verantwortung für definierte Bereiche bezogen auf seine Prozessmanagementexpertise. Die Rollenbeschreibung für einen Prozessberater könnte daher wie folgt ausgelegt sein:

Rollenbeschreibung Prozessberater

Zweck	» Beratung des Prozesseigners, Prozessverantwortlichen bzw. des Prozessteams
	» Einbringen von angefordertem Prozessmanagement-Know-how und von Erfahrungen
	» Berücksichtigung von bestehenden internen Richtlinien zum Prozessmanagement
	» Sicherstellen der Konsistenz zwischen Prozess und Prozesslandkarte
Organisatorische Stellung	» Der Prozessberater ist Teil der Prozessmanagementorganisation (Prozessteam).
	» Der Prozessberater trägt direkte Verantwortung in der Prozessgestaltung.
	» Der Prozessberater hat keine Verantwortung in der Prozessdurchführung.
Aufgaben	» Definition erreichbarer Ziele und Inhalte für den Beratungsauftrag
	» Vereinbarung von organisatorischen Rahmenbedingungen für den Beratungsauftrag (z.B. Termine, Ort, Budget, Abrechnung)
	» Auswahl von geeigneten Prozessmanagementmethoden und -werkzeugen im Rahmen der Prozessmanagement-Richtlinien
	» Entwicklung einer zielführenden Vorgehensweise

	zur Prozessgestaltung (Erhebung, Analyse, Konzeption, Umsetzung, Einführung) und -steuerung bzw. zur kontinuierlichen Prozessverbesserung » Mitarbeit in der Prozessgestaltung und -steuerung mit Fokus auf Aspekte des Prozessmanagements » Herausarbeiten von Lessons Learned in der Prozessberatung
Formale Kompetenzen (Befugnisse)	» Keine Befugnisse in der Prozessdurchführung » Treffen von Entscheidungen und Festlegungen zur Prozessgestaltung und -steuerung

Bezogen auf die abgebildete Rollenbeschreibung sind Beispiele für typische Einsatzfelder für den Prozessberater daher: die Dokumentation im Prozesshandbuch, die Herstellung von Konsistenz zwischen den Darstellungen von Einzelprozessen und der Prozesslandkarte, die Anwendung von Prozessmanagement-Methoden und der Einsatz von ausgewählten IT-Tools zur Unterstützung der Prozessmanagement Arbeit, die Moderation von Prozessmanagement-Workshops in der Prozessgestaltung und der Prozesssteuerung.

Der Prozesscoach hat Verantwortung im intermediären Coachingsystem

Prozesscoaching gehört, ähnlich wie Projektcoaching, zum Bereich des Fachcoachings. Es kommen daher in der Praxis die gleichen Elemente, Prozesse, Methoden und Hilfsmittel wie im Projektcoaching zur Anwendung (siehe Hiller, Majer, Minar-Hödel, Zahradnik 2007). Der wesentliche Unterschied liegt darin, dass der primäre Betrachtungsgegenstand das Prozessmanagement und nicht das Projektmanagement ist. Eine Rollenbeschreibung zur Festlegung der Aufgaben und der Verantwortung eines Prozesscoaches könnte daher in der folgenden Form definiert sein:

Rollenbeschreibung Prozesscoach

Zweck
- » Prozessspezifische Beratung und Begleitung des Coachees (z.B. Prozessverantwortlicher, Prozesseigner, Prozessteam)
- » Erhöhung des Handlungsspielraums des Coachees durch Anbieten von angefordertem Know-how, nützlichen Erfahrungen sowie externen Sichtweisen an das Prozesscoachingsystem
- » Entwicklung neuer Perspektiven und Ideen im Prozesscoachingsystem
- » Förderung der Entwicklung von nachhaltiger Eigenkompetenz des Coachees
- » Hinweis auf kritische Punkte und Hinterfragen von existierenden Vorgehensweisen und Meinungen
- » Durchführung auf Basis von Freiwilligkeit seitens des Coachees und des Prozesscoaches
- » Wahrung absoluter Vertraulichkeit im Prozesscoachingsystem (sprich zwischen Coachee und Prozesscoach)
- » Der Prozesscoach hat weder direkte Verantwortung in der Prozessgestaltung noch in der Prozessdurchführung.

Organisatorische Stellung
- » Der Prozesscoach ist weder Teil der Prozessmanagement- noch der Prozessdurchführungsorganisation, sondern Teil des Coachingsystems.
- » Der Prozesscoach kann durch Verantwortungsträger innerhalb der Prozessorganisation (z.B. den Prozesseigner oder -verantwortlichen bzw. ein Mitglied des Prozesssteuerkreises) oder den Verantwortlichen für Personalentwicklung und/oder Prozessmanagement in der Linienorganisation (z.B. Prozessmanagement-Office) beauftragt weden.

Aufgaben	» Definition erreichbarer Ziele und Inhalte im Prozesscoaching
» Festlegung von passenden Coachingelementen und einer zielführenden Vorgehensweise im Prozesscoaching zur Erreichung der festgelegten Ziele
» Konstruktion und Etablierung eines passenden Prozesscoachingsystems
» Vereinbarung von organisatorischen Rahmenbedingungen im Prozesscoaching (z.B. Termine, Ort, Budget, Abrechnung)
» In Abhängigkeit vom Prozesscoachingauftrag zielführender Einsatz von Elementen des Prozesscoachings wie:
» Prozessmanagement-Fachberatung
» Personal Coaching (Reflexion von prozessbezogenen Fragestellungen, inneren/äußeren Konflikten, Entscheidungen …)
» Starthilfe zur Prozessdokumentation (nicht: permanente Dokumentationsarbeit)
» Moderation von Prozessmanagement-Workshops
» Erstellung von Beobachtungspapieren (Beobachtungen, Hypothesen, Empfehlungen) und strukturierte Reflexion derselben mit dem Coachee
» Unterstützung der Umsetzung/des Transfers der Theorie in die konkrete „Prozessarbeitswelt"
» Herausarbeiten von Lessons Learned im Prozesscoaching
Formale Kompetenzen (Befugnisse)	» Keine Befugnisse im Prozess (= Handlungssystem)
» Eskalation innerhalb des Prozesscoachingsystems
» Beendigung des Prozesscoachings (frühzeitige Zielerreichung oder Abbruch des Prozesscoachings)

Interne und externe Unterstützung hat unterschiedliche Schwerpunkte

Die Unterstützung eines Prozessverantwortlichen und seines Prozessteams mit Prozessmanagementexpertise kann auch durch interne Berater und Coaches erfolgen. Die Entscheidung, ob interne oder externe Prozessberater oder Prozesscoaches eingesetzt werden, will wohl überlegt sein, da beide Varianten unterschiedliche Vorteile bieten, teilweise aber bezogen auf ihre Wirksamkeit auch auf Grenzen stoßen.

Die Unterstützung durch interne Prozessberater und Prozesscoaches bringt den großen Vorteil, dass diese Personen die internen Regelungen zum Prozessmanagement und deren Zweckmäßigkeit detailliert kennen. Somit können vor allem interne Prozessberater in ihrer Funktion sicherstellen, dass die Richtlinien eingehalten, aber auch intern bestehende Werkzeuge und Hilfsmittel effizient und zweckmäßig eingesetzt werden. Aber auch mit internen Prozesscoaches kann über Sinn und Zweck und die maßgeschneiderte Anwendung der Richtlinien reflektiert werden. Zusätzlich ist internen Prozessberatern und -coaches die Unternehmenskultur bestens bekannt. Erklärungen darüber, wie beispielsweise Entscheidungen getroffen oder in welcher Art und Weise Konflikte aufgelöst werden, können daher entfallen. Häufig pflegen interne Prozessberater und -coaches auch ein enges Verhältnis mit den Entscheidungsträgern zum Prozessmanagement – den Prozesseignern und Mitgliedern des Prozessesteuerkreises. Der Nutzen dieser Kontakte kann durch Überlegungen zur bewussten Nutzung dieser Beziehungen eingefahren werden.

Als besonders vorteilhaft erweist sich, dass die Anschlussfähigkeit zu anderen Prozessen leicht sichergestellt werden kann beziehungsweise die Integration eines Prozesses in die Prozesslandkarte beinahe automatisch und unproblematisch verläuft, da diese Ebenen von internen Prozessberatern und -coaches in der Regel unaufgefordert mit betrachtet werden. Interne Prozessberater und Prozesscoaches werden daher vorrangig bei Prozessmanagementvorhaben gefragt sein, bei denen die interne Anschlussfähigkeit sowie die unternehmensinterne Integration im Vordergrund stehen.

Externe Prozessberater und -coaches bieten dagegen den Vorteil ihrer raschen Verfügbarkeit. Durch ihren externen Status besteht für diese die Notwendigkeit, bei

Auftragsannahme die angeforderten Ressourcen auch im vereinbarten Ausmaß mit hundertprozentigem Fokus auf das Prozessmanagementvorhaben zur Verfügung zu stellen. Eine Ablenkung durch beispielsweise Regeltätigkeiten in der Linienorganisation kann damit ausgeschlossen werden. Weiters kann durch externe Prozessberater und Prozesscoaches eine neutrale Außensicht ohne emotionale Vorbelastung eingebracht werden. Es ist externen Prozessberatern und -coaches im Normalfall viel eher erlaubt, alles Bestehende zu hinterfragen. Aber auch die relative Unkenntnis über interne Vorgaben, Regelungen, Strukturen, Firmenkultur et cetera ermöglicht es Externen in erhöhtem Ausmaß, eingefahrene Muster zu erkennen und transparent zu machen. Darauf aufbauend können das divergierende Wissen und die breit gestreute Erfahrung von externen Prozessberatern und -coaches als wertvolle Input-Quelle genutzt werden. Meist sind externe Prozessberater und -coaches auch diejenigen, die die Kenntnis und die Erfahrung in der Nutzung von neuen, noch nicht etablierten Werkzeugen einbringen können.

Externe Prozessberater und Prozesscoaches werden daher vorrangig eingesetzt werden, wenn ein Prozessmanagementvorhaben einen Paradigmenwechsel erfordert und somit externes Know-how, externe Erfahrungen und Sichtweisen gefragt sind. Auch im Fall von Ressourcenengpässen sind vor allem externe Prozessberater meist das Mittel der Wahl.

Tipps

- ✓ Legen Sie fest, welche Art der Unterstützung und Begleitung (interne oder externe Beratung bzw. Coaching) für die aktuelle Situation im Prozess benötigt wird.
- ✓ Vor dem eigentlichen Einsatz müssen Aufgaben, Kompetenz und Verantwortung des Beraters/Coaches mit den Beteiligten abgeklärt werden.
- ✓ Das Ausmaß der Unterstützung und Begleitung wird in Form eines Beratungs- oder Coachingauftrags festgehalten.
- ✓ Definieren Sie, „wie" und „wann" die Unterstützung beendet werden kann – schließen Sie jeden Beratungs- oder Coachingauftrag mit einer Abschlussreflexion ab.

TUTORIUM I

TUTORIUM I
METHODENSTECKBRIEFE

Welche Methoden haben sich in der Praxis bewährt?

Wie werden sie eingesetzt und welche Tipps gibt es dazu?

Übersicht

Die Steckbriefe beinhalten neben einer allgemeinen Beschreibung Hinweise zur Anwendung und Umsetzung in der Praxis und sind den wichtigsten Schritten des Prozesslebenszyklus zugeordnet.

1. Abgrenzung und Kontextanalyse (Erhebung)
2. Bildkartenmethode/Vorgangskettendiagramm (Darstellung)
3. Wertschöpfungskettendarstellung (Darstellung)
4. Flussdiagramm (Darstellung)
5. Ereignisgesteuerte Prozesskette (Darstellung)
6. Schwimmbahnendarstellung (Darstellung)
7. Treppendarstellung (Darstellung)
8. Die sieben Qualitätsmanagementwerkzeuge
    - 8.1 Fehlersammelkarte (Analyse, Steuerung)
    - 8.2 Histogramm (Analyse, Steuerung)
    - 8.3 Regelkarte oder Control Chart (Analyse, Steuerung)
    - 8.4 Paretodiagramm (Analyse, Konzeption, Steuerung)
    - 8.5 Brainstorming (Analyse, Konzeption, Steuerung)
    - 8.6 Ursache-Wirkung-Diagramm (Analyse, Konzeption, Steuerung)
    - 8.7 Korrelationsdiagramm (Analyse, Konzeption, Steuerung)
9. Input-Output-Analyse (Analyse, Konzeption)
10. Wertschöpfungsanalyse (Analyse, Konzeption)
11. Fehlermöglichkeits- und Einflussanalyse (Analyse, Konzeption)

In den einzelnen Vorlesungen finden sich weitere Kurzbeschreibungen zu den Methoden:

12. Situationsanalyse (Erhebung – siehe Vorlesung 5)
13. Prozesslandkarte (Darstellung – siehe Vorlesung 5)
14. Barrieren-Portfolio (Konzeption, Umsetzung – siehe Vorlesung 5 bzw. 8)
15. Quality Function Deployment (QFD) (Analyse, Konzeption – siehe Vorlesung 8)
16. Total Cycle Time (Analyse, Konzeption – siehe Vorlesung 8)
17. Six Sigma/DMAIC-Zyklus (Analyse, Konzeption, Umsetzung – siehe Vorlesung 8)
18. Deming-Rad/PDCA-Zyklus (Steuerung – siehe Vorlesung 10)

1. Abgrenzung und Kontextanalyse

Die Abgrenzung und Kontextanalyse ist eine strukturierte und ganzheitliche Methode im Rahmen der Erhebung und Analyse von Prozessen. Sie bildet die Basis für die Prozessübersicht beziehungsweise die weitere Konkretisierung und Steuerung eines einzelnen Prozesses. Über acht Schritte (zeitliche, sachliche, räumliche und soziale Abgrenzung und Kontextbetrachtung) werden externe und interne Kundenanforderungen, der Prozessumfang und die Verantwortlichkeiten der Prozessbeteiligten und relevanten Stakeholder definiert (siehe Abb. 71).

Bei der Anwendung der Methode geht es um die „Grobdefinition" eines Prozesses und um die Konstruktion einer ganzheitlichen Prozesssicht in Abstimmung mit den Prozessbeteiligten beziehungsweise den relevanten Umwelten. Es wird auf die Entwicklung einer gemeinsamen Sprache zum Prozess abgezielt.

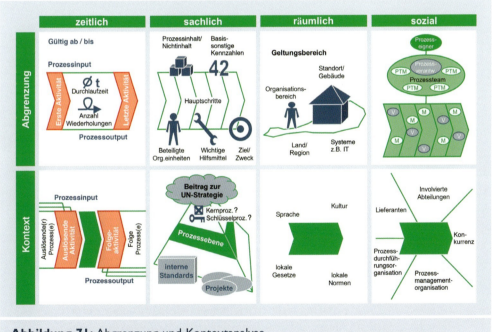

Abbildung 71: Abgrenzung und Kontextanalyse

So gehen Sie vor:
Der Prozessverantwortliche erarbeitet einen Erstansatz zu zumindest folgenden Teilaspekten der Prozessabgrenzung und Kontextanalyse:
» Definition der Prozessbezeichnung bzw. des Prozessnamens
» Definition des Prozessziels bzw. Prozesszwecks
» Festlegen des Prozessstarts mit Prozessinput und der ersten Aktivität im Prozess bzw. des Prozessendes mit letzter Aktivität im Prozess und Prozessoutput
» Identifikation auslösender Prozesse/Prozesslieferanten mit den auslösender Aktivität bzw. Folgeprozesse/Prozesskunden mit den jeweiligen Folgeaktivitäten
» Beschreibung des Prozessinhalts, Nichtinhalts und relevanter Hilfsmittel
» Festlegung der Prozessorganisation (Prozesseigner, Prozessverantwortlicher, ggf. Prozessteam)
» Festlegung der wesentlichsten Prozessschritte und Verantwortlichkeiten
» Kategorisierung des Prozesses und Einordnung in das Prozessmodell des Unternehmens (Prozessart, Bedeutung, Ebene, Prozessnummer usw.)
» Identifikation und Bewertung relevanter Umwelten und Ableiten von Konsequenzen bzw. Maßnahmen in Bezug auf den Prozess
» Definition sonstiger Einflüsse (Zusammenhang mit Unternehmensstrategie, Standards/Normen, Kultur/Region, örtliche Verteilung, Systeme usw.)
» Entwicklung relevanter, prozessspezifischer Kennzahlen

Anschließend wird dieser Erstansatz in zyklischen Überarbeitungsschleifen mit dem restlichen Prozessteam beziehungsweise mit den relevanten Umwelten verfeinert. Das Ergebnis wird in Form von unterschiedlichen Plänen im Prozesshandbuch dokumentiert (Prozessübersicht, Prozessorganisation, Kontextbetrachtung bzw. Stakeholderanalyse). Änderungen im Rahmen der Ausarbeitung der Detailpläne werden in den betroffenen Plänen nachgezogen.

Tipps

✓ Die einzelnen Schritte müssen nicht streng sequenziell abgearbeitet werden. Vielmehr können am Anfang alle acht Schritte gleichzeitig im Fokus behalten werden, um Ideen und Zusammenhänge sofort festhalten zu können.

✓ Es ist häufig sinnvoll, „Outsider" bzw. relevante Stakeholder zum Einbringen externer Sichtweisen einzubinden.

- ✓ Für die Erarbeitung sollten in der Startphase einfache und flexible Visualisierungsmethoden (Pinnwand mit Kärtchen bzw. Flipchart) verwendet werden.
- ✓ Es ist notwendig, die Prozessgrenzen mit den übergeordneten, vor- und nachgelagerten Prozessen bzw. mit der Prozesslandkarte abzustimmen bzw. entsprechend zu adaptieren.
- ✓ Im Fall der Überarbeitung eines existierenden Prozesses ist die ursprüngliche Abgrenzung des Prozesses infrage zu stellen!
- ✓ Nehmen Sie sich Zeit bei der Erstellung und Abstimmung der Abgrenzungs- und Kontextanalyse. Diese Zeit ist gut investiert.

2. Bildkartenmethode/Vorgangskettendiagramm

Um die Grundprinzipien des Ansatzes (Beteiligung, Reflexion und Lösungsorientierung) im Rahmen der Modellierung von Prozessen besser zu unterstützen, wurde die Bildkartenmethode oder auch Picture Card Design Method (PCDM), wie bei Gappmaier beschrieben, entwickelt.

Die Bildkartenmethode ist ein sehr einfach handhabbares Instrument zur Erhebung und Darstellung von Prozessen. Ende der 1990er-Jahre wurde der Business-Process-Reengineering-Ansatz (BPR) durch stärkere Einbeziehung von Social-skills-Elementen zum holistic Business Process Management (hBPM) weiterentwickelt.

Ziel der Bildkartenmethode ist die Einbeziehung der Prozessbeteiligten in den Modellierungs- und Veränderungsprozess. Dadurch werden Akzeptanz und Prozessqualität sichergestellt. Der Name dieser Methode bezieht sich auf die Verwendung von einfachen Bildkarten zur Darstellung der wesentlichsten Betrachtungsobjekte eines Prozesses und deren Beziehungen (siehe Abb. 72):
- » Prozessschritt – Was?
- » Verantwortlichkeit für einen Prozessschritt – Wer?
- » Input oder Output eines Prozessschritts
- » Hilfsmittel bzw. Werkzeuge – Womit?

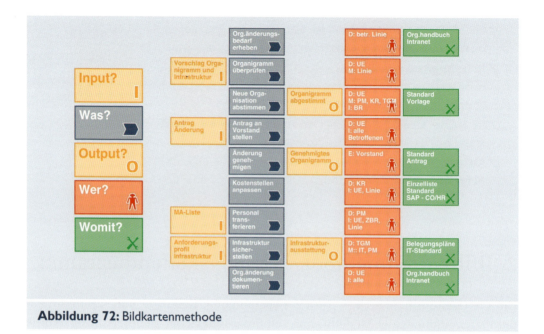

Abbildung 72: Bildkartenmethode

So gehen Sie vor:
Nach einer kurzen Erklärung der Methode und der verschiedenen Karten wird sofort mit der Darstellung begonnen. Es gibt unterschiedliche Vorgehensweisen, den Diskussionsprozess zu starten. Entweder hat der Moderator schon eine High-Level-Darstellung des betrachteten Prozesses vorbereitet und die Teilnehmer starten mit einem ersten Feedback und adaptieren den Prozess oder der Prozess wird direkt in Form einer Brainstorming-Einheit entwickelt. Bei beiden Vorgehensweisen ist jedoch darauf zu achten, dass die Teilnehmer in den Erarbeitungsprozess eingebunden werden und der neu entwickelte Prozess zu „ihrem" Prozess wird.

Bei der Modellierung beginnen wir zuerst mit der Anordnung der Prozessschritte (vertikal oder horizontal). Im Anschluss werden weitere Darstellungsdimensionen wie Verantwortlichkeiten, Input, Output oder Hilfsmittel und Werkzeuge hinzugefügt und deren Beziehung hinterfragt. Entscheidend ist die Aufrechterhaltung der Interaktion und Kommunikation zur gemeinsamen Erarbeitung der Ergebnisse im Team.

Wie bei allen Erhebungsmethoden empfiehlt sich auch hier ein mehrmaliges Durchspielen des Prozesses (talk through, walk through, run through). Das heißt, in einem ersten Schritt werden die Kärtchen aufgeklebt. Im zweiten Durchlauf wird der gesamte Prozess nochmals durchgesprochen und gegebenenfalls adaptiert und im dritten Schritt im Sinne eines Cockpit-Checks im Team freigegeben.

Sind die Bildkarten in horizontalen oder auch vertikalen Bahnen nach Betrachtungsobjekten (wie in Abb. 72) angeordnet, spricht man auch von der Darstellung als **Vorgangskettendiagramm (VKD)**. Das VKD beschreibt das Zusammenwirken von Funktionen (= Prozessschritte), Daten (= Input/Output), Organisationseinheiten (= Verantwortlichkeiten) und Systemen/Medien (= Hilfsmittel). Durch die zusätzliche Darstellung von Ereignissen wird das Vorgangskettendiagramm zu einer übersichtlichen Abwandlung der „Ereignisgesteuerten Prozesskette", die weiter unten als eigene Darstellungsmethode beschrieben ist.

Tipps

- ✓ Das Design der Bildkarten ist nicht entscheidend. Die Verwendung von einfachen Karten in unterschiedlichen Farben und Symbolen hat sich aber bewährt. Bei der Auswahl der Symbole ist darauf zu achten, dass diese identisch mit denen des verwendeten Prozessmodellierungstools sind, um den Transfer zu erleichtern.
- ✓ Die Karten sollten immer „mobil" bleiben (z.B. durch Verwendung von Post-its oder Stecknadeln) und nicht fix mit dem Flipchart oder der Pinnwand durch Ankleben verbunden werden, da dadurch der Kreativitätsprozess gestoppt wird.
- ✓ Die Gestaltung des Raums bzw. das Setting ist bei der eigentlichen Modellierungsarbeit relevant. Alle Teilnehmer sollten freien Blick und Zugang zur Pinnwand haben.
- ✓ Die Karten sollten ein Feld für die Nummerierung haben, damit bei der weiteren Bearbeitung darauf verwiesen werden kann.
- ✓ Verwenden Sie diese Methode nicht nur bei der Neumodellierung von Prozessen, sondern setzen Sie diese auch bewusst bei der Adaptierung von bereits in Tools dokumentierten Prozessen ein.

3. Wertschöpfungskettendarstellung

Über die Wertschöpfungskettendarstellung ist es möglich, Prozesse in einer stark vereinfachten, intuitiv lesbaren Form abzubilden (siehe Abb. 73). Diese Darstellungsform ist eher für eine High-Level-Abbildung geeignet, um eine Prozessübersicht zu generieren.

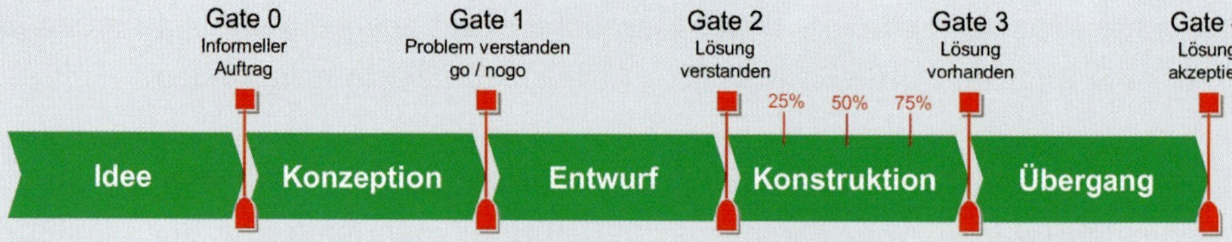

TUTORIUM I

	Idee	Konzeption	Entwurf	Konstruktion	Übergang
Gates	Gate 0: Informeller Auftrag	Gate 1: Problem verstanden – go / nogo	Gate 2: Lösung verstanden	Gate 3: Lösung vorhanden (25% / 50% / 75%)	Gate 4: Lösung akzeptiert
Input		» Informeller Auftrag	» Unterschriebener Auftrag	» Fachkonzept » DV-Konzept	» Ausführbare Version des Produkts
Inhalt		» Entwicklung von Lösungsvarianten » Erstellung Business-Case	» Detaillierte Analyse des Problembereichs (Fachkonzept) » Festlegung der Basisarchitektur im DV-Konzept	» Entwicklung eines vollständigen Produkts » Monitoring des Entwicklungsprozesses	» Fachliche Abnahme der Anwendung » Wirkbetriebseinführung
Output		» Unterschriebener Auftrag » Erste Risikoabschätzung	» Fachkonzept » DV-Konzept	» Ausführbare Version des Produkts » System- und Benutzerdokumentation	» Abgenommene Versionen im Wirkbetrieb
Verantwortung		» Durchführungsverantw. » Mitarbeit	» Durchführungsverantw. » Mitarbeit	» Durchführungsverantw. » Mitarbeit	» Durchführungsverantw. » Mitarbeit

Abbildung 73: Wertschöpfungskettendarstellung

So gehen Sie vor:

Bei dieser Darstellungsform werden die einzelnen Schritte entsprechend der Reihenfolge horizontal über Prozesspfeile angeordnet. Die Teilung von Prozesspfaden beziehungsweise sequenzielle Abläufe können in Wertschöpfungskettendarstellungen nicht adäquat abgebildet werden. Es ist möglich, weitere Informationen (z.B. Inputs/Outputs, Verantwortung) rund um die Prozesspfeile zu ergänzen. Steigt jedoch die Anzahl der dargestellten Prozessschritte, werden Wertschöpfungskettendarstellungen schnell unübersichtlich.

Tipps

✓ Versuchen Sie die Darstellung eher einfach zu halten.

✓ Für die Abbildung von umfangreichen und detaillierten Prozessen sollten eher Prozessfluss- oder Ablaufdarstellungen (ereignisgesteuerte Prozesskette, Vorgangskettendiagramm, Schwimmbahnendiagramm oder die Treppendarstellung) verwendet werden.

✓ Die Wertschöpfungskettendarstellung wird teilweise auch zur Visualisierung der Prozesslandkarte verwendet. Wenn neben der Darstellung der Reihenfolge auch hierarchische Zusammenhänge wie zum Beispiel Über- und Unterordnungen bzw. Beziehungen visualisiert werden, spricht man auch von Wertschöpfungskettendiagrammen.

4. Flussdiagramm

Das Flussdiagramm (= Ablaufdiagramm) ist eine klassische Visualisierungsmethode zur Darstellung von sowohl Ist-Prozessen als auch Soll-Prozessen. Es zeigt den Ablauf der einzelnen Prozessschritte in entweder horizontaler oder vertikaler Form und wird neben der Visualisierung von Arbeitsabläufen unter anderem in der Informatik zur Darstellung von Programmabläufen oder Datenflüssen eingesetzt.

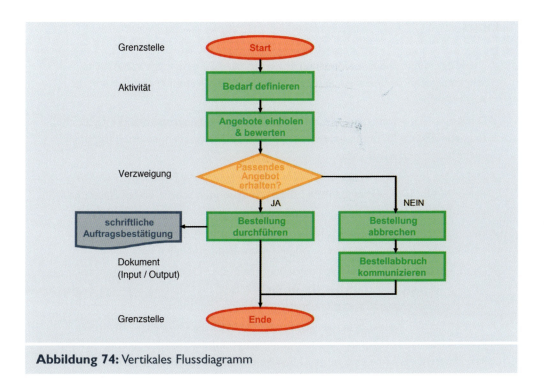

Abbildung 74: Vertikales Flussdiagramm

So gehen Sie vor:
In Abbildung 74 ist ein einfaches Beispiel für diese Methode dargestellt. Die Symbolik ist standardisiert, wie zum Beispiel in der Business Process Modeling Notation (BPMN). Jedes Flussdiagramm ist durch eine Grenzstelle (Start und Ende) begrenzt. Diese Grenzstellen werden kreisförmig abgebildet. Die Tätigkeiten in den rechteckigen Symbolen markieren die einzelnen Vorgänge, die innerhalb des Prozesses durchgeführt werden. Zusätzlich bietet das Flussdiagramm die Möglichkeit, Verzweigungen innerhalb des Prozesses einzuflechten. Verzweigungen werden durch eine Raute symbolisiert und haben einen Eingang (oben) und bis zu drei Ausgänge (rechts, links und unten). Innerhalb der Raute wird die Bedingung für die

Verzweigung in Textform zusammengefasst. Des Weiteren wird das Symbol eines Dokuments herangezogen, um Input- und Outputgrößen anzuzeigen. Durchgängige Linien werden genutzt, um die einzelnen Symbole für Ereignisse, Aktivitäten, Verzweigungen und Dokumente miteinander zu verbinden. Zuletzt ermöglichen Pfeile, ein Element und eine Verbindungslinie zueinander in Beziehung zu setzen.

Tipps

- ✓ Flussdiagramme sind insbesondere dazu geeignet, die Reihenfolge von Arbeitsschritten genau darzustellen, und passen aus diesem Grund hervorragend in die Analysephase.
- ✓ Die Verwendung von standardisierten Symbolen und eine grundsätzliche Leserichtung von oben nach unten bzw. von links nach rechts machen das Flussdiagramm leicht lesbar und handhabbar.
- ✓ Stellen Sie sicher, was genau unter dem Startereignis (bzw. Endereignis) im Sinne der BPM-Notation verstanden wird (Input, auslösender Schritt, erster Schritt oder ein Zustand dazwischen).
- ✓ Flussdiagramme lassen die Abbildung von Wiederholungsschleifen zu, wobei darauf geachtet werden muss, dass keine sogenannten Endlosschleifen entstehen.
- ✓ Der Detaillierungsgrad der Tätigkeiten innerhalb des Flussdiagramms kann frei gewählt werden. Allerdings besteht die Gefahr, dass ein Flussdiagramm bei zu großem Detaillierungsgrad rasch unübersichtlich wird und enorm viel Platz benötigt.
- ✓ Speziell bei der Konzeption von Soll-Prozessen kann die Darstellung mehrerer Prozessalternativen mittels Flussdiagramms aufgrund der detaillierten und komplexen Darstellungsweise eine Vergleichbarkeit der Alternativen verhindern.
- ✓ Obwohl Prozessverzweigungen leicht abbildbar sind, werden organisationsübergreifende Prozesse rasch unübersichtlich. Ein Nachteil, der mithilfe des Schwimmbahnendiagramms (Beschreibung siehe weiter unten) ausgeglichen werden kann.

5. Ereignisgesteuerte Prozesskette

Die Ereignisgesteuerte Prozesskette (EPK) ist eine Methode zur Darstellung von Prozessen, die 1992 von Wilhelm Scheer im Rahmen eines Forschungsprojekts mit der SAP AG für das Modellierungstool ARIS (Architektur Integrierter Informationssysteme) entwickelt wurde.

So gehen Sie vor:
Die Darstellung ist dadurch charakterisiert, dass auf jede Funktion beziehungsweise auf jeden Prozessschritt ein Ereignis beziehungsweise Zustand folgt (siehe Abb. 75). Die Funktionen und Ereignisse sind über einen Kontrollfluss (gestrichelter Pfeil) miteinander verbunden. Operatoren (UND, ODER bzw. EXKLUSIV ODER) dienen dazu, den Kontrollfluss aufzuspalten und gegebenenfalls wieder zusammenzuführen (siehe Abb. 76).

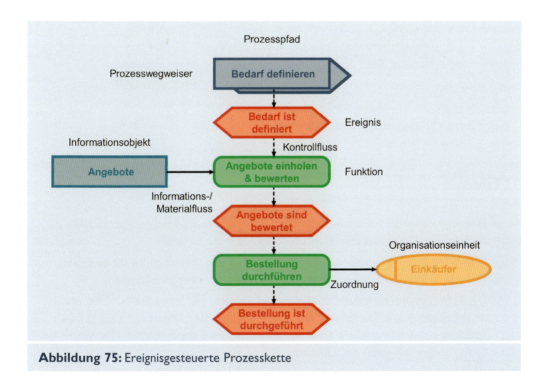

Abbildung 75: Ereignisgesteuerte Prozesskette

Zusätzlich zu diesen Basiselementen können weitere Symbole eingesetzt werden. So werden Rollen, die innerhalb des Prozesses Verantwortung tragen, über das Symbol Organisationseinheit einer Funktion zugeordnet (durchgängige Linie). Über Informationsobjekte können Dokumente, Dateien oder Anwendungssysteme unterschiedlichen Funktionen zugeordnet werden. Die Verbindung zwischen den Funktionen und den entsprechenden Informationsobjekten wird als sog. Informations- beziehungsweise Materialfluss in der Form eines durchgängigen Pfeils abgebildet.

Bei der Modellierung sind folgende Regeln zu beachten:
» Ein EPK-Modell muss mit einem Ereignis beginnen und enden!
» Funktionen und Events müssen abwechselnd vorkommen und dürfen nicht mehr als einen Input- und einen Output-Konnektor haben (siehe Abb. 76).
» Ein Ereignis ist ein passiver Zustand und kann daher keine Entscheidungen treffen.

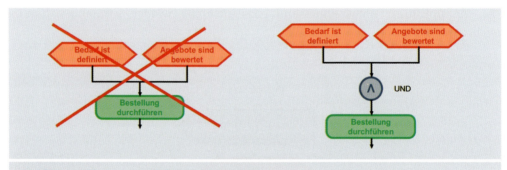

Abbildung 76: Input- und Output-Konnektor

Tipps

✓ Ereignisgesteuerte Prozessketten sind gut geeignet, um alternative oder parallele Abläufe sowie in einfacheren Fällen auch Schleifen darzustellen.

✓ Vermeiden Sie einen zu hohen Detaillierungsgrad und versuchen Sie die Ereignisse eindeutig und klar zu definieren, um eine leichte Lesbarkeit zu ermöglichen.

✓ Die Abbildung von formalen Strukturen und Abläufen mit „natürlichen" Ereignissen ist eher einfach. Die Darstellung von Überwachungs- und Kontrolltätigkeiten bzw. Tätigkeiten mit einem hohen Kreativanteil ist aufgrund der zwingend vorgeschriebenen Ereignisdefinition oft schwierig.

✓ Die Darstellung von Organisations-, System- oder Datenbrüchen ist über Ereignisprozessketten nicht möglich. In diesen Fällen sollte man auf die Schwimmbahnendarstellung (bzw. cross-functional flowchart), die wir weiter unten erläutern, zurückgreifen, da diese eine spaltenweise Sortierung der Elemente nach Typen ermöglicht.

✓ IT-Tools zur Unterstützung der Ereignisgesteuerten Prozesskette sind breit gestreut, wobei eine große Nähe zu Standardsoftwaresystemen wie SAP besteht.

✓ Zum Austausch von Ereignisgesteuerten Prozessketten zwischen verschiedenen Systemen wurde von der EPK-Community das XML-basierte Format Event-Driven-Process-Chain-Markup-Language (EPML) definiert.

6. Schwimmbahnendarstellung

Die Schwimmbahnendarstellung, auch Swimlane-Darstellung oder cross-functional flowchart genannt, zeigt die Prozessschritte horizontal über ihren Zeitverlauf (siehe Abb. 77). Zusätzlich bildet sie Informationen über die organisatorische Zuordnung der Verantwortung für die einzelnen Prozessschritte in den sogenannten Schwimmbahnen ab.

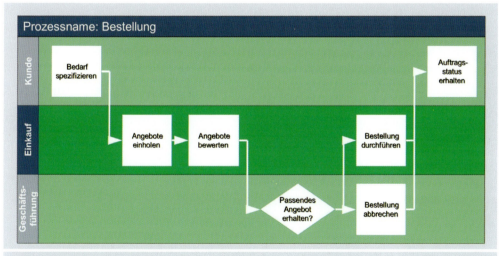

Abbildung 77: Schwimmbahnendarstellung (cross-functional flowchart)

So gehen Sie vor:
Das Schwimmbahnendiagramm kombiniert ein normales Flussdiagramm mit Bahnen für organisatorische Verantwortlichkeiten beziehungsweise Systemen oder Anwendungen, die entweder horizontal oder vertikal angeordnet sein können. Die Erstellung eines Schwimmbahnendiagramms beginnt mit der Entwicklung eines Flussdiagramms. Im zweiten Schritt werden sämtliche Akteure innerhalb des

Prozesses identifiziert und somit die Anzahl der Schwimmbahnen bestimmt. Zum Schluss wird das Flussdiagramm mit der Schwimmbahnenabbildung zusammengeführt. Abhängig davon, ob das Schwimmbahnendiagramm zur Abbildung eines Ist-Prozesses oder zur Konzeption eines Soll-Prozesses verwendet wird, werden weitere Diskussionen über Prozessstärken und zu berücksichtigende Limitationen beziehungsweise über Optimierungsmöglichkeiten geführt, bis eine einheitliche Sichtweise über die Prozessstruktur im Prozessteam erzielt wird.

Tipps

- ✓ Das Schwimmbahnendiagramm ist speziell dazu geeignet, das Springen von Verantwortlichkeiten, Systemen oder Anwendungen innerhalb eines Prozesses sichtbar zu machen.
- ✓ Durch die Kombination der Schwimmbahnen mit dem Flussdiagramm bleiben Schwimmbahnendiagramme bei hohem Detaillierungsgrad der Prozessbeschreibung recht unübersichtlich.
- ✓ Neben der Abbildung von internen Organisationseinheiten ist auch der Einbezug von externen Stakeholdern in die Abbildung des Prozesses möglich.
- ✓ Es ist eine Entscheidung darüber zu treffen, ob die Schwimmbahnen in horizontaler oder vertikaler Richtung abgebildet werden.
- ✓ Bei der Darstellung sollte darauf geachtet werden, dass Organisationseinheiten mit parallelisierten Tätigkeiten möglichst aneinander angrenzend dargestellt werden.
- ✓ Es besteht die Möglichkeit, Zusatzinformationen wie z.B. Inputs und Outputs als Dokumentensymbol und mit gestrichelter Linie in das Schwimmbahnendiagramm zu integrieren.
- ✓ Vor einer IT-unterstützten Abbildung des Schwimmbahnendiagramms empfiehlt es sich, dieses auf Pinnwand zu entwickeln. Dafür wird ein Raster der Schwimmbahnen für die identifizierten Verantwortungsträger auf die Pinnwand aufgetragen und das Flussdiagramm mithilfe von Post-its den Schwimmbahnen zugeordnet.

7. Treppendarstellung

Eine weitere Alternative zur Prozessdarstellung ist eine diagonale oder treppenartige Abbildung der Prozessschritte. Pro Zeile beziehungsweise Spalte wird genau ein Prozessschritt angeordnet (siehe Abb. 78). Dadurch können Outputs sehr einfach gleichzeitig als Inputs für folgende Prozessschritte dargestellt werden.

So gehen Sie vor:
Diese Darstellungsform kann die Prozessgestaltung sowohl im Rahmen der ersten Workshops physisch mit Bildkarten auf Pinnwand unterstützen, als auch im Rahmen der elektronischen Dokumentation (z.B. next level Prozesshandbuch) eingesetzt werden.

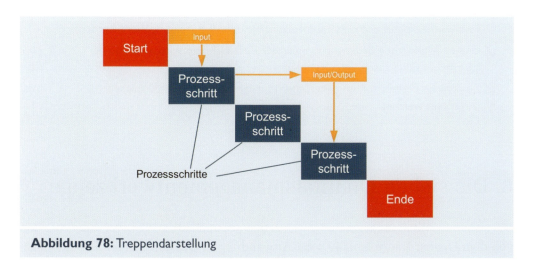

Abbildung 78: Treppendarstellung

Jeder Prozess wird durch einen Start und ein Ende begrenzt. Anschließend wird pro Zeile und Spalte je ein Prozessschritt angeordnet. Im Bereich rechts der Treppe können Output- und Inputbeziehungen sowie Ereignisse dargestellt werden.

In der Praxis wird die Treppendarstellung sehr gerne mit zusätzlichen Informationen an der rechten Seite beziehungsweise unterhalb der Prozessschritte ergänzt.

Im Bereich unterhalb der Treppe können Prozess-Basiskennzahlen je Prozessschritt angeführt werden, beispielsweise die Durchlaufzeit, der Aufwand und die Kosten. Die Werte können durchschnittliche Ist-Daten oder angestrebte Soll-Werte sein. Dadurch lässt sich sehr einfach über die Prozessschritte eine Summe der angegebenen Basiskennzahlen bilden.

Im Bereich rechts der Treppe kann eine Zuordnung von Rollen zu den Prozessschritten dokumentiert werden. In der Form eines Funktionendiagramms wird dabei zwischen Verantwortung, Entscheidung, Mitarbeit und Information differenziert. Je Prozessschritt muss es exakt eine Rolle geben, der die Verantwortung zugeordnet ist.

TUTORIUM I

> **Tipps**
>
> ✓ Die Treppendarstellung ist besonders für die mittleren Gliederungsebenen (2 bis 4) geeignet, weniger gut für Prozesslandkarten oder sehr detaillierte und komplexe Prozessabläufe mit Operatoren.
> ✓ Die Erarbeitung sollte zunächst mittels einfacher Moderationswerkzeuge auf einer Pinnwand erfolgen und erst anschließend elektronisch dokumentiert werden.
> ✓ Eine zu feine Untergliederung in mehr als 10 Teilschritte wird aufgrund der Informationsfülle rasch unübersichtlich.
> ✓ Zusätzliche Details sollten daher eher in einer nächsten Gliederungsebene dargestellt werden.

8. Die sieben Qualitätsmanagementwerkzeuge

Die sieben Qualitätsmanagementwerkzeuge, kurz auch als „Q7" bezeichnet, wurden von dem Japaner Kaoru Ishikawa zur Anwendung in Qualitätszirkeln zusammengestellt. Sie dienen der Erfassung und Untersuchung von Fehlern (siehe Abb. 79).

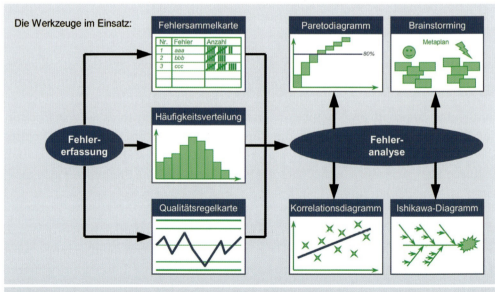

Abbildung 79: Die sieben Qualitätsmanagementwerkzeuge

Die Fehlersammelkarte, das Histogramm (Häufigkeitsverteilung) und die Qualitätsregelkarte oder auch Control Chart werden zur Fehlererfassung verwendet, während Paretodiagramm, Brainstorming, Ishikawa-Diagramm (Ursache-Wirkung-Diagramm) und Korrelationsdiagramm zur Fehleranalyse eingesetzt werden. Jede dieser Methoden kann für sich allein verwendet werden, aber teilweise bauen die Methoden aufeinander auf.

8.1 Fehlersammelkarte
Die Fehlersammelkarte (oder auch Strichliste, Datensammelblatt oder Check Sheet) ist eine sehr einfache Methode in der Erhebung. Sie dient zur Fehlererfassung und Trenddarstellung. Dabei werden Fehler (Art und Anzahl) nach vorher definierten Fehlerkategorien im Rahmen der Prozessdurchführung durch die Durchführungsverantwortlichen erfasst (siehe Abb. 80).

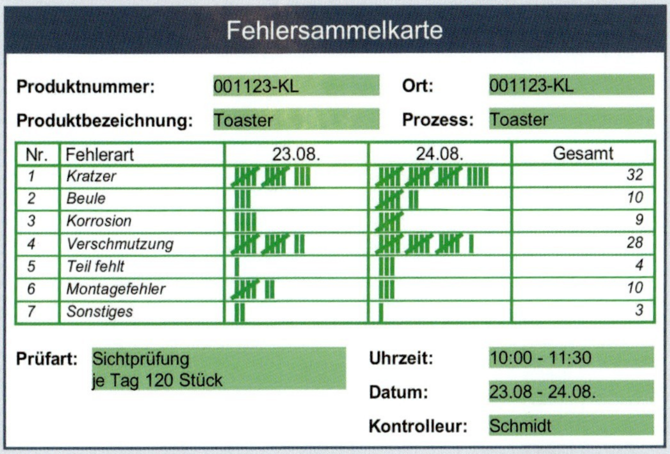

Abbildung 80: Fehlersammelkarte

So gehen Sie vor:
Zuerst muss das zu untersuchende System (Produkt, Prozessschritt usw.) abgegrenzt werden. In einem zweiten Schritt geht es um die Definition möglicher Fehlerkategorien. Dann wird die Fehlersammelkarte zur Erfassung erstellt. Zum Abschluss muss noch definiert werden, wer die Erhebung in welchem Zeitraum durchführt.

> **Tipps**
>
> ✓ Definieren Sie die Fehlerkategorien im Team oder unter Zuhilfenahme des Ursache-Wirkung-Diagramms (siehe weiter unten).
> ✓ Legen Sie neben den bekannten Fehlern auch eine Kategorie „Sonstiges" fest.
> ✓ Die Fehlersammelkarte sollte einfach zu benutzen und leicht verständlich sein.
> ✓ Legen Sie fest, wer für die Erfassung der Daten verantwortlich ist, und vermerken Sie dies gemeinsam mit dem Beobachtungszeitraum (Datum, Uhrzeit) auf der Fehlersammelkarte.
> ✓ Es muss den Mitarbeitern klar sein, dass diese Erhebung für die Weiterentwicklung im Prozess wichtig ist und dass auch „schlechte" Neuigkeiten ohne Befürchtungen aufgezeichnet werden können.
> ✓ Die Beobachtung beinhaltet immer auch eine Bewertung durch den Beobachter.

8.2 Histogramm

Das Histogramm ist ein Säulendiagramm. Es wird ebenfalls zur Fehlererfassung eingesetzt. In grafischer Form werden die Häufigkeiten von Messwerten in Klassen dargestellt (siehe Abb. 81).

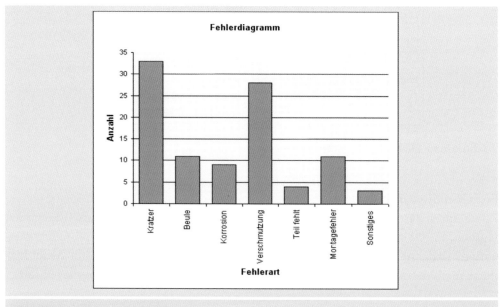

Abbildung 81: Histogramm

Das Histogramm dient zur Feststellung der Verteilungsform (z.B. Normalverteilung) und kann über die grafische Aufbereitung Ausreißer beziehungsweise Anomalien aufzeigen.

So gehen Sie vor:
Die Messwerte aus der Prozessdurchführung zu den Prozessergebnissen beziehungsweise relevanten Prozesseingangsparameter werden in einem ersten Schritt durch einen Mitarbeiter aus den aufzeichnenden Systemen ausgelesen und auf Konsistenz überprüft. Die Messwerte werden in Klassen gebündelt und in zum Beispiel MS-Excel in grafischer Form dargestellt. Dabei werden die Klassen auf der x-Achse und die Häufigkeiten auf der y-Achse aufgetragen.

Tipps

- ✓ Ein Histogramm kann große Datenmengen, die anhand von Tabellen nur schwer erfassbar wären, leicht darstellen.
- ✓ Legen Sie die Anzahl der Klassen k anhand der Anzahl der erhobenen Messwerte fest, für weniger als 250 Messwerte ist k näherungsweise $(n)^{(1/2)}$. Bei mehr als 250 Messwerten sollte k zwischen 10 und 20 liegen.
- ✓ Die Breite der Klassen errechnet sich auf Basis der Spannweite (Maximalwert–Minimalwert) durch die Anzahl der Klassen k.
- ✓ Das Histogramm kann ohne aufwendige Software schnell dargestellt werden.
- ✓ Aussagen über die mittlere Lage (normale glockenförmige Verteilung, schiefe Verteilung bzw. Doppelspitzen) sind leicht möglich. Die Bewertung und Interpretation sollte aufgrund des dort vorhandenen breiteren Wissens im Prozessteam erfolgen.

8.3 Regelkarte oder Control Chart

Die Regelkarte oder Qualitätsregelkarte gehört ebenfalls zu den Methoden der Fehlererfassung. Sie ist ein grafisches Hilfsmittel zur fortlaufenden Beobachtung eines Prozesses und dessen Messwerten über einen bestimmten Zeitraum hinweg (siehe Abb. 82). Bei Überschreitung von vorgegebenen Grenzen wird regelnd in den Prozess eingegriffen.

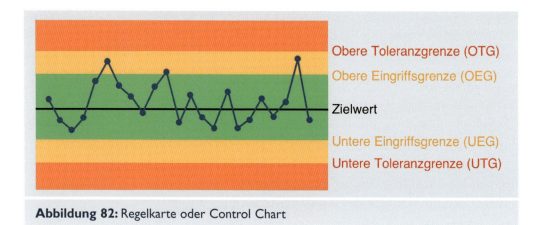

Abbildung 82: Regelkarte oder Control Chart

So gehen Sie vor:

Es werden die Messwerte aus der Prozessdurchführung über eine gewisse Zeit entnommen und in der Regelkarte beziehungsweise im Control Chart dargestellt. Die Anzahl der Messwerte beziehungsweise der Stichprobenumfang hängt von Zeit und Kosten ab. Die Stichproben müssen jedoch so häufig entnommen werden, dass Veränderungen im Prozess schnell erkannt werden können. Werte innerhalb der oberen und unteren Eingriffsgrenzen zeigen, dass der Prozess im „grünen" Bereich läuft. Liegen Werte außerhalb der Eingriffsgrenzen oder außerhalb der Toleranzgrenzen, so ist eine weitere Fehleranalyse notwendig.

Tipps

- ✓ Eine Visualisierung des Prozessverhaltens ist relativ einfach möglich.
- ✓ Die Steuerung mittels Regelkarten bzw. Control Charts kann als dauerhaftes Frühwarnsystem eingesetzt werden, um Fehler bzw. Ausschuss zu vermeiden.
- ✓ Schon beim Überschreiten der Eingriffsgrenze kann im Vorfeld agiert werden, ohne ein Überschreiten der Toleranzgrenze abzuwarten.
- ✓ Setzen Sie die Regelkarte bzw. das Control Chart nicht nur zur Überwachung ein, sondern nutzen Sie die Möglichkeit, den Prozess zu verbessern, indem auffällige Streuungen und deren Ursachen untersucht werden.

8.4 Paretodiagramm

Das Paretodiagramm gehört zu den Fehleranalysemethoden. Es beruht auf dem Paretoprinzip („80/20-Regel"). Das Paretoprinzip ist ein statistisches Phänomen, das besagt, dass 20 bis 30 Prozent hohe Werte schon zu 70 bis 80 Prozent des Gesamtwerts beitragen. Das Paretodiagramm ist ein Säulendiagramm, welches Fehlerursachen nach ihrer Häufigkeit sortiert (siehe Abb. 83). Ziel ist es, wichtige von unwichtigen Ursachen zu unterscheiden und die Reihenfolge der Problemlösung festzulegen.

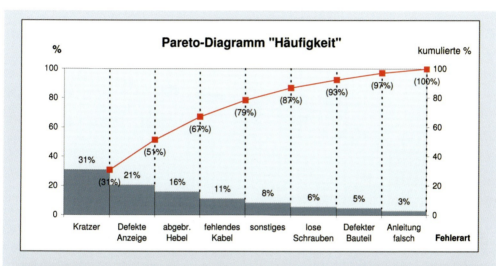

Fehlerart	Anzahl	Häufigkeit in %	Gesamtkosten
sonstiges	9	8,41	165
abgebr. Hebel	17	15,89	306
Anleitung falsch	3	2,80	480
Kratzer	33	30,84	1.155
lose Schrauben	6	5,61	72
Defekter Bauteil	5	4,67	110
fehlendes Kabel	12	11,21	264
Defekte Anzeige	22	20,56	132
	107	100	2.684

Abbildung 83: Paretodiagramm nach Häufigkeit am Beispiel Radioproduktion

So gehen Sie vor:

Es werden die Fehlerursachen aus der Prozessdurchführung über eine gewisse Zeit entnommen (z.B. mittels einer Fehlersammelkarte, siehe weiter oben) und die Häufigkeit des Auftretens berechnet. Dann werden in einem ersten Schritt die Fehler nach Häufigkeit des Auftretens sortiert. Das Beispiel in Abbildung 83 zeigt anhand der Summenkurve, dass ca. 79 Prozent der Fehler durch Kratzer, defekte Anzeigen, abgebrochene Hebel und fehlende Kabel verursacht werden. In einem zweiten Schritt wird das Diagramm nach den Auswirkungen, beispielsweise Behebungskosten je Fehler, sortiert (siehe Abb. 84). Das Diagramm zeigt, dass ca. 72 Prozent der Fehlerbehebungskosten durch Kratzer, falsche Anleitungen und abgebrochene Hebel und nicht durch defekte Anzeigen und fehlende Kabel verursacht werden.

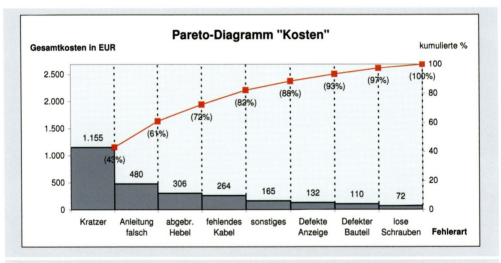

Abbildung 84: Paretodiagramm nach Fehlerbehebungskosten am Beispiel Radioproduktion

Tipps

✓ Definieren Sie die Fehlerkategorien im Team oder unter Zuhilfenahme des Ursache-Wirkung-Diagramms (siehe weiter unten).

✓ Legen Sie neben den bekannten Fehlern auch eine Kategorie „Sonstiges" fest.

✓ Die Fehlerkategorien sollten leicht verständlich sein.

✓ Treffen Sie die Entscheidung, welchen Ursachen als Erstes nachgegangen werden soll, nicht nur auf Basis der Häufigkeit des Auftretens, sondern nach den Auswirkungen.

8.5 Brainstorming

Brainstorming ist eine Methode mit dem Ziel, zu einem beliebigen Thema Ideen, Argumente oder Lösungsvorschläge zu sammeln. Im Rahmen der sieben Qualitätsmanagementwerkzeuge wird Brainstorming zur Fehleranalyse eingesetzt.

So gehen Sie vor:
Zu Beginn der Sitzung wird das Thema durch den Moderator für alle Teilnehmer gut sichtbar auf Flipchart oder ein Kärtchen niedergeschrieben. Die Teilnehmer werden zur Einhaltung der Spielregeln verpflichtet. Nun werden Ideen von den Teilnehmern auf Kärtchen geschrieben und anschließend präsentiert oder die Ideen werden mündlich vorgetragen und durch einen Moderater dokumentiert. Jede Idee wird niedergeschrieben, auch wenn sie öfters vorkommt. Erst in einem zweiten Schritt werden die Ideen diskutiert, bewertet und zu Gruppen zusammengefasst.

Tipps

- Jeder kann jede beliebige Idee bzw. Wortmeldung einbringen.
- Ungezügelte, freie Fantasie ist erwünscht.
- Kritik an Ideen oder Wortmeldungen in der Ideenfindung ist grundsätzlich verboten.
- Brainstorming ist eine Methode, bei der spontan Ideen eingebracht werden sollen, daher ist Quantität vor Qualität zu sehen.
- Jede Idee muss protokolliert werden, auch wenn sie voraussichtlich nicht verwertbar ist.
- Aus bereits genannten Ideen sollen über Weiterentwicklungen bzw. Adaptierungen neue Ideen entstehen.
- Moderation ist wichtig.

8.6 Ursache-Wirkung-Diagramm

Das Ursache-Wirkung-Diagramm wird wegen seines Aussehens auch als Fischgräten-Diagramm bezeichnet, seine Entwicklung wird dem Japaner Kaoru Ishikawa zugeschrieben (siehe Abb. 85). Bei dieser Methode geht es nicht um die Konzentration auf Probleme, sondern um die Entwicklung von möglichen Lösungen zur Behebung. Die Idee ist es, im Rahmen der Fehleranalyse eine bestimmte Wirkung nicht nur einer Ursache zuzuordnen, sondern über eine strukturierte Methode unterschiedliche Ursachen zu identifizieren. Weiters kann diese Darstellung bei der Bearbeitung möglicher Problemursachen als Checkliste dienen.

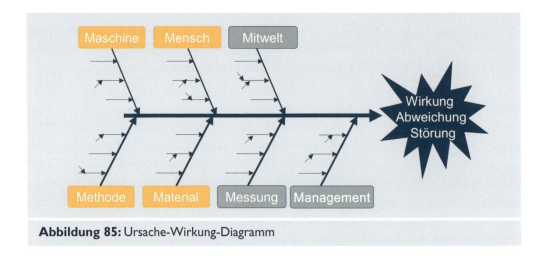

Abbildung 85: Ursache-Wirkung-Diagramm

So gehen Sie vor:
Zuerst wird die Wirkung, Abweichung beziehungsweise Störung auf der rechten Seite eines Flipcharts, Packpapierblatts beziehungsweise einer großen Tafel notiert. Diese beinhaltet Angaben zu Inhalt, Zeit und Ort. Die Formulierung der Problemstellung, zum Beispiel „schleppende Behandlung von Reklamationen in der Reklamationsstelle in den Monaten Juli und August", sollte für alle Beteiligten klar und verständlich sein. Im nächsten Schritt werden mögliche Entstehungsursachen gesucht. In der von Ishikawa definierten Methode sind diese meist in den Ursachenkategorien beziehungsweise Hauptursachen Mensch (Wer verrichtet die Arbeit?), Maschinen (Einrichtungen), Methode (wie man die Arbeit erledigt) und Material (Komponenten oder Rohmaterial) zu finden.

Bei Bedarf können in der praktischen Anwendung jedoch auch noch weitere Hauptursachen wie zum Beispiel Management, Mitwelt oder Messung hinzugefügt werden. Die über beispielsweise Brainstorming gefundenen Einzelursachen werden durch den Moderator über Pfeile den Hauptursachen zugeordnet. Es können auch weitere Ursachen zur Entstehung von Einzelursachen definiert und eingetragen werden. Zum Abschluss erfolgt die Bewertung der gefundenen Einzelursachen mittels Klebepunkten. Um das Problem zu lösen, werden verschiedene Lösungsmöglichkeiten im Team ausgearbeitet und hinsichtlich Wirkung und Schwierigkeit der Realisierung bewertet.

Tipps

✓ Sammeln Sie zuerst mögliche Ursachen und bewerten Sie diese erst in einem zweiten Schritt.

✓ Bei der Sammlung von Ursachen sind neben fundierten Erfahrungen auch ausgefallene Ideen erwünscht.

✓ Eine Bewertung der möglichen Ursachen kann in der Folge auch über eine Risiko-prioritätsanalyse (siehe auch Fehlermöglichkeits- und Einflussanalyse [FMEA]) vorgenommen werden.

✓ Das Ursache-Wirkung-Diagramm hilft dem Team, sich über die Fischgrätstruktur auf die Ursachen einer Störung oder Abweichung zu konzentrieren und nicht auf die Symptome.

8.7 Korrelationsdiagramm

Das Korrelationsdiagramm oder Streudiagramm gehört ebenfalls zu den Analysemethoden. Es stellt die Beziehung zwischen zwei veränderlichen Faktoren zu einem Objekt in grafischer Form dar (siehe Abb. 86).

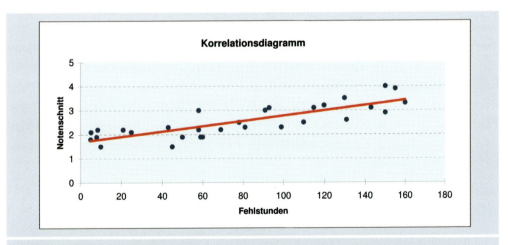

Abbildung 86: Korrelationsdiagramm am Beispiel Fehlstunden nach Notenschnitt von Schülern

So gehen Sie vor:

Zuerst werden die zu untersuchende Beziehung beziehungsweise die beiden veränderlichen Faktoren, die ein Betrachtungsobjekt beeinflussen, identifiziert. Im Rahmen der Prozessdurchführung werden die entsprechenden Messwerte zu dem Betrachtungsobjekt durch die Durchführungsverantwortlichen erhoben. Die entsprechenden Daten werden in ein Koordinatensystem (x-Achse Faktor 1 und y-Achse Faktor 2) als Punkt eingetragen und man erhält eine Punktwolke. Kann durch die Punktwolke eine ansteigende oder abfallende Ausgleichsgerade gezogen werden, korrelieren die Messwerte. Ist die Gerade parallel zur x- oder y-Achse beziehungsweise kann keine Ausgleichsgerade gezogen werden, liegt keine Korrelation vor.

Tipps

✓ Je näher die Punkte an der Ausgleichsgeraden liegen, desto stärker ist der Zusammenhang der beiden Faktoren.

✓ Durch das Korrelationsdiagramm wird nur der statistische Zusammenhang zwischen zwei Merkmalen dargestellt. Es erfolgt keine Aussage über einen kausalen Zusammenhang (Ursache – Wirkung).

9. Input-Output-Analyse

Die Input-Output-Analyse ist eine auf den russischen Wirtschaftswissenschaftler Wassily Leontief zurückgehende Methode zur Untersuchung der interindustriellen Verflechtung in einer Volkswirtschaft. Die für das Prozessmanagement adaptierte Methode versucht die Beziehungen zwischen dem Einsatz von Leistungen (Input) und dem Produktionsergebnis (Output) zu analysieren. Gerade die Weitergabe von Informationen, Daten, Dokumenten und physischen Objekten ist eine der häufigsten Fehlerquellen in einem Prozess. Die Input-Output-Analyse hilft dabei, diese Fehlerquellen aufzufinden und zu analysieren und daraus Maßnahmen zur Prozessverbesserung abzuleiten.

Prozessschritt	Input (Art, Form usw.)	Von wem? (Prozess, Abteilung, System)	Output (Art, Form usw.)	An wen? (Prozess, Abteilung, System)	Bemerkung

Abbildung 87: Input-Output-Analyse

So gehen Sie vor:
Die Prozessschritte des betrachteten Prozesses werden aus der Prozessbeschreibung beziehungsweise einer Prozessdarstellung in eine Analysetabelle übertragen (siehe Abb. 87).

Bei der Analyse sind folgende Fragen hilfreich:
» Was ist der benötigte Input für den Prozessschritt (Art, Form usw.)?
» Woher kommt der Input (Prozess, Abteilung, System)?
» Gibt es geforderte Inputs in einer gewissen Form, die niemand so als Output hat?
» Wie und warum wird der Input im Rahmen des Prozessschrittes benötigt?
» Wo liegen die Schwächen des Inputs (Art, Form usw.)?
» Welcher Output wird durch diesen Prozessschritt produziert (Art, Form usw.)?
» Wer benötigt diesen Output (Prozess, Abteilung, System)?
» Liegen Service Level Agreements vor?

Tipps

✓ Die Analyserichtung verläuft entweder entlang des Prozesses von vorne nach hinten (Input zu Prozessschritt, Prozessschritt zu Output) oder von hinten nach vorne.
✓ Die Input-Output-Analyse wird im Expertenteam durchgeführt.
✓ Der Ablauf entspricht dem Prinzip „talk through, walk through, run through". Zuvor wird jeder einzelne Prozessschritt mit seinen Inputs und Outputs mit den Durchführungsverantwortlichen bzw. Mitarbeitern im Detail analysiert (talk through). Im Anschluss wird der gesamte Prozess mit allen Beteiligten in einem gemeinsamen Workshop durchgegangen (walk through). Im letzten Schritt wird der Prozess mit den Beteiligten und sonstigen Betroffenen (z.B. Stakeholder) im Überblick geprüft (run through).

10. Wertschöpfungsanalyse

Die Wertschöpfungsanalyse dient dazu, Prozessschritte beziehungsweise Teilschritte hinsichtlich ihres Beitrags zur Wertschöpfung des Prozesses zu prüfen und jene Aktivitäten zu identifizieren, die im Prozess eliminiert werden können. In der Wertschöpfungsanalyse werden Aktivitäten eines Prozesses in direkt wertschöpfende „Nutzleistungen", wertneutrale „Stützleistungen" und nicht wertschöpfende Leistungen kategorisiert (siehe Abb. 88).

Wertschöpfungsanalyse

Prozess	Prozessbezeichnung xy												Summe	in %	% zu Durch-laufzeit
Prozessschritt	1. Schritt			2. Schritt				3. Schritt		4. Schritt					
Teilschritt / Bezeichnung	1.1	1.2	1.3	2.1	2.2	2.3	2.4	3.1	3.2	4.1	4.2	4.3	4.4			
	Teilschritt	Teilschritt	Teilschritt	Teilschritt	Teilschritt	Teilschritt	Teilschritt	Teilschritt	Teilschritt	Teilschritt	Teilschritt	Teilschritt	Teilschritt			
Leistungsteile														13	100,00%	
wertschöpfend		x	x		x				x				x	5	38,46%	
unterstützend	x			x		x	x	x		x		x		6	46,15%	
nicht wertschöpfend						x					x			2	15,38%	
Begründung																
Zeit (in Min.)														177	100,00%	
wertschöpfend		30	10		15				15				15	85	48,02%	
unterstützend	5			10		10	12	5		10				52	29,38%	16,39%
nicht wertschöpfend						15					25			40	22,60%	
Summe Bearbeitung	5	30	10	10	15	15	10	12	15	5	25	10	15			
sonst. Liegezeit	195			70				453		185				903		83,61%
Durchlaufzeit	240			120				480		240				1080		100,00%

Abbildung 88: Wertschöpfungsanalyse

Nutzleistungen tragen zur Wertsteigerung im Sinne des Kundennutzens bei. Würde man diese Aktivitäten weglassen, könnten bestimmte Anforderungen oder Erwartungen des Kunden nicht erfüllt werden beziehungsweise der Nutzen für den Kunden wäre dadurch gemindert. Wertschöpfende Aktivitäten stellen den „Kern" zur Erfüllung der Kundenerwartung dar. Stützleistungen haben für sich allein keinen direkten Kundennutzen zur Folge, jedoch können die Nutzleistungen ohne die Stützleistungen nicht durchgeführt werden. Dazu gehören typischerweise planende, konzeptionierende und vor- oder nachbereitende Tätigkeiten. Nicht wertschöpfende Leistungen treten in Form von ungeplanten Leistungen, Fehlern, regelmäßigen Fehlerbehebungen oder Warte- und Liegezeiten auf. Der Prozessverantwortliche versucht üblicherweise im Rahmen von Prozessoptimierungen oder des KVP, solche Leistungen zu identifizieren und zu vermeiden.

So gehen Sie vor:
Aufbauend auf einer Prozessbeschreibung beziehungsweise einer Prozessdarstellung werden Prozessschritte in Teilschritte gegliedert, die eine entsprechende Granularität aufweisen, um eine Zuordnung zu den Wertschöpfungskategorien

(wertschöpfend, unterstützend und nicht wertschöpfend) vornehmen zu können. Prüfen Sie, ob das Prozessziel beziehungsweise der Prozesszweck klar genug beschrieben sind, sodass der Wert beziehungsweise Nutzen für den Kunden erkenntlich ist. Diskutieren Sie mit dem Prozesseigner und dem Prozessteam, welche Anteile der Prozessleistung den Kern der Kundenerwartungen am besten treffen und welche Anteile weniger. Danach bewerten Sie Teilschritt für Teilschritt hinsichtlich Wertschöpfungskategorie aus Sicht des Kunden und begründen diese. Sollten einzelne Teilschritte nicht eindeutig einer Wertschöpfungskategorie zugeordnet werden können, sondern nur teilweise, dann versuchen Sie, diese von den anderen Bestandteilen zu trennen. Dann können Sie den Prozess in einer Simulation ohne die nicht wertschöpfenden Aktivitäten durchspielen und prüfen, ob die Wertschöpfung tatsächlich gleich geblieben oder besser geworden ist.

> **Tipps**
>
> ✓ Die Bewertung des Kundennutzens und somit des Wertschöpfungsanteils ist stets subjektiv.
> ✓ Versuchen Sie diese Bewertung aus der Kundensicht durchzuführen.
> ✓ Leistungen können nicht nur hinsichtlich des Leistungsanteils, sondern auch hinsichtlich Dauer, Aufwand und Kosten bewertet werden (siehe Abb. 88). So kann vor allem in Grenzfällen eine Gegenüberstellung des erzeugten Werts mit der Dauer, den verbrauchten Ressourcen und den Kosten als Entscheidungsgrundlage für den Verbleib der betroffenen Teilschritte dienen.

11. Fehlermöglichkeits- und Einflussanalyse

Die Fehlermöglichkeits- und Einflussanalyse (Failure Mode Effects Analysis, FMEA) ist eine analytische Methode, um potenzielle Schwachstellen am Design, an Produkten oder Prozessen zu erkennen. Dabei geht es um eine vorsorgende Fehlerverhütung anstelle einer späten Erkennung und Bewältigung im Fehlerfall. Dadurch sollen teure Kontroll- und Fehlerbewältigungskosten in der Produktion oder im operativen Einsatz des Produkts beim Kunden vermieden werden.

Es kann zwischen verschiedenen Arten der FMEA unterschieden werden:
» Design-FMEA zur Evaluierung der Fertigungs- und Montagetauglichkeit eines Produkts schon in der Entwicklungs- und Konstruktionsphase
» Produkt-FMEA zur Untersuchung der definierten Funktionen eines Produkts

laut Pflichtenheft. Dabei werden Informationen über die Nichterfüllung von Anforderungen gesammelt und bewertet. Für risikobehaftete Teile eines Produkts werden geeignete Maßnahmen zur Vermeidung und Entdeckung der potenziellen Fehler geplant. Die Produkt-FMEA hat einige Unterformen:

» System-FMEA zur Untersuchung des Zusammenwirkens bzw. der Schnittstellen von Teilsystemen oder Komponenten
» Konstruktions-FMEA zur Untersuchung von potenziellen Schwachstellen oder Ausfallsmöglichkeiten von Teilen
» Hardware-FMEA zur Identifikation von Risiken aus dem Bereich Hardware und Elektronik
» Software-FMEA zur Identifikation von Risiken aus dem Programmcode
» Prozess-FMEA zur Identifikation möglicher Schwachstellen im Produktions- und Leistungsprozess

So gehen Sie vor:
Die folgende Aufstellung beschreibt vor allem das Vorgehen der Fehlermöglichkeits- und Einflussanalyse in der Prozess-FMEA (siehe Abb. 89).

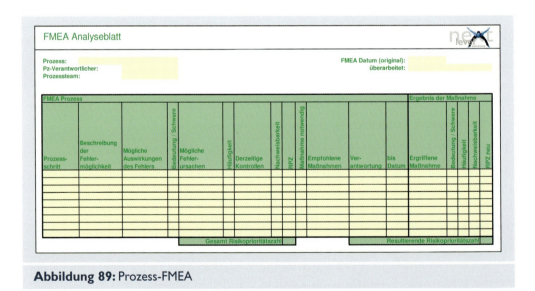

Abbildung 89: Prozess-FMEA

» Auflisten der Prozessschritte des neuen Prozesses aus der Prozessbeschreibung bzw. der Prozessdarstellung
» Suche von möglichen Fehlern für jeden Schritt im Team (z.B. über Brainstorming) und Beschreibung der möglichen Auswirkungen des Fehlers

» Bewertung der Bedeutung bzw. Schwere des Fehlers auf einer Skala von 10 „sehr hoch" bis 1 „unkritisch"
» Beschreibung möglicher Fehlerursachen (eventuell über eine Detailanalyse in einem Ursache-Wirkung-Diagramm)
» Bewertung der Häufigkeit des Auftretens auf einer Skala von 10 „sehr oft" bis 1 „praktisch gar nicht"
» Beschreibung der derzeitigen Kontrollen, um diesen Fehler zu entdecken
» Bewertung der Nachweisbarkeit des Fehlers auf einer Skala von 10 „nicht nachweisbar" bis 1 „offensichtlich"
» Berechnung der Risikoprioritätszahl (RPZ) durch Multiplikation von Bedeutung/Schwere * Häufigkeit * Nachweisbarkeit
» Bewertung, ob eine Maßnahme zur Vermeidung bzw. Verminderung notwendig ist
» Ableiten von Maßnahmen zur Vermeidung bzw. Verminderung von Fehlern inklusive der Festlegung der Verantwortung und des Zieldatums zur Erledigung
» Umsetzung der Maßnahmen und Neuberechnen der Risikoprioritätszahl bzw. Ableiten von weiteren Maßnahmen

Tipps

✓ Setzen Sie die FMEA schon in einer frühen Phase der Prozesserhebung bzw. Konzeption ein, da die Kosten der Maßnahmen in der Entwicklungsphase wesentlich niedriger sind als in der Prozessdurchführung.

✓ Durch diese systematische Vorgehensweise und die dabei gewonnenen Erkenntnisse wird die Wiederholung von Design- bzw. Prozessmängeln bei neuen Produkten und Prozessen vermieden.

✓ Definieren Sie die Skalen für die Bedeutung/Schwere des Fehlers, die Häufigkeit des Versagens und die Nachweisbarkeit des Versagens individuell für den zu untersuchenden Prozess bzw. das betrachtete Unternehmen.

✓ Zur Bewertung, ob eine Maßnahme notwendig ist, können individuelle Grenzen je Prozess bzw. Unternehmen definiert werden (z.B. RPZ >120).

TUTORIUM 2
HILFSMITTEL UND WERKZEUGE

Welche Tools können Sie bei Ihrer Arbeit im Prozess unterstützen und wie wählen Sie diese aus?

Fallbeispiel

So oder so ähnlich könnte es sich abgespielt haben: Ein Unternehmen im Finanzsektor hat ein Beratungsunternehmen beauftragt, die vorliegenden, stark voneinander abweichenden Prozess- und Ablaufdokumentationen der verschiedenen Abteilungen zu standardisieren, mit der Zielsetzung, die Ansätze zum Prozessmanagement zu professionalisieren. Die involvierten Berater haben sich umgehend daran gemacht, auf Mitarbeiterebene Prozesse zu identifizieren, diese nach einem einheitlichen Standard zu beschreiben und Diskussionen über etwaige Optimierungspotenziale zu starten.

Bereits bei der Prozessidentifizierung und Prozessbeschreibung werden zahlreiche Fragen über den Nutzen und die Notwendigkeit der Prozessmanagementübung laut. Im Rahmen der Prozessoptimierung gerät der Prozess dann ins Stocken. Die Mitarbeiter des Unternehmens können den Mehrwert der Optimierungsdiskussionen nicht sehen. Sie vertreten die Meinung: „Die Abläufe sind so, wie sie momentan gehandhabt werden, ohnehin gut."

Als einziger Rechtfertigungsgrund für die Prozessdokumentation wird das rapide Unternehmenswachstum anerkannt. Aufgrund des Wachstums werden laufend neue Mitarbeiter eingestellt, und die Prozessdokumentation kann für die schnellere Einschulung und als Referenzquelle für neue Mitarbeiter verwendet werden.

Die Berater klammern sich an diesen Strohhalm und beginnen, die vorhandenen Prozessbeschreibungen in Form einer Intranetlösung zu dokumentieren. In mehreren Workshops werden die Ergebnisse dem Managementteam des Unternehmens präsentiert, das sich mit den Resultaten zufrieden zeigt. Damit endet der Beratungsauftrag.

Die Prozessdokumentationen sind zwei Jahre später vollkommen veraltet und werden aus dem Intranet eliminiert. Was ist hier falsch gelaufen? Und wie können solche Situationen vermieden werden?

Schon wieder Dokumentation – und wozu sie doch gut ist

Prozessdokumentation darf nicht zum Selbstzweck werden. Solange nicht geklärt ist, welchen Zweck Prozessmanagement erfüllen soll, ist der Aufwand, der in die Prozesserhebung, die Prozessanalyse, die Optimierung und letztendlich in die Prozessdokumentation gesteckt wird, mit an Sicherheit grenzender Wahrscheinlichkeit vergeudet.

Das unrühmliche „Fade-out" der Bemühungen rund um das Prozessmanagement zukünftig zu vermeiden, bedeutet für die Prozessberater aus dem beschriebenen Beispiel, dass zunächst Klarheit darüber bestehen muss, was das Finanzdienstleistungsunternehmen unter professionalisiertem Prozessmanagement versteht und was sich die Verantwortungsträger von der standardisierten Prozessdokumentation versprechen. Geht es um die Optimierung einzelner Prozesse, um die Etablierung von Prozessmanagement, um ein Qualitätszertifikat oder um generelle Geschäftsoptimierung (siehe Vorlesung 5)?

Je nach relevanter Zielrichtung ergibt sich eine Reihe anderer Festlegungen, die getroffen werden müssen, bevor mit der eigentlichen Prozesserhebung und einer ersten Dokumentation der Ist-Prozesse begonnen wird. Darunter fallen Festlegungen rund um eine zukünftige Prozessorganisation sowie grundlegende Fragestellungen in Bezug auf die Art und den Umfang der Prozessdokumentation (siehe Vorlesung 7).

Die Prozessdokumentation sollte daher in der Art passend festgelegt sein, dass sie – basierend auf dem Zweck, den Prozessmanagement erfüllen soll – zu den Bedürfnissen unterschiedlicher Zielgruppen (Prozessmanagementrollen vs. sonstige Prozessdurchführungsrollen) auf unterschiedlichen Hierarchieebenen (Management- vs. Mitarbeiterebene) der Organisation passt.

Die Dokumentation dient dann der Nachvollziehbarkeit von Diskussionsergebnissen rund um Ist- und vor allem Soll-Prozesse. Das gemeinsame Verständnis von Prozessgrenzen, Prozessinhalten, Prozessergebnissen, Schnittstellen et cetera kann so sichtbar gemacht werden.

Die Prozessdokumentation ist damit primär als Kommunikationsmittel zu verstehen. Sie sollte derart gestaltet sein, dass sich auch Personen innerhalb der Organisation, die in die Prozessdefinition nicht involviert waren, in Kürze einen Überblick über den Prozess verschaffen können, ohne sich erst in die Tiefen des Prozessmanagements einarbeiten oder gar Prozesstoolschulungen besuchen zu müssen.

Letztlich dient die Prozessdokumentation im Herzstück also als Basis für die Prozesssteuerung und die laufende Prozessoptimierung.

Ist also sichergestellt, dass
» eine funktionale Prozessrahmenorganisation etabliert ist?
» die Prozesserhebung, -optimierung und -steuerung als systemische Prozesse verstanden werden und somit in ein gemeinsames Bild der Prozessbeteiligten münden?
» eine Diskussion über die Anforderungen an die Prozessdokumentation geführt und in der Folge Prozessdokumentationsstandards festgelegt wurden?

Können diese Fragen mit „Ja" beantwortet werden, wird aus Dokumentation zum Selbstzweck ein Mittel zum Zweck.

Das Prozesshandbuch der next level consulting

In dem Bewusstsein, dass es am Markt von Prozessmanagement-Tools nur so wimmelt, soll dieses Tutorium dazu dienen, den Standard der next level consulting zur Prozessdokumentation – das Prozesshandbuch der next level consulting – vorzustellen (zu den potenziellen Anforderungen an ein Prozessmanagement-Tool siehe Vorlesung 7).

Das Prozesshandbuch der next level consulting ist ein makrobasiertes Excel-Dokument, das durch seine einfache Handhabung und Implementierung, welche mit vielen Vorteilen eines vollautomatisierten IT-Tools kombiniert ist, besticht. Es weist allerdings Limitationen bezogen auf die maximale Anzahl von Prozessschritten, Inputs/Outputs, Rollen, Stakeholders und Kennzahlen auf.

Diese technischen Einschränkungen sind auf der Website im Detail aufgeführt (www.nextlevel-solutions.eu), haben sich in der Praxis jedoch selten als reale Limitationen herausgestellt.

Grundsätzlich ist zwischen der Dokumentation der Makroebene und der Dokumentation der Mikroebene zum Prozessmanagement zu unterscheiden.

Auf der Makroebene wird im Sinne der Prozessdokumentation die Prozesslandkarte festgehalten. Auf der Mikroebene dient das Prozesshandbuch dazu, Grenzen, Inhalte, Schnittstellen et cetera einzelner Prozesse zu dokumentieren. Das Prozesshandbuch unterstützt bei der Dokumentation der Prozesse auf der Mikroebene.

Das Prozesshandbuch erfüllt unterschiedliche Zwecke
In seiner Maximalversion dient das Prozesshandbuch der next level consulting zunächst als Diskussionsgrundlage über die Festlegung der gewünschten Dokumentationsstandards für Prozesse. Diese Festlegungen sind jedenfalls vor dem Start der Erhebungs- und Analysephase zu treffen und werden für den Fall, dass Prozessmanagement unternehmensweit eingeführt wird, im Prozessmanagementhandbuch dokumentiert.

In zweiter Linie können die einzelnen Prozesse der Mikroebene in der definierten Art und Weise im Prozesshandbuch dokumentiert werden. Dies gilt sowohl für Ist-Prozesse als auch vor allem für Soll-Prozesse. Letztlich bietet das Prozesshandbuch die Möglichkeit, die Ergebnisse einzelner Prozesssteuerungszyklen festzuhalten.

Das Prozesshandbuch folgt einem schrittweisen Aufbau
Das Prozesshandbuch ist von seiner Grundstruktur her in folgende inhaltliche Bereiche unterteilt:

1. Prozessübersicht
Wie in Abbildung 90 dargestellt, fasst die Prozessübersicht alle primär relevanten Informationen eines Prozesses zusammen. Dazu zählen die **Prozessabgrenzung** sowie der **Projektkontext** in zeitlicher, sachlicher, räumlicher und sozialer Hinsicht. In den Methodensteckbriefen in Tutorium 1 ist eine ausführliche Beschreibung der Methode der Prozessabgrenzung und Kontextanalyse enthalten.

TUTORIUM 2

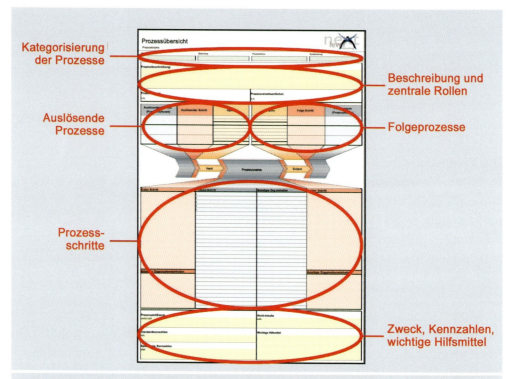

Abbildung 90: Prozessübersicht als Teil des Prozesshandbuchs der next level consulting

2. Prozesskontext

Das Prozesshandbuch bietet die Möglichkeit, die Ergebnisse einer über die Prozessübersicht hinausgehenden, detaillierten Analyse des Prozesskontexts zu dokumentieren. Die entsprechenden Methoden dazu sind in Tutorium 1 beschrieben. Bezogen auf den **sachlichen Prozesskontext** kann zunächst die Eingliederung des Prozesses in die Prozesshierarchie der Organisation dokumentiert werden.

Zusätzlich besteht die Möglichkeit, die Zusammenhänge mit anderen Prozessen sowie den Bezug des Prozesses zu den Unternehmensstrategien transparent zu machen und zu analysieren. Die Möglichkeit zur Dokumentation der Ergebnisse einer Stakeholderanalyse bietet darüber hinaus die Chance, den **sozialen Kontext** des Prozesses abzubilden und damit aktiv zu gestalten.

3. Prozessdarstellung

Im Rahmen der Prozessdarstellung kann der Anwender zwischen der Prozessabbildung in Form einer Treppendarstellung und in Form eines Wertschöpfungsdiagramms wählen (zur Methodenbeschreibung siehe Tutorium 1). Abbildung 91 zeigt die beispielhafte Darstellung einer Treppendarstellung im Prozesshandbuch der next level consulting.

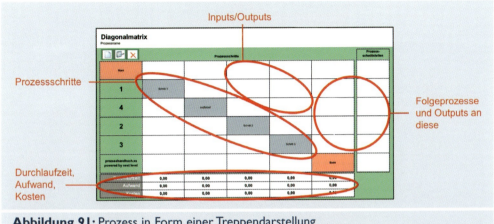

Abbildung 91: Prozess in Form einer Treppendarstellung

4. Prozessbeschreibung
Sollte der Detaillierungsgrad der beschriebenen Prozessinformationen aus der Prozessübersicht, dem Prozesskontext und der Prozessdarstellung noch nicht ausreichend sein, können als Teil der Prozessbeschreibung weitere Details im Prozesshandbuch aufgenommen werden. Dazu zählen die Prozessschritt-Spezifikation, die detaillierte Prozessorganisation, eine detaillierte Prozesshilfsmittelübersicht, eine Prozessdatenübersicht sowie die Kennzahlenübersicht.

Die Prozessdatenübersicht und die Kennzahlenübersicht bilden die Grundlage für die zyklische Prozesssteuerung. Während die Prozessdaten Auskunft darüber geben, welche relevanten Messgrößen in Bezug auf den Prozess erfasst werden können, beschreibt die Kennzahlenübersicht, wie diese Daten zueinander in Bezug gesetzt werden, um aussagekräftige Kennzahlen über die Prozessleistung zu erhalten.

5. Prozesssteuerung
Die Sektion „Prozesssteuerung" des Prozesshandbuchs dient der Dokumentation der Ergebnisse aus Prozessdurchführung, Prozesssteuerung und Prozessweiterentwicklung, die in Vorlesung 10 beschrieben sind. Darunter fallen die Kennzahlen-Detaileingabe und -Auswertung, die Leitwerte und Ideen zur Prozessweiterentwicklung sowie der Prozessstatusbericht.

TUTORIUM 2

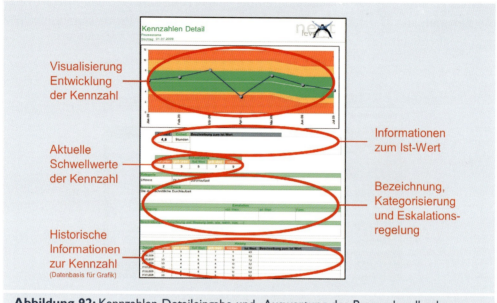

Abbildung 92: Kennzahlen-Detaileingabe und -Auswertung des Prozesshandbuchs

Wie der Abbildung 92 zu entnehmen ist, können im Prozesshandbuch für jede im Rahmen der Kennzahlen-Übersicht definierte Kennzahl die Messwerte aus der Prozessdurchführung eingegeben und damit die Prozessleistung im Vergleich zu Zielwerten einer infrage stehenden Kennzahl abgebildet werden. Die Definition von Schwellwerten im Sinn eines Ampelstatus ermöglicht zudem die Definition einer akzeptablen Bandbreite für Schwankungen der Prozessleistung. Der Rückblick auf vergangene Ausprägungen der Kennzahl gibt Auskunft darüber, ob sich die Prozessleistung verbessert oder verschlechtert hat.

Die Ergebnisse jedes Prozesssteuerungszyklus können im Prozesshandbuch in Form des in Abbildung 93 dargestellten Prozessstatusberichts dokumentiert werden. Der Prozessstatusbericht ist als „Management-Summary" der Prozesssteuerung zu verstehen. Neben den Statusinformationen zum Prozess – vor allem in Bezug auf die relevanten Kennzahlen – stehen die Aufbereitung relevanter Entscheidungen für den Prozesseigner sowie vereinbarte nächste Schritte im Fokus des Prozessstatusberichts.

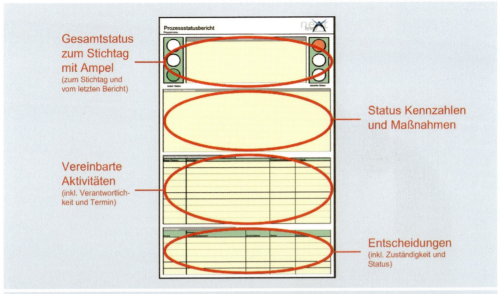

Abbildung 93: Prozessstatusbericht des Prozesshandbuchs der next level consulting

6. Sonstige Features

Zusätzlich zu den beschriebenen prozessrelevanten Features inkludiert das Prozesshandbuch ein interaktives Inhaltsverzeichnis zur Festlegung, welche Teile des Prozesshandbuchs verwendet beziehungsweise ausgeblendet werden sollen, ein Änderungsverzeichnis zur Nachvollziehbarkeit der Änderungshistorie rund um die Prozessdokumentation, einen Verteiler zur Speicherung der Kontaktdaten relevanter Ansprechpartner sowie eine To-do-Liste.

Prozessmanagement ist nicht gleichzusetzen mit Prozessdokumentation

Prozessmanagement darf keinesfalls mit Prozessdokumentation verwechselt werden. Es ist daher von größter Bedeutung, dass die Entscheidungen darüber, was dokumentiert werden soll und was nicht, bewusst getroffen werden. Keineswegs sollte das Prozesshandbuch als „Formular" verstanden werden, das einfach von vorne nach hinten befüllt werden muss, um damit den Erfordernissen von Prozessmanagement Genüge zu tun.

LITERATUR UND STICHWORTVERZEICHNIS

Literatur

Prozessmanagement-Grundlagen:
Becker, Jörg; Kugeler, Martin; Rosemann, Michael: Prozessmanagement: Ein Leitfaden zur prozessorientierten Organisationsgestaltung, Springer 2008
Füermann, Timo; Dammasch, Carsten: Prozessmanagement, Pocket Power, Hanser 2008
Kostka, Claudia; Kostka, Sebastian: Der kontinuierliche Verbesserungsprozess, Pocket Power, Hanser 2008
Schmelzer, Hermann J.; Sesselmann, Wolfgang: Geschäftsprozessmanagement in der Praxis, Hanser 2007
Wagner, Karl W.; Patzak, Gerold: Performance Excellence: Der Praxisleitfaden zum effektiven Prozessmanagement, Hanser 2007

Vertiefende Literatur:
Best, Eva; Weth, Martin: Geschäftsprozesse optimieren, Gabler 2009
Broecheler, Kirsten; Schönberger, Cornelia: Six Sigma für den Mittelstand, Campus 2004
DeMarco, Tom: Spielräume, Hanser 2001
Doppler, Klaus; Lauterburg, Christoph: Change Management: Den Unternehmenswandel gestalten, Campus 2008
Drews, Günter; Hillebrand, Norbert: Lexikon der Projektmanagement-Methoden, Haufe 2007
Feldbrügge, Rainer; Brecht-Hadraschek, Barbara: Prozessmanagement leicht gemacht, Redline Wirtschaft 2008
Feldmayer, Johannes; Seidenschwarz, Werner: Marktorientiertes Prozessmanagement, Vahlen 2005
Fischermanns, Guido: Praxishandbuch Prozessmanagement, ibo schriftenreihe, Verlag Dr. Götz Schmidt 2009
Gadatsch, Andreas: Grundkurs Geschäftsprozess-Management, Vieweg + Teubner 2009
Gaitanides, Michael: Prozessorganisation, Vahlen Verlag 2006
Gappmaier, Markus: Participatory Modeling of Business Processes with the Picture Card Design Method (PCDM), Provo, UT 2000 (Paper; finweb.byu.edu/fsreports/PCDM-paper.doc, 07.10.2009)
Garscha, Joseph B.: Organisationsentwicklung mittels Prozessmanagement, ÖVQ 2002

Hammer, Michael; Champy, James: Reengineering the Corporation, Harper Business Essentials 2003
Heitger, Barbara; Doujak, Alexander: Harte Schnitte Neues Wachstum, Redline Wirtschaft 2002
Horváth & Partner: Prozesskostenmanagement, Vahlen 1998
Janes, Alfred u.a.: Transformations-Management. Organisationen von innen verändern, Springer 2001
Kieser, Alfred: Managementlehre und Taylorismus. In: Kieser, Alfred; Ebers, Mark (Hg.): Organisationstheorien, Kohlhammer 2006
Löbel, Uwe: Wege zum Ziel, mitp 2005
next level consulting: Let your projects fly. Projektmanagement, Methoden, Prozesse, Hilfsmittel, Goldegg Verlag 2006 (Winkler, Gernot; Sterrer, Christian)
Ohno, Taiichi: Das Toyota-Produktionssystem, Campus 2009
Osterloh, Margit; Frost, Jetta: Prozessmanagement als Kernkompetenz, Gabler 2003
Remer, Detlef: Einführung in die Prozesskostenrechnung, Schäffer-Poeschel 2005
Royce, Walker: Software Project Management: A Unified Framework, Addison-Wesley 1998
Spanyi, Andrew: Business Process Management is a Team Sport, Anclote Press 2003
Wöhe, Günter: Einführung in die allgemeine Betriebswirtschaftslehre, Vahlen 2002

Studien und Umfragen:
KPMO GmbH – Kompetenzzentrum für Prozessmanagement und Organisationsentwicklung, www.prozessmanagement-news.de/
TU-Wien: Status Quo Geschäftsprozessmanagement, www.ifs.tuwien.ac.at/gpm-studie/

Führen:
Beljean, Rudolf: Führen in turbulenten Zeiten, mvg 1999
Covey, Stephen: Die effektive Führungspersönlichkeit, Campus 2009
Francis, Dave; Young, Don: Mehr Erfolg im Team, Windmühle 2007
Schulz von Thun, Friedemann: Miteinander reden 1, Störungen und Klärungen, Rowohlt (rororo) 1981

LITERATUR

Moderation:
Klebert, Karin; Schrader, Einhard; Straub, Walter G.: Kurz-Moderation, Windmühle 2003
Seifert, Josef W.: Visualisieren, Präsentieren, Moderieren, Gabal 2009
Sperling, Jan Bodo; Wasseveld, Jacqueline: Führungsaufgabe Moderation. Besprechungen, Teams und Projekte kompetent managen, Verlag WRS 2002

Systemtheorie:
de Shazer, Steve: The death of resistance, in: Family Process, Volume 23, 1984, S. 1–17
Hiller, Christina; Majer, Christian; Minar-Hödel, Peter; Zahradnik, Hansjörg: Projektcoaching. Bringt mich einfach weiter! Goldegg Verlag 2007
Königswieser, Roswita; Lutz, Christian (Hg.): Das systemevolutionäre Management, Orac Verlag 1992
Königswieser, Roswita; Sonuc, Ebru; Gebhardt, Jürgen: Komplementärberatung. Das Zusammenspiel von Fach- und Prozeß-Know-how, Schäffer-Poeschel 2006
Luhmann, Niklas: Soziale Systeme. Grundriß einer allgemeinen Theorie, Suhrkamp 2006
Radatz, Sonja: Beratung ohne Ratschlag, Verlag Systemisches Management 2008
Sachs, Uwe; Weidinger, Bernhard: Beobachten – Verstehen – Verändern, Goldegg Verlag 2009
Tomaschek, Nino: Systemische Organisationsentwicklung und Beratung bei Veränderungsprozessen. Ein Handbuch, Carl-Auer Verlag 2009
Tomaschek, Nino: Systemische Transformationsphilosophie, Carl-Auer Verlag 2007
von Foerster, Heinz: Entdecken oder Erfinden. Wie lässt sich Verstehen verstehen? In: Gumin, Heinz; Meier, Heinrich (Hg.): Einführung in den Konstruktivismus, Piper 1992
von Foerster, Heinz: Wahrheit ist die Erfindung eines Lügners: Gespräche für Skeptiker, Carl-Auer-Systeme 1998
Willke, Helmut: Systemtheorie, Gustav Fischer Verlag 2000

Stichwortverzeichnis

Stichwort **Seite**

A
Abgrenzung und Kontextanalyse **239**, 98, 144, 187, 273
Ablauf **20**, 22, 68, 80, 154, 155, 160, 201, 248
Ablauforganisation **14**
Analoge Intervention **188**, 186, 189, 190, 222
Analyse **95**, 14, 27, 42, 74, 83, 109, 134, 161
Ansatzpunkte zur Optimierung **150**, 113, 136, 140
Arbeit am Prozess **194**
Arbeit im Prozess **195**, 203, 269
Aufbauorganisation **50**, 14, 20, 78, 158, 175, 188
Auflösung von Prozessen **217**, 9, 27
Ausgewogene Matrix **43**, 159, 197
Auslösender Schritt **85**, 246
Ausrichtung des Prozesses 150, 140, 144

B
Balanced Scorecard **39**, 63, 189, 195, 210, 224
Barrieren-Portfolio **146**, 91, 147, 157
Big Bang **170**, 84, 182, 222
Bildkartenmethode **241**, 108, 144
Brainstorming **259**, 112, 161, 242, 266
Business Process Reengineering **15**, 97, 138, 241

C
Change-Team **188**
Chief Process Office **34**, 40, 60, 224
Coaching **228**, 9, 61, 142, 190, 231
Control Chart **255**, 162, 201, 238, 253, 256
Cross-Functional Flowchart **249**, 248

D
Deming-Rad **213**, 238
Die sieben Qualitätsmanagementwerkzeuge **252**, 238
Durchführung **193**, 27, 135, 154, 160, 198, 201, 210
Durchführungsorganisation **50**, 51, 101, 135, 158, 194

E
EDEN **36**, 52
Effektivität **17**, 150
Effizienz **17**, 10, 149, 172, 183
Einführung **165**, 8, 19, 84, 134, 177, 194, 201, 210

STICHWORTVERZEICHNIS

Einführungsstrategie	**182**, 84, 166, 169, 170, 171
Einzelprozessmanagement	**50**, 27, 41, 58, 144, 151
Ereignisgesteuerte Prozesskette	**247**, 124, 238, 244
Erhebung	**95**, 27, 101–103, 106–107, 161, 209–212
Erhebungsmix	**103**, 104, 106
Erhebungsprozess	**103**, 107
Erster Schritt	**77**, 113, 115, 186, 239, 246
Etablierung von Prozessmanagement	**81**, 271

F

Fehlersammelkarte	**253**, 112, 161, 201, 238, 254, 257
Flussdiagramm	**245**, 124, 246, 249–250
FMEA	**265**, 162, 261, 266–267
Fokussierung	**78**, 45, 86–87, 89–90, 140
Folgender Schritt	**239**
Funktionendiagramm	**51**, 144, 251

G

Geschäftsoptimierung	**81**, 130, 151
Geschäftsprozess	**25**, 15, 63
Gestaltung	**23**, 16, 26, 40, 50, 85, 87, 106, 155
Gib-Gas-Phänomen	**148**

H

Harte Matrix	**44**, 45, 54, 56, 197
Hauptprozesse	**26**, 123
Hebel	**114**, 17, 115–116
Histogramm	**254**, 161, 201, 238, 253, 255

I

Input	**239**, 68, 100, 155, 221, 235, 240–246, 262–263
Input-Output-Analyse	**262**, 155, 158, 238, 263
Interventionsdesign	**187**, 177, 181, 188
Interviews	**104**, 106–107
Ist-Prozess	**120**, 19, 66, 69, 93, 271, 273
Iterative Einführung	**182**, 84, 171, 222
Iterativer Abstimmungsprozess	**145**

K

Kaizen	**213**, 14–15, 214
Kennzahl	**208**, 112–114, 195–197, 206, 208–212, 275–276
Kennzahlenübersicht	**206**, 124, 275
Kernprozess	**24**, 38, 46, 87–89, 122, 178
Kommunikationsstrukturen	**199**, 58, 187
Konflikt	**66**, 74, 81, 167, 179, 186, 188, 228, 233–234

Kontinuierliche Verbesserung — **212**, 43, 55, 213, 215
Konzeption — **133**, 27, 127, 134–138, 166–168, 200, 210
Korrelationsdiagramm — **261**, 113, 115–116, 152, 201, 238, 253, 262
Kultur — **37**, 18, 40, 65, 159, 177–179, 235, 240

L
Late Design Breakage — **143**
Lean Production — **14**
Leistungsmodell — **43**
Leitwerte — **112**, 27, 110, 113–117, 134–135, 275
Letzter Schritt — **239**, 100

M
Makroebene — **26**, 38, 58, 62, 90, 123, 195, 221, 273
Managementprozess — **25**, 38, 46, 79, 87, 89, 122
Menschenbild — **66**, 67, 72–74
Messgröße — **200**, 275
Messwert — **200**, 161, 197, 201, 209–212, 262, 276
Mikroebene — **26**, 38, 80–81, 123, 125, 273
Motivation für Prozessmanagement — **17**, 79, 82, 141, 159, 184, 221
Multiprozessmanagement — **58**, 25, 40, 62–63, 195
Mystery Shopping — **103**, 106

O
Optimierung — **133**, 80, 113, 146–148, 150, 160, 196, 271
Optimum — **135**
Organisationsmodell — **47**, 43–44, 177
Orientierung — **79**, 78, 137, 169, 183–184, 187–188
Output — **262**, 68, 99–100, 155, 240–243, 251, 263

P
Paretodiagramme — **257**, 113, 162, 201, 238, 253, 258
Paretoprinzip — **87**, 257
Personal Coaching — **233**, 190
Pilotierte Einführung — **170**, 84, 222
Präsentationsdarstellung — **125**
Projekt — **23**, 19, 29, 85, 93, 127, 169, 171, 181, 196, 221–222
Projektbeauftragung — **85**
Projektierung — **85**, 78, 84, 86
Projektmanagement — **23**, 16, 27–28, 78, 93, 163, 166, 168, 197, 231
Projektorganisation — **28**, 24, 29–31, 86, 127, 169
Prozessabgrenzung — **98**, 101, 120, 240, 273
Prozessakzeptanz — **159**, 141
Prozessarchitektur — **26**
Prozessarten — **24**, 122–123

STICHWORTVERZEICHNIS

Prozessassessment	**36**, 80
Prozessaudit	**35**, 62, 80
Prozessbeobachtung	**105**
Prozessberatung	**227**, 16, 231
Prozesscoaching	**227**, 60, 231, 233
Prozesscoachingsystem	**231**, 229, 232
Prozessdarstellung	**124**, 110, 122, 128, 250, 263, 266, 274–275
Prozessdatenübersicht	**275**
Prozessdokumentation	**128**, 109, 120–122, 221–222, 270–273, 277
Prozessdokumentationsstandards	**124**, 121–122, 272
Prozessdurchführung	**193**, 51, 123, 195–196, 200–202, 210–211
Prozessebenen	**26**, 34–35, 63, 122–123
Prozesseigner	**52**, 20, 58, 61–63, 86, 90, 101, 113, 115–117, 173,
Prozesseignersitzung	**204**, 205–207
Prozessergebnis	**150**, 140, 153, 196
Prozessesteuerkreis	**58**, 38, 40, 52–53, 58, 60–63, 123, 135, 151, 195, 224
Prozesshandbuch	**272**, 109, 124, 143, 207, 223, 273–277
Prozesshierarchieebenen	**25**, 123, 129
Prozesskontext	**274**, 54, 57, 275
Prozesskostenrechnung	**15**
Prozesslandkarte	**24**, 25–27, 86–90, 92–93, 110, 120, 273
Prozesslebenszyklus	**26**, 28, 41, 122, 134, 166, 194, 197, 209
Prozessleistung	**140**, 83, 113, 150, 153–154, 265, 275–276
Prozessmanagement	**14**, 15–20, 22–23, 25, 27–28, 31, 33–35, 37–41, 43, 47, 49, 51–52, 58–60, 62–63, 65–67, 70–71, 74, 78–82, 84–86, 97, 99, 108–109, 119–120, 122–123, 125–131, 142, 144, 151, 168, 172, 177, 179, 191, 194–195, 197, 203, 208, 221, 224, 228, 231, 234, 262, 271, 273, 277
Prozessmanagementhandbuch	**39**, 122, 125–126, 142, 273
Prozessmanagement-Office	**60**, 34, 40, 58, 123, 142, 144, 207, 224, 232
Prozessmanagementrichtlinien	**126**
Prozessmanagementrollen	**51**, 52, 271
Prozessmanagement-Software	**128**, 129–130
Prozessoptimierung	**133**, 120, 135–136, 147, 270, 272
Prozessorganigramm	**52**, 124
Prozessorganisation	**49**, 40, 43–46, 53–56, 123–124, 169
prozessorientierte Organisation	**33**, 37, 39
Prozessorientierung	**34**, 35, 40–47, 54, 60, 129
Prozessorientierungsindex	**41**, 42, 44, 46, 55
Prozessqualität	**156**, 83, 113, 150, 157, 195–196, 212
Prozessrahmenorganisation	**49**, 27, 39–40, 86, 90, 122–123, 135, 141, 144, 158, 167, 272
Prozessschritte	**239**, 124, 155–156, 242–245, 249–251, 263–264
Prozessstatusbericht	**205**, 195, 204–207, 275–277
Prozesssteuerung	**193**, 19–20, 124–125, 195–199, 275–276

Prozesssteuerungsprozess **198**, 205, 215
Prozessstrategie **26**, 71, 84, 151, 178, 196
Prozessstruktur **154**, 140, 144, 155–156, 158, 250
Prozessteam **56**, 20, 50, 52, 194–197, 228–232
Prozessteammitglied **56**, 29, 52, 57, 123, 204
Prozessübersicht **273**, 109, 124, 239–240, 274–275
Prozessverantwortlicher **54**, 24, 50, 52, 55, 120, 123, 232
Prozesswürdigkeit **22**, 85, 87
Prozessziel **97**, 265
Prozesszweck **97**, 99, 265

Q
Qualitätsmanager **80**, 91
Qualitätsregelkarte **255**
Quality Function Deployment **153**, 112, 238

R
REFA **14**
Reflexionsgruppe **189**
Regelkarte **255**, 112, 161, 201, 238, 253, 256
Reine funktionale Organisation **42**
Reine Prozessorganisation **46**, 197
Ressourcenmodell **44**
Rollen **50**, 20, 39, 52, 58, 60–61, 90, 228, 247
Rollenbeschreibung **53**, 55, 57–60, 230–232

S
Schlüsselprozesse **25**, 89, 91
Schulungskonzept **174**, 175
Schulungsstrategie **174**
Schulungsunterlagen **176**
Schwachstellen **70**, 74, 83, 98, 137–138, 214, 265–266
Schwimmbahnendarstellung **249**, 238
Situationsanalyse **83**, 238
Six Sigma **160**, 15, 135, 163, 238
Softwareunterstützung **122**, 125, 128
Soll-Prozess **134**, 100, 134–136, 138, 142–143, 271
Sounding-Board **189**
Soziale Systeme **67**, 72, 97, 177, 183, 219
Spielräume **149**
Stakeholderanalyse **202**, 240, 274
Steuerung **193**, 15–16, 42–46, 97, 137, 162, 195
Steuerungsteam **189**
Stoßrichtung **150**, 71, 78–83, 129, 134, 151, 166
Strategie **37**, 40, 47, 84–85, 87, 177–178, 181

STICHWORTVERZEICHNIS

Struktur   **37**, 45–47, 144, 154, 174, 177–179, 181
systemisch-konstruktivistisch   **8**, 16, 67

T
Taylorismus   **14**
Teilprozess   **26**, 123
Total Quality Management   **16**
Treppendarstellung   **250**, 121, 124, 244, 238, 251–252, 274–275

U
Umsetzung   **165**, 37–38, 81, 142, 146, 165–168, 187–188
Unternehmenskultur   **40**, 18, 123, 179, 234
Unterprozess   **26**, 123
Unterstützende Prozesse   **25**, 87, 89, 122
Ursache-Wirkung-Diagramm   **259**, 113, 162, 202, 260–261, 267

V
Veränderung   **40**, 28, 96, 113, 116, 137, 167–168, 177–183
Veränderungsausmaß   **167**, 177–179, 214
Veränderungsstufen   **181**, 190
Verantwortung   **50**, 40, 144, 155, 230–233, 267
Vorgangskettendiagramm   **241**, 121, 238, 243

W
Wertschöpfungsanalyse   **263**, 156–157, 162, 238, 264
Wertschöpfungskette   **124**, 17, 121
Wertschöpfungskettendarstellung   **243**, 238, 244
Widerstand   **167**, 72, 74, 183, 185
Wirtschaftlichkeit   **141**, 83, 156–157, 218

Z
Zyklische Prozesssteuerung   **196**, 27, 83, 195, 207, 215, 275